凤凰文库
PHOENIX LIBRARY

凤凰出版传媒集团
PHOENIX PUBLISHING & MEDIA GROUP

凤凰文库·历史研究系列

主　　编　　钱乘旦
项目执行　　王保顶

凤凰文库·历史研究系列

英国与1937年《德黑兰条约》签订始末

季慧 著

江苏人民出版社

图书在版编目(CIP)数据

英国与1937年《德黑兰条约》签订始末/季慧著
. --南京：江苏人民出版社，2019.3
（凤凰文库. 历史研究系列）
ISBN 978-7-214-23007-2

Ⅰ.①英… Ⅱ.①季… Ⅲ.①外交史－史料－英国－1927—1937 Ⅳ.①D856.19

中国版本图书馆 CIP 数据核字(2018)第 280891 号

书　　　名	英国与1937年《德黑兰条约》签订始末
著　　　者	季　慧
特约编辑	黄　凯
责任编辑	卞清波
装帧设计	姜　嵩
责任监制	王列丹
出版发行	江苏人民出版社
出版社地址	南京市湖南路1号A楼，邮编：210009
出版社网址	http://www.jspph.com
照　　　排	江苏凤凰制版有限公司
印　　　刷	江苏凤凰新华印务有限公司
开　　　本	652毫米×960毫米　1/16
印　　　张	14.25　插页4
字　　　数	210千字
版　　　次	2019年3月第1版　2019年3月第1次印刷
标准书号	ISBN 978-7-214-23007-2
定　　　价	48.00元

（江苏人民出版社图书凡印装错误可向承印厂调换）

目 录

绪　论　1

第一章　调停与仲裁(1639—1914)　27
　　第一节　边界问题的历史溯源　28
　　第二节　英帝国对边界问题的调停　34

第二章　争端与协调(1927—1928)　49
　　第一节　一战后的外交僵局　50
　　第二节　边界争端再起　62
　　第三节　英国协调边界纠纷的初步尝试　67

第三章　从多边到双边：英国立场的调整(1929—1934)　75
　　第一节　河流国际化方案的尝试　76
　　第二节　英国立场的调整　86
　　第三节　失败的仲裁　96

第四章　英国、国联与两伊边界纠纷(1934—1935)　109
　　第一节　边界争端诉诸国联　110

第二节 国联调停:议题、争议与结果 126

第三节 日内瓦的较量 138

第五章 边界再调整与《德黑兰条约》的签订(1936—1937) 152

第一节 矛盾与交锋 153

第二节 缓和与让步 159

第三节 《德黑兰条约》签订始末 175

结语 183

参考文献 191

附录一 204

附录二 206

附录三 216

后记 220

绪　论

一、选题由来及研究意义

全书主要探讨1927—1937年之间，伊朗和伊拉克之间的边界争端以及英国在其中的外交影响力。自16世纪始，波斯同奥斯曼帝国便存在领土争端，此后虽多次签订条约、划分边界，但仍难弥平争议，双方龃龉不断，冲突、战争时有发生。19世纪，时值英俄在中亚及中东争夺势力范围，英国在波斯湾一带商贸利益日盛，遂逐渐介入边界纷争，俄国紧随其后，从调停到仲裁，奥斯曼与波斯的边界问题并未尘埃落定，仅只暂时搁置争议。20世纪初，土波边界问题已然扩大为奥斯曼、波斯、英国、俄国之间的外交问题，后虽经四国多次协商于1914年划定边界，但当事国却均表示不予认同，边界问题仍是难解之结。一战后，奥斯曼帝国解体，新兴国家伊拉克与波斯接壤，边界纷争再起，英国作为伊拉克的委任统治国，又一次介入了两伊边界问题，这深深影响了20世纪中后期的两伊关系。

两伊边界※划分从来都非易事,除却历史、地理、语言等各方因素错综复杂之外,两国拒不妥协的本质,英俄两大国的介入等都使得两伊边界不仅是一个历史性问题,而且几乎是两国之间争端的永恒主题。"伊朗和伊拉克之间的边界问题可谓是中东地区独一无二的问题,因为它早就表现出了政治边疆区域或边界推进的传统特征,它与20世纪中东地区其他地方的情形截然相反,那些地方的边界结构主要是由欧洲殖民列强强行建立的。"① 时至今日,悬而未决的边界问题仍成为影响两国关系和地区稳定的一个重要因素。

　　两伊边界问题延宕数百年,它所涉及的政治人物、历史事件、历史图景都值得深入考察,但对这一长周期历史事件呈现全景式研究的难度显而易见,而选取其中一个重要的时间段,厘清边界问题的始末是必要且可能的。20世纪20至30年代中后期恰是一战后新国家面对老边界而引发的又一轮边界争端高潮,这不仅延续了此前的历史纠葛,也开启了后续的发展帷幕,因而在两伊边界争端发展演变史中具有重要的意义,然而国内外学术界关于这一时段的相关研究多散见于对中东边界问题的整体性介绍中,缺乏深入细致的研究,因此这一议题尚存在很大的研究空间。

　　此外,两伊边界问题是一个极为庞杂的研究领域,所涉维度层面较多,此前不乏从历史、法律、地缘政治、意识形态等维度对边界问题加以解读的研究成果,但对外交层面的研究鲜有着墨,然外交因素却始终在两伊边界划分历史中扮演重要角色,它不仅事关英国的利益,且左右边界划分的进程。就已刊档案材料来看,英国外交部、印度事务部、英国石油公司都有原始档案留存,其中包括英帝国各部门之间的往来电报、信

※ 伊朗古称波斯,自1935年始改国名为伊朗;伊拉克是随奥斯曼帝国解体,美索不达米亚省从帝国中分离出来,而形成的一个王国,故文中在不同历史时期采用的国名不同,标题则以两伊代指现代国家伊朗和伊拉克。
① Richard Schofield, *The Iran-Iraq Border, 1840 - 1958*, Farnham Common: Archive Editions, 1989, V. 1, General Preface, p. xvi.

函、会议记录等,20世纪80年代以来陆续有学者将此类档案按专题编纂整理并集结出版,这为学术研究提供了极大的便利。由此,可以通过档案解读从外交层面研判英国在两伊划界问题中的角色,故这是一个值得探究的议题。以上学理思考与智识兴趣遂成为选题缘由,除此之外,边界研究还具有显而易见的学术价值和现实意义。

边界问题属国际关系研究的前沿领域,长久以来一直是国际政治中备受关注的热点问题。领土边界的调整往往同战争、国际体系的变革密切相关,边界争端也经常是引发冲突和战争的导火索。早在1907年,曾任印度总督和英国外相的寇松勋爵便在牛津大学的学术报告中指出:"边界如同剃刀的锋刃,关涉当代的战争与和平问题。"①国外学界对边界问题的研究虽已成果斐然,但因两伊边界问题所涉时间跨度大、维度广,因而尚存一些值得深挖的学术盲点。本课题旨在从历史视野出发,结合现有研究成果,从外交史的角度探究20世纪20—30年代中后期两伊边界纠纷的来龙去脉,兼及域外大国英国在边界争端中的政策考量。如能达成上述写作目标,那么可以说是对两伊边界史研究微小而有益的补充。

国内的边界研究起步较晚,力量分散,关于新中国的边界研究尚不成体系,关于外国边界的研究多关注非洲和中东等地区。②而两伊边界问题常散见于中东通史或是对中东边界的整体研究的论著中,研究方法单一,其对边界争端一般是粗略概述。就笔者目前查阅的中文文献来看,系统深入研究中东边界的专著寥寥无几,更无充分利用档案材料研究两伊边界的成果问世。本课题以英国已刊档案史料为基础,将写作重心置于1927—1937年间两伊边界纠纷、谈判、定界的始末,以及英国在其中的交涉,厘清复杂的边界问题,得出令人信服的结论。这也将是对

---

① Curzon of Kedleston, *Frontiers*, The Romances Lecture, Oxford: Oxford University Press, 1907.
② 关于中国边界研究的现状间接而全面的概述参见:孔令杰:《评〈国际边疆与边界〉——兼论边界问题的研究方法》,载于《中国边疆史地研究》,2014年第3期,第173—174页。

中国边界研究有限但积极的拓展。

纵观伊朗和伊拉克的历史与现实,两国同为中东地区的大国,彼此民族矛盾尖锐、宗教问题复杂、资源争夺激烈、大国干预频繁,这些胶着与对抗最终会投射到领土和边界纷争中,因而领土争端一直是恶化中东地区国际关系和引发地区安全形势动荡的一大根源。时至今日,两国在陆海边界以及阿拉伯河归属问题上仍是剪不断理还乱的情势,对边界问题进行追根溯源式的历史研究,益于深刻认知当下两国边界问题的症结所在。国际关系研究基于历史理解,两伊领土争端具有典型性,某种程度上是中东边界争端的一个缩影,鉴于此,本研究希冀能对当今及未来处理两伊及中东国家间的关系,尤其是解决历史遗留的边界问题提供必要的历史借鉴。

中国是一个陆海大国,邻国众多且边界情况复杂,自近代以来陆地边界线变更频繁,同它国边界、领土纠纷不断,勘界、划界工作常有,至今仍存在很多历史遗留悬案以及一些争议地带。此外,中国海域面积达300万平方公里,中国同邻国的领海争端时有发生,特别是21世纪以来,南海问题不断发酵,局势愈演愈烈,既由于域内各声索国的主权争端加剧,也因为区域外大国对南海问题的介入加强。诚如中国学者所言:如何实施科学有效的边界与海洋政策,进行科学合理的边界与海域划分,营造睦邻友好的周边环境,保持边境地区和海疆周边地区的繁荣稳定,推动"以合作促发展,以发展保安全"的新型外交理念的实施,为我国在新世纪头20年的发展战略机遇期提供智力支撑,已经成为我国外交工作的一项紧迫任务。边界与海洋问题研究范围十分宽泛,不仅要研究中国的边界与海洋问题的发展历史、现状趋势,还要研究国外的边界与海洋问题的发展历史、现状及走势;不仅要从事学术研究,更重要的是要从事对策研究。[①] 而对国内外边界问题的历史研究利于或意在充分地提取

---

① 胡德坤:《加强边海研究,服务国家外交》,《武汉大学学报》,2012年第5期,第117页。

那些有可能"垂诸永远"的人类政治教益和国际关系经验,利于为中国解决和应对边界问题提供有益的现实启示。

二、研究综述

伊朗和奥斯曼帝国之间的边界争端及划界问题由来已久。自中世纪晚期以来,波斯和土耳其之间的边界大致而言"在南部按照伊朗高原和美索不达米亚平原一线来划分,在北部按照尔米亚湖和凡湖一线划分。"①然而具体的边界线曾持续不断的引起两大帝国之间的纷争,19世纪40年代以来,时值英俄两大帝国在中东与中亚争夺势力范围,英国逐渐卷入伊朗和奥斯曼帝国之间的边界纠纷,俄国亦步亦趋,紧随其后。自此,伊朗和奥斯曼之间的边界问题遂成为伊朗、奥斯曼、英国、俄国之间的外交问题,直至1958年伊拉克革命才结束了英国与两伊边界问题之间的紧密联系和对两伊边界演变及管控的持续介入。在这近120年的缓慢变迁中,伊朗和奥斯曼边界历经三次大的调整,其中所涉及的历史细节、外交折冲、法律事务等成为许多交叉学科学术研究的主题,历史学家、地理学家、地缘政治学家、国际法学家、经济学家等热衷于从不同视角探讨与两伊边界相关的问题。

1. 边界问题下的法律解读

两伊边界的发展演变伴随着漫长的条约史,最早可回溯至1639年前威斯特伐利亚时期在祖哈布签订的波斯-奥斯曼《和平和订立边界条约》即《祖哈布条约》,此后每一次边界调整都伴随着新的双边或多边条约的订立。在这期间,两国南部边界的划定从沿阿拉伯河东岸到沿阿拉伯河中线,以及波斯对于沿中线划界的长期历史诉求,成为许多出色的

---

① Richard Schofield, *The Iran-Iraq Border*, 1840 – 1958, Farnham Common: Archive Editions, 1989, V. 8, p. 95.

国际法研究的主题。

凯科巴德(Kaiyan Homi Kaikobad)的著作《阿拉伯河边界问题：法律视角的再评估》是这一方面的力作。凯科巴德依据英国外交部及印度事务部未刊档案史料，系统梳理了 1639 至 1975 年间两伊关于阿拉伯河边界争端的发展演变过程，以此作为其后续法律分析的史实依据。全书核心观点是：每一项后继的边界条约在签订时都应被认为是最终条约，对各方都有约束力，直至后来被取代或修改。凯科巴德宣称："在战争结束后，一个胜利者的行为改变了边界，无论是吞并还是被击败的条约，都是无效的。"[①]即支持边界条约"最终性"和"连续性"的国际法概念，反对单方面违背及破坏条约。

《伊朗-伊拉克双边条约解析》同样以两国在边界纠纷过程中所签订的一系列双边条约为线索，考察了自 1639 年起，双方长时段的缔结条约、违反条约、废除条约的历史过程，直至 1980 年两伊战争爆发。作者约瑟夫·库西马诺(Joseph J. Cusimano)认为："这些条约标志着伊朗和伊拉克关系的发展，为重新审视国际条约法的一些基本原则提供了一个独特的机会。"[②]作者站在国际条约有效性原则的立场上批判了伊朗、伊拉克为争夺阿拉伯河及库尔德地区领土而单方面终止边界条约的行为，主张"两国基于'河流中线'这一划界原则划定阿拉伯河边界，并以 1975 年条约为基础确立整个边界线，直至达成新的协议。"[③]

劳特帕赫特(E. Lauterpacht)《河流边界：阿拉伯河的法律层面》一文主要以阿拉伯河划界过程中出现的法律问题为切入点，提出了一些重要的法律概念，如：对"最深谷底线"及"航行权"的界定等，探讨国际法视阈下边界地带河流主权归属问题。不同于国际法通行的将河流主权划

[①] Kaiyan Homi Kaikobad, *The Shatt-Arab Boundary Question: A Legal Reappraisal*, Oxford: Clarendon Press, 1988.
[②] Joseph J. Cusimano, An Analysis of Iran-Iraq Bilateral Border Treaties, *Case Western Reserve Journal of International Law*; Vol. 24 Issue 1, Winter 1992, p. 113.
[③] An Analysis of Iran-Iraq Bilateral Border Treaties, p. 113.

归一国单独所有的惯例,或是以"最深谷底线"为界分属两国的个案,作者的结论是:"在未来,解决河流边界问题应包括增加对共同所有权、共同控制和共同使用的概念。"同样"为控制、维护和开发导航设施而进行的河流国际化或设备非国有化,是一个值得尊敬的先例。"① 这一观点为国际河流划界提出了一种新思路。

《伊朗-伊拉克关于阿拉伯河的争端》一文在分析两伊因阿拉伯河主权归属纠纷而导致数次战争的基础上,得出结论:"用武力改变现存边界而不冒战争风险是不可能的,边界问题应该按照国际法原则来调整和解决。"② 主张摒弃武力方略,强调国际法在解决边界争端中的优先效用。《伊朗-伊拉克冲突:法律的影响》则从伊朗-伊拉克边界情势的动荡以及1980年两伊战争爆发的背景写起,详细讨论阿拉伯河及其沿岸领土争端及两国领海和大陆架边界问题,落点在于通过"条约平等性"、"情势变迁"、"河流中线"、"条约有效性"、"违反条约"等国际法原则分析伊朗和伊拉克在边界争端中的立场。③

《阿拉伯河河流边界:要点释义》是对两伊《阿尔及尔协议》的一项个案研究,着重分析1975年划界条约在国际法使用原则上不同于此前条约之处,解读了《阿尔及尔条约》第二条的两个要点:即条约明确规定了根据"河流中线"及"按照河床变化适时调整边界"的原则。④ 作者认为1975年阿尔及尔协议规定了河流边界的状况,展现了对一个持续了300年之久的政治争端的法律解决的示范,对未来解决边界问题,特别是河流边界争端提供了一个范例。

---

① E. Lauterpacht, River Boundaries: Legal Aspects of the Shatt-al-Arab Frontier, *The International and Comparative Law Quarterly*, Vol. 9, No. 2, Apr., 1960, p. 235.
② Shameem Akhtar, The Iraq-Iranian Dispute over the Shatt-Al-Arab, *Pakistan Horizon*, Vol. 22, No. 3, Third Quarter, 1966, p. 220.
③ S. H. Amin, The Iran-Iraq Conflict: Legal Implications, *The International and Comparative Law Quarterly*, Vol. 31, No. 1, Jan., 1982, p. 174.
④ Gideon Biger, The Shatt-Al-Arab River Boundary: A Note, *Middle Eastern Studies*, Vol. 25, No. 2, Apr., 1989, p. 250.

20世纪70、80年代,哈立德·阿里·伊兹(Khalid Al-Izzi)先后出版过两本关于伊朗和伊拉克在阿拉伯河争端中的国际法研究类著作,其一是《法律视角下阿拉伯河争端》,另一是《阿拉伯河争端——一项法律研究》,两书写作主题类似,但立场截然不同。前书出版于1971年,正如作者在序言所提:"这是关于伊朗和伊拉克之间在阿拉伯河争端的历史和法律研究,这一争端此前没有得到应有的关注,且它是中东地区和平的永久威胁。因此,对整个阿拉伯世界的阿拉伯争端的历史和法律研究变得高度相关,目的是为了了解伊朗的主张能在多大程度上经得起公正的审查。如果没有这样的研究,就不可能理解双方提出的论点,理解是公正和公平解决方案的必要前提条件……我认为,阿拉伯河之争是最困难、最棘手、最复杂的。以和平和公正的方式解决这一争端可能有助于解决其他争端。"①后书问世于1981年,彼时两伊战争如火如荼,就像哈立德在书中所写"献给萨达姆·侯赛因——民族解放的英雄和勇敢的伊拉克军队"一样,此书是为伊拉克争夺领土摇旗助威,全书的立论是:伊拉克拥有阿拉伯河的合法主权,②因而观点失之偏颇。

2. 边界沿革中的历史图景

将延续百年之久的政治边疆逐步缩小为唯一边界线,而后在地面勘定具体边界,这一复杂历史进程曾伴随无数棘手问题,两伊边界问题的历史类研究大都将主题集中于此。关于这一过程最古老的文本当属《亚美尼亚:在埃尔泽鲁姆以及俄国、土耳其和波斯边界的一年》,作者罗伯特·寇松(Robert Curzon)在1841年出任英国驻君士坦丁堡大使斯特拉福德·坎宁(Stratford Canning)的私人秘书。1837年,奥斯曼同波斯在

---

① Khalid Al-Izzi, *The Shatt al-Arab River Dispute in Terms of Law*, Baghdad, Iraq: Ministry of Information, al-Huriyal Printing House, 1971, pp. 11–13.
② Khalid Al-Izzi, *The Shatt al-Arab Dispute-A Legal Study*, London: Third World Centre, 1981.

穆罕马拉地区再次挑起边界争端,应奥斯曼和波斯的要求,英、俄欲协助解决边界争议,1843 年由英、俄、奥斯曼、波斯四国代表组成边界调查团,一同划分奥斯曼同波斯的边界,并主要讨论祖哈布、苏莱曼尼亚、穆罕马拉及阿拉伯河地区的归属问题。罗伯特·寇松是英方成员之一,《亚美尼亚》一书正是他 1843 年随边界调查团勘测埃尔泽鲁姆及周边地区的见闻录,松散地描述了当地的地理人文、风土人情,另有少部分篇幅简明扼要的叙述了亚美尼亚政治和教会历史。①

哈伯德(G. E. Hubbard)所著《从海湾到阿勒山——穿越美索不达米亚及库尔德斯坦的一次远征》同上书体例类似。哈伯德是 1913 年奥斯曼-波斯划界委员会成员,担任英国专员秘书一职,《从海湾到阿勒山》一书是他对 1914 年 1 至 11 月间,划界委员会成员从海湾到阿勒山所经部落和地区的工作记述,揭示了在划界实践中面临的各种现实问题,以及在处理边界问题时,了解当地种族、传统和宗教等因素的必要性。② 除对划界工作及个人见闻的翔实记录外,书中还收录有 60 余张照片,真实再现了划界工作中的诸多重要图景,因而成为了解 1913—14 年间奥斯曼-波斯划界始末的一手史料,也是后续研究不可或缺的参考文献。

另有《1913—14 年土波边界的划分》一文同属早期文献史料,作者瑞德(Ryder)少校是英国著名地理学家,此文也是他在 1925 年 7 月 8 日社会会议(Meeting of the Society)上的发言稿。③ 作为 1913—14 年划界工作的具体负责人,他以亲历者的笔触对划界委员会的工作进程和自身经历做了详尽的说明。

《西南波斯:一位政治官员的日记(1907—1914)》是阿诺德·威尔逊

---

① Robert Curzon, *Armenia: a Year at Erzeroom and on the Frontiers of Russia, Turkey and Persia*, New York: Harper & Brothers, 1854.
② G. E. Hubbard, *From the Gulf to Ararat: An Expedition through Mesopotamia and Kurdistan*, Edinburgh and London: William Blackwood and Sons, 1916, Viii.
③ C. H. D. Ryder, The Demarcation of the Turco-Persian Boundary in 1913-14, *The Geographical Journal*, Vol. 66, No. 3, Sep., 1925, p. 227.

爵士1907—1914年在波斯任职期间的工作日记及书信选编。① 威尔逊曾得到"英国的东方事务秘书"美誉,他的日记除记录了1908年英国在中东发现第一块油田、建立油站及在阿巴丹岛租用土地建设精炼厂等事项外,还包括他在1914年任奥斯曼-波斯划界委员会首席专员期间历时10个月确立两国界桩的详细经历,因而是了解1913—14年奥斯曼—波斯边界安排的一项重要参考资料。

继早期自传式历史文献之后,关于两伊边界史重要的研究成果当推理查德·舒菲尔德(Richard Schofield)《阿拉伯河边界争端的演变》一书,该书出版于1986年,是首本将"阿拉伯河争端"归于边界争端,特别是河流争端的专著,填补了关于两伊河流边界研究领域的空缺。"在这本小册子出版之前,没有任何关于阿拉伯河边界问题的客观深入研究,他(舒菲尔德)把它置于边界争端的更广泛的,尤其是那些河流边界的问题背景之下。"②作者的论点贯穿全书的主题,即"阿拉伯世界的边界已经被用来作为伊朗和伊拉克之间更广泛的国家对抗的物质表达。"③围绕这一观点,作者论述了自19世纪至20世纪80年代间,阿拉伯河界的变迁史,包括一系列清晰、准确的地图。作为伦敦国王学院地理系的高级讲师,舒菲尔德的学术研究聚力于中东边界问题,特别是在阿拉伯河边界纠纷和领土事务方面著述极丰。《尘埃落定:国际联合委员会确定和划定伊拉克的边界》是他以原始档案记录为基础,考察和比较历史上不同时期划界委员会行动和结果的一篇长文。论文主要关注自19世纪40年代开始的延宕70年之久的划界工作,揭示那些牵涉其中的帝国在划界行动中以及在边界发展演进过程中的态度。作者的核心结论是:"土

---

① Arnold Wilson, *South-West Persia: A Political Officer's Diary 1907 - 1914*, London: Oxford University Press, 1941.
② Gerd Nonneman, The Evolution of the Shatt al-Arab Boundary Dispute by Richard Schofield, *British Society for Middle Eastern Studies*, Vol. 14, No. 2, 1987, p. 210.
③ Richard Schofield, *Evolution of the Shatt Al-'Arab Boundary Dispute*, England: Middle East & North African Studies Press, 1986, p. 82.

波边界有一个显著的特征,这主要归因于在它曾经建立时缺乏通盘考虑和蓄意的安排方式。它提供了科学所知晓的每一个划界原则的实践案例,种族的、语言的、宗教的或者纯粹是人为的,问题也都产生与此。"①《新国家的老边界:伊拉克东方问题的产生》则按时间顺序记载了一战前伊拉克同伊朗、科威特划定边界的一些关键性事件,特别强调了英国在早期边界塑造中的作用。基于充分的历史叙述,舒菲尔德在文末总结到:"在传统的前沿地带,以及划分某一河流系统中对此种线性国际边界的引入,给伊朗、伊拉克和科威特带来了不稳定的领土遗产。这三国在国际边界的定位和地位问题上一直存在争议。甚至伊拉克在 1980 年与伊朗及 1990 年与科威特的冲突都有领土争端的根源。在北部海湾地区,要想适应国际边界的存在,就像建立地理和法律的定义一样困难。"②

《现代伊朗的边界》是伦敦大学地理和国际边界研究中心凯斯·麦克拉克伦(Keith McLachlan)教授精心编纂的一本论著,其中各篇章分别探讨了伊朗同邻国间边界问题演变史,详细的总结了伊朗国家领土和边界的形成过程,以及仍然影响着它同周边国家的紧张局势。③ 文集第七章《解读一个模糊的边界:1847 年〈埃尔泽鲁姆条约〉及 1913 年之前的阿拉伯河》由舒菲尔德撰写,主要内容以 19 世纪和 1908—1913 年两个时间段为界,分别叙述了各自时期内阿拉伯河河界争端的发展及解决过程,以及印度事务部和英国政府的官员们努力按照 1847 年《埃尔泽鲁姆条约》规定的内容建立更清晰的界限,并在 20 世纪初将其与地区条款中最实际的界限画上等号的历史进程。④

---

① Richard Schofield, Laying it down in stone: delimiting and demarcating Iraq's boundaries by mixed international commission, *Journal of Historical Geography*, 34, 2008, p. 418.
② Richard Schofield, Old Boundaries for a New State: The Creation of Iraq's Eastern Question, *SAIS Review of International Affairs*, Volume 26, Number 1, Winter-Spring, 2006, p. 38.
③ Keith McLachlan, *The Boundaries of Modern Iran*, New York: St. Martin's Press, 1994, p. vii.
④ Richard Schofield, "Interpreting a Vague River Boundary Delimitation: the 1847 Erzerum Treaty and the Shatt al-Arab Before 1913", Keith McLachlan, *The Boundaries of Modern Iran*, New York: St. Martin's Press, 1994, pp. 72 - 92.

会议论文集《恺加王朝的战争与和平：过去与现在的启示》第六章——《缩小边界：19世纪中期土—波划界及绘制边界地图的努力》亦由舒菲尔德执笔，文章依据档案材料，记述了19世纪中期土—波划界过程中令人感到棘手的历程。作者认为：这些边界地带长久以来就曾是传统的或有争议的边界，而后详细考察英、俄作为调停国，以及土耳其波斯作为当事国，在1843—76年缩小争议和临时性地区绘制地图中所扮演的角色。全文由三个主要时间段构成，首先详述了1850—1852年间土波划界委员艰辛过程；其次回顾了调停国在19世纪60年代通过被认可的调查绘制详细地图的不成功的努力；最后回顾了19世纪70年代中期，塞尔维亚战争爆发前乐观主义短暂盛行时期重新开始的磋商。①

论文集《伊朗、伊拉克以及战争遗留问题》力图从历史维度提炼影响两伊战争后双边关系走势的各类复杂因素，解读伊朗和伊拉克紧张关系的根源及特征。其中收录到的舒菲尔德《地位、功能及象征：正确看待阿拉伯河争端》一文是对1913—14年间曲折漫长的划界过程、1937年《德黑兰条约》、1975年《阿尔及尔条约》签订始末的宏观性介绍，这一系列历史性的叙述意在具体描述河流边界变化的特征。②

侯赛因（Hussein Sirriyeh）的文章《伊拉克—伊朗冲突的发展，1847—1975》，将关注点聚焦于两伊在阿拉伯河及北部边界地区冲突的发展过程，此外还些许提及伊朗支持伊拉克北部库尔德地区叛乱问题。③ 意在将1980年海湾战争置于历史类比的角度，评估领土纠纷对战争爆发的影响。

阿布都拉尼（Jasim M. Abdulghani）所写《伊拉克和伊朗：危机的年

---

① Richard Schofield, "Narrowing the Frontier: Mid-Nineteenth Century Efforts to Delimit and Map the Perso-Ottoman Border", Roxane Farmanfarmaian, *War and Peace in Qajar Persia: Implications Past and Present*, London and New York: Routledge, 2008, pp. 149 – 173.
② Richard Schofield, "Position, Function, and Symbol: The Shatt al-Arab Dispute in Perspective", Lawrence G. Potter and Gary G. Sick, *Iran, Iraq, and the legacies of war*, London: Palgrave Macmillan, 2004, p. 32.
③ Hussein Sirriyeh, Development of the Iraqi-Iranian Dispute, 1847 – 1975, *Journal of Contemporary History*, Vol. 20, No. 3, Jul., 1985, p. 483.

代》一书是从历史视角审视海湾战争的出色专著。作者认为导致两伊战争的因素是多重且复杂的,而"阿拉伯河边界争端一直是伊朗和伊拉克冲突的根源"①。全书在第五章集中考察了阿拉伯河边界争端的历史和法律问题,作者认为边界问题的症结在于:伊拉克向海湾地区的通道有限,因而它认为对整个阿拉伯河航道拥有主权对其国家安全至关重要,特别是阿拉伯河是它唯一的出海口。

3. 边界事件中的外交协调

自 19 世纪 40 年代英、俄相继插手奥斯曼-波斯边界事务以来,两国的边界问题就已扩展为英、俄、奥斯曼及波斯四方之间的外交问题,这自然引发政治学家从不同视角检验各自在两伊边界争端中所扮演的角色。相关研究可见扎加尔(Aliasghar Zargar)的长文《英国在伊朗-伊拉克关于阿拉伯河水域争端中所扮演角色的历史回顾》,这是一篇以英国史料为基础,详细阐释英国干涉、介入两伊的水域问题从而阻止了争端的解决,并使两伊的水域争端成为一个长期紧张以及一些破坏性战争的根源。② 作者突出分析了英国在阿拉伯河水域争端中的作用,研判了英国政策的起源,解释了英国在阿拉伯河争端中的关键性角色,及其对两伊双边关系的长篇影响,是少有的从第三方视角来分析河界争端的研究成果。

布尔库·库尔特(Burcu Kurt)《外交政策的争辩:奥斯曼外交事务部同战争部在同伊朗阿拉伯河争端问题上的争论,1912—13》一文研究视角独特。阿拉伯河问题曾是很多研究的主题,这其中,大多数的研究集中关注其国际化这一议题,但极少有研究去分析这一领土争端在奥斯

---

① Jasim M. Abdulghani, *Iraq and Iran: The Years of Crisis*, London and New York: Routledge, 2011, p.106.
② Aliasghar Zargar, A Historical Review of British Role in Iran-Iraq Dispute on the Shatt-al-Arab Waterway, *International Journal of Political Science*, Vol. 1, No. 2, Summer & Fall, 2011, p.21.

曼领土内部是如何被看待的。而这一研究则主要集中在奥斯曼帝国官僚圈内的决策过程，以及对外交事务和优先事项的不同看法如何影响决策的制定，尤其是在阿拉伯河问题上。奥斯曼土耳其官员在如何解决与波斯的持续边界争端上存在分歧，文章突出了奥斯曼中央政府关于阿拉伯世界的问题的不同观点。通过探究土耳其外交部与战争部之间的紧张关系，也展示了在1908年至1914年期间，政府内部政治和政治格局变化的程度，以及政治格局的变化。①

《亚洲集体安全与伊朗-伊拉克边界争端：苏联视角》一文洋洋洒洒，共分五部分，前两部分分别解读了莫斯科同伊拉克及伊朗的双边关系，特别关注于克里姆林宫努力获得伊朗同意苏联提出的集体安全体系的努力；第三、四部分重在评估苏联媒体对伊拉克和伊拉克边界问题的以及莫斯科对伊朗和伊拉克关系一种周期性模式的回应；最后一部分剖析苏联在两伊边界争议问题上的重要性。② 论文意在审视苏联在两伊边界争端中所试图推行的"亚洲集体安全"政策，作者认为这一政策是维护两伊边界争端的公正姿态的一种手段，同时可以利用边界冲突使集体安全体系的提议合法化，并加速其建立。

另有英国中东政策类研究成果，虽不以边界问题为研究主旨，但因边界问题始终是英国绕不开的考量因素，故不论篇幅长短均有些许涉及两伊边界问题。③

---

① Burcu Kurt, Contesting Foreign Policy: Disagreement between the Ottoman Ministry of Foreign Affairs and the Ministry of War on the Shatt al-Arab Dispute with Iran, 1912 – 13, *Iranian Studies*, Vol. 47, No. 6., 2014, pp. 984 – 985.
② Howard M. Hensel, Asian Collective Security and the Irano-Iraqi Border Dispute: The Soviet View, *Journal of South Asian and Middle Eastern Studies*, Vol. 1, No. 1, Sep., 1977, p. 46.
③ 相关研究包括：J. B. Kelly, *Britain and the Persian Gulf 1795 – 1880*, London: Oxford, Clarendon Press, 1968; Houshang Sabahi, *British policy in Persia, 1918 – 1925*, London and New York: Routledge, 1990; Vanessa Martin, *Anglo-Iranian Relations Since 1800*, London and New York: Routledge, 2005; Rose Louise Greaves, British Policy in Persia, 1892-1903-I, *Bulletin of the School of Oriental and African Studies*, University of London, Vol. 28, No. 1, 1965.

4. 边界演进中的热点问题

同边界问题密切相关的另一主题是阿拉伯河经济发展史、边界地区铁路线铺设及石油的发现、开采、冶炼对边界争端的影响。亚历山大·梅拉米德（Alexander Melamid）做了多篇相关研究，代表性成果包括1968年发表的从经济学及地理学视角来分析经济发展对河流边界变化所产生影响的《阿拉伯河边界争端》，他在文中特别分析了石油的发现及其商业属性的开发在这一议题中的重要性。梅拉米德以1904年为时间界点分述了石油发现前后英国对经济利益的追求以及由此衍生的对河流边界问题持续的关注和介入，除正面论述经济因素对边界问题的影响外，作者同样也分析了边界争议所导致的对具体开发项目位置的影响。另有《政治地理论文集》中《伊朗和伊拉克之间的边界演变》一章通过对伊朗—伊拉克边界的演变发展描述了地缘政治因素在这一过程中所扮演的角色。①

无论是历史上还是在同时代，要划定或调整一个固定的国际边界对于边界人口来说都是有很多附属问题，而中东地区自古民族、种族关系复杂，因而许多研究者持有这样的观点，即认为"两伊边界争端是民族和地区冲突的象征而不是对具体边界本身固有的不满。"②如萨布里·阿特西（Sabri Ates）的博士论文《帝国边缘：以奥斯曼-伊朗边界和边境人民的历史为背景，1843—1881》便细致考察了19世纪中后期，生活在奥斯曼-波斯边境地区的人们是如何适应和抵制从波斯湾到亚美尼亚地区的划界过程。③ 萨布里新近出版的专著《奥斯曼-伊朗边境：制定边界，1843—1914》一书广泛引用来自奥斯曼帝国、英国和伊朗的原始档案，对

---

① Vahe J. Sevian, "The Evolution of the Boundary between Iraq and Iran", Charles A. Fisher, *Essays in political geography*, London and New York: Routledge, 1968, pp. 211-224.
② Lawrence G. Potter and Gary G. Sick, *Iran, Iraq, and the legacies of war*, London: Palgrave Macmillan, 2004, p. 31.
③ Sabri Ates, *Empires at the Margin: Towards a History of the Ottoman-Iranian Borderland and the Borderland Peoples, 1843-1881*, New York University, 2006.

奥斯曼、波斯这两个伊斯兰国家之间的边界形成和身份认同展开了深入讨论。① 全书主要围绕三个主题展开。其一,详述奥斯曼和伊朗之间由宽泛的边境地带转变成确定边界的过程;其二,主要关注了恺加王朝时期,两国之间的边界问题对双边关系的影响;以前两部分为论据,作者进而强调了边境地区的民众在边界划定过程中所起重要作用,同时也努力解答了这一边界线是怎样变成了一个大国干涉的国际问题。与前人的研究相较,萨布里著作的突出之处在于:它的研究维度广泛,使得读者能够看到两国民众的互动和反应以及他们在公民身份选择和认同中所起的作用。

马吉德·卡杜里(Majid Khadduri)在《海湾战争:伊朗-伊拉克冲突的起源和影响》一书中提供了伊朗与伊拉克关系的完整历史,并分析了当前的冲突,以及未来和平的可能性。他解释了十多个世纪以来宗教和文化差异的关系是如何复杂化的。他认为:伊拉克人把这场战争看作是一场围绕国家边界的政治争端,伊拉克战争是一场宗教战争,没有任何政治边界。②

《伊朗和伊拉克:冲突的根源》是研究两伊边界问题的又一佳作。作者伊斯梅尔将伊朗和伊拉克的冲突置于一种多维度的视角下,从历史、法律、意识形态维度对其加以解释。伊斯梅尔教授曾写了一个重要的介绍,其中附录了关于冲突的两个重要档案。③ 在介绍中,它巧妙地定义了关于阿拉伯河争端的三个先后相继的阶段:第一个是以一个重大的特征为标志,即奥斯曼和波斯之间争夺美索不达米亚的控制权;第二个是英俄两大帝国之间的严重对抗;第三是两伊之间在民族主义问题上的对抗和竞争。他认为现在的冲突是截然相反的意识形态的反应,一方是世俗主义者和民族主义者,另一方是宗教主义者和普遍主义者。此书的重要贡献还在于它附带了一系列解释两伊关系史的档案文献,因此对于了解

---

① Sabri Ates, *The Ottoman-Iranian Borderlands*: *Making a Boundary*, *1843 - 1914*, New York: Cambridge University Press, 2013.
② Majid Khadduri, *The Gulf War*: *The Origins and Implications of the Iran-Iraq Conflict*, New York: Oxford University Press, 1988.
③ Tareq Y. Ismael, *Iraq and Iran*: *roots of conflict*, Syracuse University Press, 1982.

两伊冲突根源特别是民族因素所起作用来说是本必读书目。

5. 边界研究中的档案编研

除以上研究资料外,与两伊边界问题密切相关的已刊档案成为另一类需要予以细致梳理的文献。不同于一般的历史类档案,关于两伊边界的已编纂档案十分丰富。一些研究者热衷于编纂同中东边界有关的档案并集结出版,个中翘楚非理查德·舒菲尔德莫属,他一边研究一边编辑了几部重要的档案文集,所涉包括阿拉伯国家边界、阿拉伯国家边界纠纷和其他一些地区疆界研究①。其中对于两伊边界研究而言最直接相关的是 11 卷本的《伊朗-伊拉克边界,1840—1958》,这套文件集收录了取自英国政府档案的关键性原始文档,涵盖了 118 年里有关两伊边界问题的记录,由此便形成了一部可单独使用的重要参考文献。"这些关于两伊边界演变的历史证据,或可被视为是继海湾战争和入侵伊拉克之后展开的边界谈判的通用背景资料。文件集中收录了一些条约原文的复本以及英、俄、土耳其、波斯及后来的伊拉克等方之间谈判的详细记录。"② 另有 1992 出版的 20 卷本《阿拉伯边界争端》③,这套卷帙浩繁的档案集中所收录文献除来自英国政府档案外,还包括部分美国国家档案馆、美国国务院情报研究局地理研究室的相关文献,史料价值不容小觑,特别需要指出的是其 1—3 卷收录了自 1639 年至 1992 年间有关伊朗和伊拉克边界问题的重要档案文献,基本涵盖了两伊边界问题的完整始末,对 11 卷本的《伊朗-伊拉克边界,1840—1958》档案在时间段上做了恰到

---

① 除上述提到的研究成果外,理查德·舒菲尔德的写作领域还包括中东其他国家的领土和边界问题:Richard N. Schofield, *Territorial Foundations of the Gulf States*, London: UCL Press, 1944; Richard N. Schofield, *Kuwait and Iraq: Historical Claims and Territorial Disputes*, London: The Royal Institute of International Affairs, 1991.
② Richard Schofield, *The Iran-Iraq Border, 1840 - 1958*, Farnham Common: Archive Editions, 1989.
③ Richard Schofield, *Arabian Boundary Dispute*, Slough: Archive Editions, 1992.

好处的补充,弥补了其对两国早期边界纠纷及解决方案和对1958年之后两伊边界争端走向鲜有涉及的不足,但同样需要指出的是,两本文献因在时间段上有很大重合、主题接近,故编者所收录档案有部分内容重复。上述两部档案也是全书写作所将依据的主要史料,当然舒菲尔德所编纂和参与编纂的大部头档案集远不止于此,其中与中东边界问题相关的还包括20卷本的《海湾地区岛屿及海上边界:1798—1960》①,该套档案集按编年史顺序,主要从英国的立场和视角出发,详细介绍了波斯湾地区290多个岛屿及海上边界的演变历史,对于了解这一地区的领纠纷具有重要的史料参考价值。1996年10卷本的《阿拉伯边界:新档案(1961—1965)》②问世,此套档案的最显著特征是利用新近解密的英国档案材料,主要包括1960—1965年间的一些外交信件、电文、回忆录、外交声明和原始条约等。紧随其后,他又参与编纂了《阿拉伯边界:新档案(1966—1975)》③,共计18卷,其中涉及了两伊领土和库尔德问题的起源(1966年卷)、两伊关系急剧恶化中的领土因素(1974年卷)、阿拉伯河危机(1969年卷)、阿尔及尔协议中伊拉克对阿拉伯河的主权要求(1974、1975年卷)等。此外,隶属于剑桥大学出版社的剑桥档案出版社(Cambridge Archive Editions)自20世纪80年代起也陆续出版了一些以中东边界为主题的档案集,④这些档案对本书研究所依据的档案做了

---

① Richard N. Schofield, *Islands and Maritime Boundaries of the Gulf 1798-1960*, Farnham Common: Archive Editions, 1990.
② Richard Schofield, *Arabian Boundaries: New Documents 1961-1965*, Farnham Common: Archive Editions, 1996.
③ Richard Schofield, *Arabian Boundaries: New Documents 1966-1975*, Farnham Common: Archive Editions, 2009.
④ Richard Schofield and Gerald Blake, *Arabian Boundaries 1853-1960*, Farnham Common: Archive Editions, 1988; P. Tuson, *Arabian Treaties 1600-1960*, Farnham Common: Archive Editions, 1992; R. Jarman, *Iran: Political Diaries 1881-1965*, Farnham Common: Archive Editions, 1997; R. Jarman, *Political Diaries of The Arab World: Iraq 1920-1965*, Farnham Common: Archive Editions, 1998; A. Burdett, *Iraq Defence Intelligence 1920-1973*, Farnham Common: Archive Editions, 2005; Anita L. P. Burdett, *Records of the Kurds: Territory, Revolt and Nationalism, 1831-1979*, Cambridge Archive Editions, 2015.

必要的补充。

以上是国外学者对这一课题的研究状况以及相关档案文献的出版情况。综合来看,国外学术界关于两伊边界问题的现有研究成果呈现如下三方面特征:

首先,两伊边界从北至南,既有陆地部分也有河流部分,现有研究成果中关于南部边界阿拉伯河的边界争端及划界研究成果丰硕,但关于北方库尔德地区的边界却鲜有涉及。河流争端的确是导致80年代两伊战争的一个重要因素,近年来的文献已非常详细地印证了有关阿拉伯河争端的旷日持久且麻烦重重的演进历程,但有关更北方陆地边界的争端却被关注得很少,写作过程中我将努力扭转这种不平衡的情形。诸如未来是否会因哈奈根(Khanaqin)或马杰努(Majnoon)等产油区发生争执之类的问题,现在就可参考以往那些涉及这些边界地区的档案做一些解读。

其次,早在19世纪40年代,英国就开始深深地介入土波边界问题,直至1958年伊拉克革命的爆发,在这近120年的长时段内,两伊边界历经三次大的调整,每次都以签订新的划界条约为标志,而英国或是以调停者身份或是以仲裁者身份插手划界工作,每次边界的调整都有无法逾越的英国因素。就现有研究成果来看,涉及两伊划界的双边研究很普遍,但从外交维度深入分析英国方因素的实属少见。

第三,英国的介入程度、影响力度并非一成不变,这与英帝国的衰退密切相关,19、20世纪之交的英国面临纷繁的内部和外部变化,一是国内政治因内阁集权而导致国家安全决策机制目标不明、程序失调;国家经济因漠视技术改革和设备更新而发展缓慢,逐渐丧失在世界经济中的垄断地位。二是在欧洲大陆面临由于德国迅速崛起所造成的均势失衡状况;在世界范围内存在与法、俄等国在商业及殖民地利益方面的矛盾和对抗。多重危机造就的客观后果之一便是英国不断调整和校正自身的对外政策,它将军事、外交、经济、政府机构等各方面的视野结合起来,以实现一种内在连贯和协调一致的外交政策。虽有少量从英国外交维度研究两伊边界问题的研究,但对英国政策的边界及动因缺少细致和深入的探究。

相较两伊边界的英文学术成果,国内学者对这一问题的研究更显薄弱,至今尚未有关于两伊边界问题的专著出版,相关研究更多的是从地区视角对中东领土争端进行整体性描述,代表作当属谢立忱的《当代中东国家边界与领土争端研究》一书,作者侧重从民族主义、安全和认知因素等角度来分析中东各国边界与领土争端概况、中东国家边界与领土争端原因、影响和未来的解决条件与解决方法。书中第二章第二节对伊拉克和伊朗边界概况进行了粗线条的介绍,内容十分简略。① 另有吴传华的博士论文《中东领土与边界问题研究》详细梳理了中东地区各国间领土争端的来龙去脉,其中对伊朗和伊拉克的边界问题亦着墨甚少。② 此外还有一些与中东历史及相关国家的历史类著作或论文中提到这一问题,通常叙述简单,甚或一带而过。③

除相关著作外,一些学术论文对两伊边界问题的某些维度有深入探讨。如台湾学者陈立樵在参考部分原始档案的基础上,从英国与伊朗的角度,深入探讨了20世纪初期至一战爆发前,伊朗西部划界问题,特别论及英国在其中所起的作用及影响力。④ 这是少有的从外交层面论述两伊边界问题的研究成果。另有数篇文献介绍类文章,虽不涉及具体研究

---

① 谢立忱:《当代中东国家边界与领土争端》,中国社会科学出版社,2015年版,第64—69页。
② 吴传华:《中东领土与边界问题研究》,博士学位论文,中共中央党校,2009年,第94—97页。
③ 彭树智:《二十世纪中东史》,高等教育出版社,2001年版;黄民兴著:《中东国家通史·伊拉克卷》,商务印书馆,2002年版;黄维民著:《中东国家通史·土耳其卷》,商务印书馆,2002年版;许向群、宫少朋主编:《中东和谈史:1913~1995年》,中国社会科学出版社,1998年版;彭树智:《中东国家通史·伊朗卷》,商务印书馆,2002年版;陈德成主编:《中东政治现代化——理论与历史经验的探索》,社会科学出版社,2000年版;杨灏城、朱克柔主编:《民族冲突和宗教争端:当代中东热点问题的历史探索》,人民出版社,1996年版。
④ 陈立樵:《伊朗西部边界划分与英国之交涉(1905—1914)》,《成大历史学报》第四十六号,2014年6月,第141—177页。作者另有两篇论文,虽不以两伊边界问题为主题,但涉及相关背景,对本论文写作亦有一定借鉴意义,参见:陈立樵:《伊朗对英俄两国的外交困局(1909—1914)》,《中正历史学刊》,2014年第17期。陈立樵:《石油开采与英伊关系(1901—1914)》,《东吴历史学报》,2014年第32期。

内容,但对英国档案文献的来源、馆藏、内阁档案的分类做了细致的介绍,对本论文的资料搜集提供了有益的指导。①

综合来看,与国外现有研究成果相较,国内关于中东及两伊边界问题的研究成果数量少,且研究方法单一,即缺少全面、系统的理论和实证研究,亦鲜见深入、细致的个案研究和交叉学科研究。目前国内外学术界往往将两国边界问题置于整个中东边界问题的大框架下进行研究,或是将研究重点集中于两国边界纠纷中的某个案例而无法展现两国边界问题的总体状况和特点。

三、研究方法、重难点及可能的创新

本书的研究方法主要包括档案分析法、系统分析法和比较研究法。档案分析法是历史研究的一种基本方法,建立在充分掌握有关档案史料的基础上。本论文通过对剑桥大学档案出版社出版的《伊朗-伊拉克边界,1840—1958》、《阿拉伯边界争端》等一系列关于两伊边界的档案集,同时通过搜集、整理、研读国外已经出版的经典研究著作和发表的相关主题论文,广泛使用其他类型的文献档案,互相引证,以最大限度完善资料,开展研究。充分掌握了 20 世纪 30 年代前后两伊边界演变的文献史料,正是在这些档案文献的基础上,本论文得以进行比较深入、翔实的档案研究。

系统分析法是外交史研究的重要方法。本书在探讨两伊边界争端过程中,注重从英国、伊朗、伊拉克各主要行为体的决策,以及彼此之间的多边互动,全面而深入的剖析影响边界争端走势的各因素。

---

① 赵伟明:《两伊冲突的历史根源》,《世界历史》,1995 年第 5 期;卫忠:《两伊冲突中的阿拉伯河主权问题》,《国际展望》,1988 年第 22 期;郭白晋:《伊拉克对阿拉伯河河界争端的态度及其政策演变》,《江西师范大学学报(哲学社会科学版)》,2005 年第 3 期;仲冬:《两伊关系的改善及其前景》,《西亚非洲》,2005 年第 6 期。王京烈:《论中东国家的边界问题》,《西亚非洲》,1994 年第 2 期;赵克仁:《伊朗胡齐斯坦问题透析》,《世界民族》,2009 年第 4 期。

比较研究法是国际关系研究中惯常采用的一种方法。本论文在研究过程中侧重运用此研究方法比较英国在20世纪30年代两伊边界争端中不同阶段的角色、政策及影响,并通过此类纵向比较揭示英国在中东地位的变化,以及英国国内对外决策的过程和考量因素。

通过对档案史料的解读,利用以上研究方法,全书重点在于厘清1927—1937年两伊在北部陆上边界以及南部阿拉伯河上边界争端的始末,即:发生了什么?以及阐释争端相关国家的外交决策特别是域外大国英国在不同阶段的政策转变的逻辑及考量因素,在此基础努力回答这样的问题即这一边界线是怎样变成了一个大国干涉的国际问题。

本书的首要属性是历史研究,故最难以突破和实现的是完全还原真实的历史图景。两伊边界争端持续时间长、牵涉因素广,仅在书中选取的十年历史时段中,其发展演变态势就错综交织,要做到全面完整的还原史实,委实困难。写作过程中笔者力争做到在对一手史料考证、辨析及阅读,广泛使用其他类型的文献档案,互相引证,以最大限度完善资料,展开基本的史实论述,尽可能还原该历史时间的真实图景。

本书可能的创新点主要体现在三个方面:第一,首次全面系统的研究20世纪30年代两伊在北部陆地及南部河流边界问题上的争端,在内容上有所创新;其次,主要依赖原始档案——《伊朗-伊拉克边界,1840—1958》《阿拉伯边界争端》,这两部档案国内馆藏较少,目前尚无利用此类文献的研究成果问世,因此在资料上有所创新;第三,全文侧重分析比较英国在不同阶段的决策依据及以对争端影响力的变化,在研究视角上有所创新。

四、研究思路及分析框架

两伊边界问题由来已久,本书主要探讨20世纪20年代中后期两伊陆地边界发酵、阿拉伯河主权争议再起以及继之而来的英国对边界问题的介入所导致的英国、伊朗、伊拉克三方外交互动,直至1937年签订《德黑兰条约》使得边界问题暂时得以解决。作为此一时段的前因及后果,文章溯及1927年之前边界问题的由来及前期两国划界问题的历史沿革,并追述了《德黑兰条约》之后边界问题的走向。论文的主体研究部分包括绪论、五章内容和结语,拟以微观历史探究为基础方法,以1927—1937年伊朗和伊拉克边界争端的发展演进为主线,围绕阶段性出现的重大问题,分维度记叙与分析,在此基础上以宏观历史视野总结思考边界演变和边界争端解决等重要问题的一般规律、历史经验和政治教益。具体写作框架如下:

绪论部分主要从个人的智识兴趣及学理思考层面阐释论文选题缘由及论证该研究可能蕴含的四点史学意义和现实价值。继而全面梳理与该论题有关的国内外研究成果,总结分析可得的档案史料,研判研究中面临的重难点及可能实现的创新点。

第一部分主要论及20世纪20年代中后期,左右和影响两伊边界的事态发展。首先主要追溯波斯、奥斯曼两大帝国早期的领土争端及划界条约,兼及英帝国的调停与仲裁,是为全文的背景性介绍。两伊边界纠纷可上溯至中世纪晚期波斯和奥斯曼帝国的领土争夺,1639年《祖哈布条约》是两帝国间关于边界最古老、最直接的协议,但此约没有划定双方具体的边界线,只是对边界地区做了宽泛的规定,由此导致两国之间边界纠纷的持续,此后虽多次订约,但均以《祖哈布条约》为基础。1837年两帝国因争夺北部边界的陆上领土而关系恶化,而英国为保全殖民地印度的安全与利益,逐渐涉入奥斯曼和波斯的领土争端,此为英国介入中东边界争端之肇始,为平息此次争端而签订的1847年第二次《埃尔泽鲁姆条约》是两帝国早期最重要的划界条约,也是后续英、俄、土、波四方划界委员会成立的基础和依据,委员会为确定具体的边界耗费多年努力而最终无果。1905年起,奥斯曼、波斯边界纠纷再起,经过多方协商,于1911年12月21日签订了《德黑兰协议》,双方以此作为谈判以及进行确立领土边界程序的基础,最终在 1914 年划出边界,但两帝国间的矛盾、争端远未平息,早期划界条约的各种潜在争议、含糊、大国干涉恰成为后续时段双边争端的根源。

第二部分论及一战后的边界情势,战后中东地缘政治版图急剧变化,1920 年《色佛尔条约》和 1923 年的《洛迦诺公约》在给予伊拉克以独立国家地位的同时也界定了伊拉克的东部边界,作为奥斯曼帝国在这一地区领土的继承者,奥斯曼和波斯帝国之间历史性边界问题也成为其遗产之一,与此同时波斯和伊拉克在陆上边界以及阿拉伯河的领土争端开始发酵,摩擦、冲突不断升级。

波斯对现存边界日益不满,苦心寻求修订边界条约的机会,它认为现在的边界对自身而言有失公允,违背了国际法的原则,继而否定 1843 年《埃尔泽鲁姆条约》及 1913—1914 年的边界安排的有效性,要求按照国际通行的沿河流中线划界的方法来重新划定两国在阿拉伯河上的边界。伊拉克和英国从自身的立场出发,希望保持两国边界的现状,认为此前的边界安排是最终结果,无须任何修改、变动,又因伊朗一直没有承认伊拉克主权国家的地位,且伊拉克尚处于英国的委任统治之下,故波斯的修约诉求演变为此一时段英波之间的外交主题。

一战后,英国在中东地区获得了广泛的政治、战略、商业以及石油利益,因此在争端伊始英国的态度明确,即反对波斯的修约要求,拒绝讨论此前签订边界条约的有效性问题,且将波斯承认伊拉克主权国家地位问题确定为一切双边外交的前提。

第三部分着重探讨英国对两伊边界争端问题的政策调整和立场转变。英国对波斯修约诉求起初强硬的态度和政策导致 20 世纪 20 年代末期两伊关系持续恶化,边界问题陷入僵局。英国遂开始审慎思考和调整对伊政策,希冀从整体上解决两伊边界问题,而波斯在领土诉求频频碰壁之后也尝试校正自己在外交目标和外交手段之间的偏差,边界争端一度缓和但程度有限。

从长远看，两伊关系的持续恶劣，给英国和伊拉克在石油及中东经济利益方面带来巨大损失。1928年底，英国分别同伊朗及伊拉克展开了一系列外交互动，初步尝试协调两国边界争端，在"河流国际化"等一系列不成功的外交努力后，1930年升级版的替代性政策出台，即在英国、伊拉克、波斯三方间协议设立一个委员会，以改善和维持阿拉伯河的管理。1930—1935年间，经各部门间漫长的协商，英国先后拟制了7个冗长的草案，以条款形式确定三方在提议中的管理委员会的权力和地位。白厅对此自信满满，认定波斯政府定会接受这一提议，但日益明显的是："任何这样的和解唯有伴随着以波斯议题为偏好的河流边界调整。"①伊朗的态度和政策取向致使英国的政策实践再次搁置。

第四部分围绕1934—1935年间边界争端中的新动态展开论述。英国在前一阶段对边界争端的调停收效甚微，各项政策难以为继，波斯、伊拉克两国间有关边界侵犯的指责和反指责日益频繁，双边谈判也无任何突破性进展，最终在经英国默许后，双方将边界纷争诉诸国际联盟。此一阶段英国的政策转向通过影响国联、秘密指导伊拉克外交政策等方式间接左右边界争端的走势，但其影响力度和介入程度已远不如前。

波斯、伊拉克在一场不得要领的听证会上各执己见，伊拉克要求按照1843年《埃尔泽鲁姆条约》《德黑兰公约》《君士坦丁堡公约》为基础，赋予其对整个阿拉伯河的主权，伊朗则争锋相对，提出上述条约均未获得国内批准，因而无效。国联委员会认识到波斯和伊拉克的分歧在短期内无法调和，遂敦促双方在意大利驻国联代表的调查下直接磋商。此后两国逐渐摆脱国联和英国的影响，通过多次双边协商，寻求边界争端的解决方案，但1935年底两伊双边谈判再次陷入僵局，英国企盼的以平等一方参与阿拉伯河保护公约的三边协定也明显无法实施，边界争端走向新一阶段。

---

① Richard Schofield, *The Iran-Iraq Border*, *1840-1958*, V.7, p. xv.

第五部分聚焦于1936—1937年间两伊经一系列密集的双边磋商后所签订的新边界协议《德黑兰条约》。1936年1月，伊拉克建议以一种新模式解决阿拉伯河争端，即暂时搁置关于阿拉伯河管理和航行的争议，直至河流的最后边界线划定后才可重启，伊拉克也首次表示准备把沿阿巴丹锚地剥夺的领土让与伊朗，作为回报，伊朗表示将确认1913—1914年条约的合法性。这一系列缓和和让步为双边磋商营造了一种积极的态势，但具体磋商进程仍举步维艰，谈判一直持续至1936年4月两伊达成一份划界协定草案，其核心内容是承认了伊朗在阿巴丹对面拥有阿拉伯河约四分之一的主权，以此草案为基础，双方在1937年7月4日签订《德黑兰条约》根据条约规定伊朗对阿拉伯河的主权延伸至阿巴丹港区周围的水网地带，但同时也重申了1847和1913年条约的有效性。条约的条款中也规定了由一个新召集的边界委员会划定阿拉伯河的边界，并且一项关于阿拉伯河的保护公约的结论在条约签订后12个月内得出。1937年的条约同样宣布所有国家的商船有沿阿拉伯河自由航行的权力。但划定边界及完成保护公约的工作基本没有获得任何成功。1937年7月8日条约签订四日后，伊朗、伊拉克、土耳其和阿富汗在德黑兰签了一项区域安全协定《萨达拜德公约》，这对接下来几十年伊朗和伊拉克之间的合理的关系做出了贡献。

最后为结论部分，在前文论述的基础上，总体性阐释影响两伊边界塑造的外交因素，以及域外大国的介入动因、路径、影响，提炼总结其对中东国家解决历史遗留的边界问题的当代启示。

第一章　调停与仲裁（1639—1914）

伊朗和伊拉克之间的边界领土争端最早可溯源至奥斯曼帝国时期，并已成为几个世纪以来这一地区权力争夺的主题，它的历史进程展示了一幅社会、政治和民族认同等多重化的恢弘历史图景。一战之前的情势大致可划分为三个前后相继的时段：

1639—1823年表现为地区内两帝国之间的敌对。美索不达米亚地区为这一时段双方争夺的焦点，但攻守易势时有发生，结束1638年军事冲突的《祖哈布条约》在两帝国间首次建立起和平即划界条约，其突出特征表现在通过游牧部落的忠诚来划定边界地区的归属，因而形成了一个宽泛的边界地带，该约也成为此后一系列条约的基础。

1834—1873年表现为英、俄两大帝国对奥斯曼、波斯边界事务的调停。19世纪，时值英、俄在中东及中亚争夺势力范围，美索不达米亚地区介于两强势力范围之间，稳定奥斯曼和波斯边界，使其作为一个缓冲区成为英俄两国的共识，有鉴于此，这对敌手在中东边界问题上走向了合作和联合。1837年，奥斯曼和波斯在穆罕马拉地区发生边界冲突，英、俄欲从中协调，遂于1843年组织边界调查团，由英、俄、土、波四方代表组成，经长达四年的密集谈判，最终在1847年签订的《埃尔泽鲁姆条约》中划定边界,陆地边界的总长度得到了确认,但更南端的边界线则只是相当粗略地确定为以阿拉伯河东岸为界。1847年《埃尔泽鲁姆条约》是后来一系列边界问题的主要参考要件。

1905—1914年表现为英国对边界问题的仲裁。20世纪初石油的发现使得边界问题更趋复杂,英国在波斯与奥斯曼边界地区发现石油,因此更希望以划定边界的方式来维护利益和巩固影响力。一战前在英国的主导和介入下,有1911年《德黑兰议定书》及1913年《君士坦丁堡议定书》得以签订,后有边界调查团在边界地带订立界桩,但两国边界纷争远未尘埃落定。

第一节 边界问题的历史溯源

一、早期领土问题与划界条约

从历史维度看,伊朗与伊拉克有着非同寻常的密切关系。伊朗古称波斯,公元前6世纪中期,阿黑美尼德国王穆罕默德·礼萨·巴列维建立起一个横跨亚、非、欧的古波斯帝国,自称是"世界上第一个真正由一个统治者统治众多人群的帝国"①,伊朗帝制由此诞生,民族主体初步形成。伊拉克古称美索不达米亚,意为"两河之间",其地理位置可理解为"位于底格里斯河与幼发拉底河之间的土地,大致从北部的提克里特(Tikrit)地区直到南部波斯湾"②。波斯帝国兴起后,伊拉克是帝国的组成部分,隶属巴比伦—亚述行省。

公元前330年波斯帝国被马其顿亚历山大大帝所灭,伊朗和伊拉克同属帝国统治,帝国瓦解后,波斯及两河流域一度归属塞琉古王朝统治。公元前2世纪至公元前1世纪,安息帝国兴起并大举西扩,占领两河流

---

① [伊朗]穆罕默德·礼萨·巴列维:《对历史的回答》,刘津津、黄晓健译,中国对外翻译出版公司,1986年版,第30页。
② [美]塔比特·A. J. 阿卜杜拉:《伊拉克史》,张旭鹏译,商务印书馆,2013年版,第12页。

域地区。从公元前1世纪中期起,安息帝国与罗马帝国为争夺两河流域,进行了断断续续长达两个世纪的战争。224年波斯萨珊王朝兴起并再次将伊拉克划入帝国版图,这也是继波斯帝国、帕提亚之后第三个统治伊拉克的伊朗王朝,又名"新波斯帝国"。公元602—628年间,萨珊帝国与拜占庭帝国为争夺亚美尼亚、两河流域等地区而战事不断,国力日衰,与此同时,在伊斯兰星月旗帜引导下的阿拉伯人日渐崛起,公元638年阿拉伯人轻而易举地征服了萨珊帝国,阿拉伯征服者带来两样东西:阿拉伯语和伊斯兰教,对伊朗而言,除阿拉伯语成为伊朗的官方语言外,伊朗随之开始了伊斯兰化进程;于伊拉克而言,阿拉伯人的征服是其历史的新起点,标志着伊拉克阿拉伯化和伊斯兰化的肇始。

两河流域和波斯重新统一于阿拉伯帝国之下,这一态势延续至1258年帝国灭亡,蒙古大军攻陷巴格达后,1263年建立伊尔汗国,其所辖领土东濒阿姆河,西临地中海,北接里海、黑海、高加索,南至波斯湾。今天的伊朗、伊拉克都囊括其中,伊尔汗国统治后期,国家四分五裂,王朝林立,直至1380年帖木儿帝国消灭了这些在伊尔汗国废墟上建立起来的诸多封建王朝,在短暂的统治之后,由土库曼部落组成的黑羊王朝、白羊王朝先后降服两河流域和伊朗。

同样在14世纪,尊奉逊尼派伊斯兰教的奥斯曼土耳其帝国在巴尔干、小亚细亚半岛扩疆拓土,终结拜占庭帝国的千年历史,征服阿拉伯世界,成为中东地区的一个大帝国,并于1534年将伊拉克并入帝国版图。公元1502年,伊斯马仪(Shah Ismail)建立萨法维王朝,宗奉什叶派穆斯林为国教,定都大不里士,领有伊朗高原大部,与奥斯曼土耳其帝国分庭抗礼。萨法维王朝的兴起是一个重大的历史事件,对伊拉克和近东地区有着深远的影响,两帝国因教派纷争和各自利益在两河流域地区展开长久的敌对和争夺态势。萨法维王朝以伊拉克卡尔巴拉、纳杰夫为宗教圣地,所以对伊拉克觊觎已久。奥斯曼帝国为逊尼派国家,为防止什叶派力量的扩展,保护伊拉克逊尼派,也视伊拉克为必争之地。两河流域地区成为两大帝国之间的目标:"各方都视伊拉克有重要的战略价值,这部分是因为它是通向波斯湾的重要通道,部分是因为伊拉克是东西方之间重要的陆地桥。"①

萨法维王朝的兴起对奥斯曼帝国构成了一种意识形态和政治上的双重威胁。16世纪早期奥斯曼人关注的是什叶派在小亚细亚的传播,他们担心萨法维王朝可能会煽动和鼓励奥斯曼帝国的什叶派起义,而伊斯马仪国王定期访问奥斯曼-波斯边境,传播什叶派教义。"每一方都寻求牺牲对方来扩张自己。萨法维王朝将自己定义为穆斯林什叶派捍卫者,而奥斯曼帝国则声称是逊尼派的保护者。"②双方矛盾激化,终致战事发生,争端起于塞利姆一世苏丹将帝国边界向东推进并将伊拉克置于自己的统治之下,此后奥斯曼苏丹和波斯帕夏便开始争夺伊拉克的统治权,双方经历了数次大规模的战争。1510年伊斯马仪巩固政权之后,出兵征服了伊拉克,在那里他摧毁了几个逊尼派的神殿和坟墓,迫害逊尼派穆斯林,并为什叶派穆斯林建造神殿。随后,他将摩苏尔并入他的帝国,成为波斯和伊拉克无可争议的主人。1514年,奥斯曼苏丹塞利姆决定讨伐波斯,为防止国内叛乱,下令对安纳托利亚全境进行讨伐,并以安全间谍为罪名屠杀了4万名什叶派教徒,此外针对小亚细亚的一些什叶派成员,也采取了压制性的措施。1514年,双方在查尔迪兰举行了一场决定性的战役,萨法维军队被击败,奥斯曼重新夺回对伊拉克的控制权,巩固了东部边界。此后奥斯曼-波斯之间开启了长达41年断断续续的争夺伊拉克的战争。1529年,萨法维占领伊拉克,但1543年奥斯曼苏丹苏莱曼一世又扭转了战场态势,再次领有伊拉克。战争从1548持续至1553年,奥斯曼——波斯之间对抗不断加剧,但两国互有胜负,战局始终难见分晓,这反映了彼此之间脆弱的平衡,"每一方都既不能决定性地打败对

---

① Jasim M. Abdulghani, *Iraq and Iran: the Years of Crisis*, London and New York: Routledge, 1984, p. 1.
② Tareq Y. Ismael, *Iraq and Iran : Roots of Conflict*, Syracuse University Press, 1982, p. 1.

方从而取得对伊拉克永久性的军事控制,也不能在控制该地区时建立有效的行政控制"①。在武力解决无果的情况下,双方首次尝试通过政治途径解决领土问题。波斯在伊拉克的目标有三:增加它在伊拉克的影响力;不受限制地进入纳杰夫的圣地卡尔巴拉;维护沿着外国货物商品流入波斯的巴士拉-巴格达-哈奈根贸易路线的安全。②

1555 年两国在奥斯曼北部城市阿马西亚谈判缔约,签订《阿马西亚条约》(Pace of Amasy)首次对领土边界做了宽泛的安排,特别是在波斯和伊拉克的北部地区。在《阿马西亚条约》中,西阿塞拜疆和其主要的库尔德地区的波斯领土损失被编纂成法典,粗略地定义了从格鲁吉亚和亚美尼亚向南的边境地区,从扎格罗斯山脉的脊线向下延伸至阿拉伯三角洲。③

二、《祖哈布条约》的签订及影响

1555 年《阿马西亚条约》的缔结暂时缓和了奥斯曼和波斯对伊拉克的争夺,带来了一段时间的休战期,但波斯对于失去伊拉克仍耿耿于怀,而奥斯曼在帝国舵手苏莱曼大帝去世之后国势衰弱,对伊拉克的控制十分松散,加之伊拉克社会本身支离破碎,库尔德人和阿拉伯人的二元性以及逊尼派和什叶派的两极分化,使得它更容易受到外界的干涉,也易于培育地方主义,因而两帝国之间在短暂的平静之后,战事再起。1619年巴格达禁卫军司令贝克尔发动叛乱,自立为总督,奥斯曼军队意欲入境平叛,贝克尔向波斯求援,奥斯曼帝国被迫就范,同意任命他为总督。贝克尔本想就此收手,无奈波斯国王阿巴斯率领的援军已经抵达巴格达

---

① Tareq Y. Ismael, *Iraq and Iran : Roots of Conflict*, Syracuse University Press, 1982, p. 2.
② Stephen H. Longrigg, *Iraq, 1900 - 1950 : A Political Social and Economic History*, London: Oxford University Press, 1953, p. 13.
③ Roxane Farmanfarmaian, *War and Peace in Qajar Persia : Implications Past and Present*, London and New York: Routledge, 2008, p. 150.

近郊,阿巴斯在入城的要求被拒绝后下令攻城,贝克尔因被其子出卖而死于阿巴斯军队的酷刑之下,伊拉克又一次归属波斯旗下。奥斯曼伺机而动,1625 年围攻巴格达,由于波斯援军及时赶到而于次年撤军,后因阿巴斯一世去世,波斯帝国一时式微,1638 年奥斯曼苏丹穆拉德四世亲自率领军队攻打巴格达,经过 40 天的激战,最终击败波斯,夺回巴格达。

在奥斯曼人占领巴格达之后,波斯和奥斯曼两国开始谈判,最终奥斯曼苏丹穆拉德四世和波斯国王萨非彼此接受两国间宽泛的边界,并于 1639 年 5 月 17 日在奥斯曼的祖哈布省缔结了《和平与边界划分条约》(Treaty of Peace and Demarcation of Frontiers) 又称《祖哈布条约》或《席林堡条约》。条约按照中东地区的惯例,对边界的安排不是按照自然地理特征,而是根据固定居民和游牧部落居民的忠诚来划分。"但是由于这些忠诚经常发生转向,故边境地带从东部的扎格罗斯到西部的底格里斯,超过 160 公里。"①条约的细节十分丰富,相较于早前的《阿马西亚条约》,其主要条款对伊拉克的北部边界做了更为详尽的规定:

> 在巴格达省,捷萨尔(Jessaun)、拜德(Bedr)、门捷尔(Mendeljeen)、德尔奈(Dairnay) 以及德尔泰克 (Dairtenk),直到塞瑞米尔(Sair-meel),分割霍若林(Hourounee)与贾夫部落之间的平原,以及冉吉尔要塞西部的村落,赛尔祖尔(Shehr-i-Zoul)附的祖利姆(Zaulim)要塞上方的一部分山脉,由奥斯曼苏丹所占有;
>
> 除了上述各地,巴格达省内的阿卡莎(Akhiskha)、卡尔斯(Kars)、赛尔祖尔、巴格达、巴梭拉(Bussorah)及其他堡垒和要塞地区,以及在他们的范围内的土地、山脉和山丘,都不会受到波斯一方的干扰。在门捷尔和德尔泰克之间的城堡,比拉(Beera)和祖鲁—马瓦(z-irdooyee),以及城堡的东部和要塞,包括它的附属村庄,都

---

① Maria T. O'shea, "The Question of Kurdistan and Iran's International Borders", Keith McLachlan, (ed) *The Boundaries of Modern Iran*, London: UCL Press, 1994, p. 52.

将由波斯国王持有。在他们的边界以内的地方不会被土耳其打扰。同样是在山顶上的冉吉尔（Zenjeer）的堡垒，在凡特和马克沃尔（Maukew）的边境上，以及马哈扎维德，都将被双方所摧毁。①

《祖哈布条约》是两帝国之间最古老最直接的划界协议，它也成为奥斯曼帝国和波斯帝国后续签订的一系列边界条约的基础性要件。此约意义重大，因它正式将伊拉克并入了奥斯曼帝国，并且这两个国家都承诺互不干涉他国内政。另外，帝国边界地区多为四处迁徙的游牧部落，区块式的边界划分易于部落之间的不受领土界线的自由迁徙。然而，与之前的条约一样，祖哈布条约也受到了模糊和不精确的影响，从地图上来看，条约约定的边界地区更倾向于是一个条状的边界带，而非线性的边界。特别是两帝国分别按照本国语言记录条约内容，以至于多年后双方所呈现的文本内容彼此矛盾，两国都从有利于自身的角度解读条约内容，这些为后来两国边界纠纷和领土诉求设置了诸多障碍和借口。此后英国人更是大费周章来研判和甄别双方条约内容的正误，1844年英国驻巴格达顾问罗林逊少校在一份关于1639年《祖哈布条约》的备忘录中记录到："两国条约文本顺序相同，涉及的名称相同，表达形式相同，但在边界划分的主旨方面却存在一个奇怪的差异。在仔细研究文本后我们发现，这种差异来自于波斯作者对原条约的一到两行的有意省略以及将第二和第三个领土条款混合在一起，从而使领土的限制完全不同，因此分配给两个帝国的领土也不同。"②

通过表格式对比，罗林逊少校认定是波斯人故意篡改了条约内容。"现在我突然意识到，在没有原始条约的情况下，我所知道的那些被波斯

---

① Richard Schofield, *Arabian Boundary Disputes*, Slough: Archive Editions, 1992, Vol. 1, p. 24.
② Memorandum by Major Rawlinson, Consul at Bagdad, on the Perso-Turkish Frontier as defined in the Treaty of 1639, between Murrad IV and Shah Sefi, *Arabian Boundary Disputes*, Vol. 1, p. 3.

推进到阿卡莎、卡尔斯和 Wan 的领土,可能会在波斯人这个非常扭曲的文本中产生,那些是特定的地区,由于在奥斯曼帝国所保留的地区被省略,因而被分配到波斯而不是土耳其。"①

《祖哈布条约》的另一个问题是忽略了巴士拉附近的南部边界,尤其是沿着沼泽地带和阿拉伯河的边界问题。这一因素加剧了游牧部落在联合边界上的不受重视的地位,特别是他们的忠诚归属问题。使得两国之间的冲突再次发生。此外,条约对于库尔德人的贾夫部落来说具有灾难性后果,因为波斯与伊拉克的边界线将它们的领土划分到两个国家,而贾夫部落为了获得统一所进行的斗争,则造成了这一地区的动荡,此后两国形成了一段长期的缔结、违约、废约的历史过程。② 但 1728、1732、1736、1746、和 1747 年缔结的协定只是确定了 1639 年的边界划分方案。

第二节 英帝国对边界问题的调停

一、卡尔巴拉归属问题及英俄两国插手早期边界事务

19 世纪 30 年代末,波斯和奥斯曼边境地区一系列严重的冲突事件引起两帝国间关系的震荡,特别是 1837 至 1842 年之间,奥斯曼帝国的巴格达帕夏阿里·礼萨两次远征,将卡尔巴拉控制的穆罕马拉港口夷为平地,严重的边境冲突导致了 19 世纪 40 年代初边境地区大量人员伤亡,波斯和奥斯曼之间的战争一触即发,后因英、俄的干涉和调停而得以避免。按照古老的《祖哈布条约》所约定,两国边境地区的争议领土由部

---

① Memorandum by Major Rawlinson, Consul at Bagdad, on the Perso-Turkish Frontier as defined in the Treaty of 1639, between Murrad IV and Shah Sefi, *Arabian Boundary Disputes*, Vol. 1, p. 2.
② Joseph J. Cusimano, An Analysis of Iran-Iraq Bilateral Border Treaties, *Case Western Reserve Journal of International Law*, Vol. 24:89, 1992, p. 90.

落的忠诚取向来决定其归属,然而当时奥斯曼及波斯帝国恺加王朝均宣称对此地拥有主权,因此卡尔巴拉的归属问题便成了双方矛盾和冲突的焦点。

卡尔巴拉部落(The Tribe of Kaab or Chaab)来自内志(Nejd),原为游牧部落,大约17世纪中期来到距今卡鲁河口2.5公里的沙漠地带定居。最初人口稀少,共计40户人口,至19世纪中期时有10000到12000户,人口的增长很大程度上归因于不同时期各其他部落的并入。① 萨尔曼苏丹(Shaikh Salman Sultan 1737—1767)主政时期部落力量达到鼎盛,1745年,卡尔巴拉部落主体在萨尔曼谢赫的领导下,在杜拉克(Durak)建立了自己的行政区域,自此便脱离了阿夫沙尔部落;部落中的其他民众沿哈法尔(Haffar)及阿拉伯河岸一线定居。萨尔曼谢赫一边贿赂一边恐吓,以此手段从巴格达和巴索拉统治者手中获得了哈法尔北部以及沿阿拉伯河岸的一块地区,包括穆罕马拉、哈法尔以及塔玛尔(Tamar)的一部分地区,从而使部落几乎处于一种独立的地位。② 著名的丹麦旅行者卡斯藤·尼布尔(Carsten Niebuhr)在18世纪60年代中期访问了波斯湾的源头地区,他评论到,卡尔巴拉的首领"让他自己成为了幼发拉底河口所有岛屿的控制者,通常被称为'阿拉伯河之乡。'"③

萨尔曼一方面通过使奥斯曼帝国和波斯帝国互相敌对争夺,为卡尔巴拉在阿拉伯河三角洲地区站稳脚跟,另一方面通过发展灌溉农业和开展对外贸易,特别是向其南部通过阿拉伯河和波斯湾的航运运输征税来促进经济繁荣。发展壮大的卡尔巴拉被奥斯曼和波斯视为对自身商业和战略利

---

① *Memorandun on the Travelling Diary of Colonel Y I Tchirikof*, *Russian Boundary Commisssion*, 1853, FO 881/10116, The Iran-Iraq Border 1840-1958, Vol. 2, p. 471.
② *Memoradum by Major Rawlinson*, *British Consul*, *Baghdad on the Subject of Muhammara and the Kaab Trib*, 6 January 1844, FO 881/10038, The Iran-Iraq Border 1840-1958, Vol. 1, pp. 281-287.
③ Richard Schofield, "Interpreting a vague river boundary delimitation: The 1847 Erzerum Treaty and the Shatt al-Arab Before 1913", Keith McLachlan, *The Boundaries of Modern Iran*, New York: St. Martin's Press, 1994, P. 75.

益的双重威胁,18世纪60年代中期奥斯曼帝国首先起而反之,但帝国的巴士拉舰队反被卡尔巴拉力量虽然这些联盟中没有一个是决定性的,但结果是卡尔巴拉力量都被消耗殆尽,由盛而衰,陆续放弃了先前重要的经济资产,但其领土被保留下来,并成为奥斯曼、波斯的觊觎之地。

萨尔曼谢赫的第四代传人,盖斯谢赫(Ghais),1812年在哈法尔建立了两座要塞,就是现在的穆罕马拉。根据约翰·麦克唐纳(John Macdonald)的地图,一个堡垒在北部,另一个在南部,这是阿巴丹或梅塞奈的岛屿。① 1837年,巴格达帕夏袭击和彻底摧毁了隶属卡尔巴拉部落的穆罕马拉镇,阿里·礼萨(Ali Riza)带领他的军队从底格里斯河东岸的巴格达出征,通过船只运输食物和补给。在库尔纳地区,他转至西岸,来到库特—吉兰,在巴士拉对面扎营。其军队人数约在2万左右,驻扎地库特—吉兰距穆罕马拉8英里,阿里·礼萨帕夏的一次行军便可军临城下,而当地守卫者不战而逃,屠杀掠夺紧随其后,城镇及周边所有的村庄俱被焚毁,奥斯曼从穆罕马拉掠夺的财物达150万卢布。② 这便是奥斯曼对卡尔巴拉部落首次直接行使权力,当时巴格达帕夏袭击并摧毁了穆罕马拉,并且示威反对杜拉克。

19世纪前期正值英国殖民势力逐步实现对印度的征服以及在中亚与中东同俄国加紧争夺势力范围的关键时刻,1837年穆罕马拉的溃败除进一步恶化波斯—奥斯曼边界情势和两国关系外,更为重要的是首次引起英国对边界问题的关注和警醒,英国切实感受到边界冲突对自身在波斯湾、穆罕马拉地区商贸利益的威胁,为及时止损,英国遂开始涉入奥斯曼—波斯边界争端,具体而言,英国对中东边界问题的介入主要基于以下三方面的考量因素:

---

① Colonel Sheil, British Ambassador, Tehran to Lord Aberdeen, 3 February 1844, The Iran-Iraq Border 1840-1958, Vol. 1, p. 279.
② *Memorandun on the Travelling Diary of Colonel Y I Tchirikof*, *Russian Boundary Commisssion*, 1853, FO 881/10116, The Iran-Iraq Border 1840-1958, Vol. 2, pp. 467-468.

其一,维护经济利益。自从英国为了维护其最主要的殖民地印度的安全使其免受外部威胁而出现在中东地区以来,对通往印度的海洋及陆上通道的控制是英国政府的主要考量之一。为达此目的,在邻近地区民族国家间可能会有损英国利益的确定以及任何更改边界过程中都起到了活跃的作用。在印度周边的英俄敌对,导致了英国在边界的建立中的角色更加敏感和重要,因为边界的任何不利的改变或是确定可能会导致敌对国家在那一地区影响的扩散从而损害英国的利益。因此,英国在伊朗和俄国之间、伊朗和阿富汗之间以及伊朗和印度之间都起到了积极的作用,所有的这些都是通过隔开伊朗领土的重要部分。

其二,确保战略优势。穆罕马拉战略位置十分重要,在英国的战略研判中它是"最有利于贸易和进口的港口之一"①。1835年英国切斯尼上校的底格里斯河探险已证明穆罕马拉显而易见的优势地位。在对卡鲁恩河口考察后,切斯尼认为,穆罕马拉应该成为通往印度和欧洲的路线的中心。从埃及和红海通往印度的航线开通使他们的注意力从这个项目中转移,又给了他们另一个方向。到彼时为止,在波斯湾部署东印度舰队的驻地的选择一直都是不幸的。因气候恶劣,卡希姆岛上的巴塞多尔(Bassadore),以及卡拉克岛长期以来都被他们遗弃。巴士拉没有港口,所有战船和商船都需停在距港口7俄里※的港外锚地,由于数不清的沙洲和隐蔽的岩石,通航非常困难。此外,货物的装卸也有很大困难,而且布什尔地区严重缺水。所有这些情况,都表明:只有布什尔的地理位置,才迫使该公司在那里保留战争的船只,以处理其居民。另一方面,穆罕马拉提供了所有可能的优势:由于这个城市的位置,远离了洪水留下的污秽水域,与周围的所有地方,尤其是海岸的那些地方相比,它是一个

---

① Memorandun on the Travelling Diary of Colonel Y I Tchirikof, Russian Boundary Commisssion, 1853, FO 881/10116, *The Iran-Iraq Border 1840-1958*, Vol.2, p.468.
※ 俄里:俄国的长度单位,1俄里相当于1.067千米,0.6629英里。

健康的地方,一个非常安全的港口;有可能建造商店和码头,甚至是一个完整的港口。此外,从战略视角来看,穆罕马拉也展现出重要的优势:卡鲁恩河是波斯唯一可通航的河流,穆罕马拉是卡鲁恩河与阿拉伯河交汇而形成,因此巴格达,巴士拉,以及所有的部落都是靠这些城镇来进行贸易的,他们都是在波斯湾的水域系统中进行贸易的。①

其三,应对帝国竞争。土波战争的避免主要是因为欧洲大国英俄的干涉。英国的考量是冲突的进一步升级将削弱两方的战事,这地区临近它在扩张过程中的对手。俄国热衷于在它新获得的亚美尼亚和格鲁吉亚省维持平静。英国无疑也明白进一步的战争对它在美索不达米亚快速发展的经济利益带来的威胁。英国这时期热衷于利用抵达印度的一条更短线路:即先由陆路经东地中海到巴格达,然后在经海路使用蒸汽船经底格里斯河阿拉伯河流入波斯湾,英国对此很感兴趣。

自此,英、俄开始在土、波边界争端中提供仲裁,1843 年由英、俄、波斯、奥斯曼四国代表组成的边界委员会成立,讨论划界问题。

二、英帝国调停与 1847 年《埃尔泽鲁姆条约》

19 世纪,时值英、俄在中东及中亚争夺势力范围,美索不达米亚地区介于两强势力范围之间,稳定奥斯曼和波斯边界,使其作为一个缓冲区成为英俄两国的共识,有鉴于此,这对敌手在中东边界问题上走向了合作和联合。1837 年,奥斯曼和波斯在穆罕马拉地区发生边界冲突,英、俄欲从中协调。英国驻君士坦丁堡大使斯特拉特福德·坎宁(Stratford Canning)以及俄国驻君士坦丁堡大使共同诱导奥斯曼朝廷允许将边界问题提交英、俄调解,随后波斯也表示同意接受调停。坎宁在给英国外交大臣阿伯丁的外交照会中证实了这一点:"为了确保在奥斯曼和波斯

---

① Memorandun on the Travelling Diary of Colonel Y I Tchirikof, Russian Boundary Commisssion, 1853, FO 881/10116, *The Iran-Iraq Border 1840 - 1958*, Vol. 2, pp. 468 - 469.

之间建立真诚而持久的和平,英国和俄国的调停得到了双方的同意,两国都接受了调停要求。"①会议地点定在奥斯曼亚美尼亚城镇埃尔泽鲁姆,由于土、波两国在边界问题上龃龉不断,各种历史与现实问题纠缠交错,致使整个谈判过程漫长曲折。自1843年5月15日起至1844年3月止,共召集了18次"四方边界委员会"会议,此后又经历了四年精疲力竭的谈判,反复商讨波斯-奥斯曼边界问题,以寻求一个满意的划界方案,英、俄在这一问题上都投入了大量的外交资源。

1843年5月15日、19日、24日划界委员会分别召开了前三次会议,但谈判进程鲜有进展。在此期间,英国和俄国各自的代表都在努力加速达成一项条约,而没有就彼此间的主要问题进行细节上的讨论。②尽管波斯提出了诸多领土诉求,但深谙按《祖哈布条约》所要求的许多领土实际是在奥斯曼和俄国领土范围内,因此波斯在不同场合表示它将放弃一部分领土诉求,甚至包括苏莱曼尼亚,但祖哈布及穆罕马拉是其必争之地,这与奥斯曼领土诉求表上的前两条迎头相撞,因此,对这两地归属权的调查便成为划界委员会最重要、最核心的工作,也是波斯和奥斯曼争夺的焦点,双方皆举证并竭力宣称对穆罕马拉及祖哈布拥有主权。

穆罕马拉地理位置特殊,幼发拉底河与底格里斯河在库尔纳汇合后形成阿拉伯河并沿东南方向流向波斯湾。发源于波斯洛雷斯坦山脉的卡伦河先是朝西南方流去,在接近阿拉伯河约3公里的地方突然转向东南方,同阿拉伯河平行流向波斯湾。两河在距离最近的点通过一条古老的运河相联通。现代城镇穆罕马拉便建立于这一运河的两岸,现在是卡伦河,而不再是从前的幼发拉底河河水流过运河。③

---

① Sir Stratford Canning to the Earl of Aberdeen, FO881/10038, *The Iran-Iraq Border 1840-1958*, Vol.1, p.306.
② Sir Stratford Canning to the Earl of Aberdeen, FO881/10038, The Iran-Iraq Border 1840-1958, Vol.1, p.307.
③ *Memoradum by Major Rawlinson, British Consul, Baghdad on the Subject of Muhammara and the Kaab Trib*, 6 January 1844, FO 881/10038, The Iran-Iraq Border 1840-1958, Vol.1, p.293.

从 1843 年 8 月至 11 月，奥斯曼从档案文件、部落居民的忠诚和朝贡、现代旅行者的陈述以及国家地理特征所显示出的自然边界四个方面举证穆罕马拉是其领土。英国通过对以上证据审慎和公正的思考后得出以下结论：

1. 隶属于穆罕马拉的卡尔巴拉部落最初臣服于奥斯曼土耳其，但在 150 年前迁移出土耳其并定居于波斯领土之上，尽管它不断的努力想要自治，但自从它完全脱离土耳其的束缚后或多或少地臣服于波斯，并且已经承认每年向波斯国王支付贡赋；

2. 尽管拉尔巴拉向波斯支付贡赋，直到最近，他们还一直向巴索拉政府支付某种形式的报酬，以此证明他们承认了它的土地被侵占的权利。

3. 档案文献及关于穆罕马拉的自然地理特征方面的证据只是证明这一地区最初隶属土耳其，尽管没有证据表明在当下的世纪奥斯曼土耳其政府对此地行使过主权；但相反，卡尔巴拉的首领由波斯任命，且波斯已经承认了其权力，并使其为波斯的附属地。

4. 位于哈法尔两岸的穆罕马拉镇实际上属于波斯所有。①

与穆罕马拉错综复杂的历史归属问题相较，双方另一争夺点祖哈布的情势大为简洁明了，两帝国在 1639 年缔结的《祖哈布条约》中，对此地的归属有明确的划分，且尽管因条约原件缺失，两国所提供版本在条约内容上有差异，但对于祖哈布的分配方案描述基本一致。

在经历了四年精疲力竭的谈判后，划界委员会终于使得土波全权代表同意进入进一步的磋商进程，直至 1847 年 5 月终形成一份各方均可接受的划界条约，即《埃尔泽鲁姆条约》，条约共九条，其中最为重要的第二条约定：

---

① *Sir Stratford Canning to the Earl of Aberdeen*，FO881/10038，The Iran-Iraq Border 1840 - 1958，Vol. 1，p. 320.

波斯政府放弃对苏莱曼尼亚省的所有领土主张,并正式承诺不干涉、不侵犯奥斯曼帝国政府对该省的主权。奥斯曼帝国政府正式承认波斯政府对穆罕马拉港口、城市、锚地、卡兹(khize)岛及阿拉伯河东岸领土享有不受限制的主权。此外,波斯船只在阿拉伯河上享有从河口到双方界点处不受限制和阻碍的自由航行权。①

1847年5月31日《埃尔泽鲁姆条约》最终接受了给予奥斯曼的解释性条款,1848年3月21日,波斯和土耳其在君士坦丁堡互换了条约。在奥斯曼政府同意签署之前,他在1948年3月9日收到了来自仲裁国的"解释性说明",使得在1847年4月14日给他的保证性条款正式化。经过长达四年的密集谈判,最终在1847年签订的《埃尔泽鲁姆条约》中划定边界,陆地边界的总长度得到了确认,但更南端的边界线则只是相当粗略地确定为以阿拉伯河东岸为界。

1847年《埃尔泽鲁姆条约》是继1639年《祖哈布条约》后最重要的边界条约之一,也成为后来一系列边界问题的主要参考文献。在随后的70年间,这份条约不断地被执行和被援引,直到1914年边界线终于确定。

依据《埃尔泽鲁姆条约》的规定,为了现场确定下边界线,长期以来做了不计其数的努力,但直到1914年才在这方面达成最终的结果。在整个调解干预期间,出现过一些困难和边防事件,但波斯本身不断呼吁依据《埃尔泽鲁姆条约》来确定边界。最后,英国、波斯、俄国和土耳其之间缔结了1913年《君士坦丁堡议定书》。这个议定书根据《埃尔泽鲁姆条约》的规定详细描述了边界线,并任命了一个委员会现场勘查并确定边界线。委员会于1914年10月完成了工作,以国界柱标示了出来,并将其体现在了大型地图上面。伊拉克希望这条边界线获得尊重。

《埃尔泽鲁姆条约》第二条处理了争端区域,它将苏莱曼尼亚划给了土耳其,而将穆罕马拉划给了波斯,给予波斯船只在阿拉伯河上通航的

---

① Treaty of Erzerum of May 31st, 1847, *Iraq and Iran*: *Roots of Conflict*, pp. 41-42.

权力;祖哈布省由波斯和土耳其分割。条约第三条规定,所有其他领土主张均被放弃,并规定应指派一个委员会来划定边界。随后由四国代表组成了一个委员会来划定边界,但是完全没能达成和解。根据条约的规定,土耳其专员同意交出穆罕马拉和阿巴丹岛的城镇,但不包括周边地区的一寸土地;所有的边境争议都是由双方共同提出的,显然是不可逾越的。

三、划界委员会与"威廉姆斯线"

1847年《埃尔泽鲁姆条约》第三条规定组建一个四方划界委员会,其任务是最终确定两国之间边界的划分。然而,由于土耳其和波斯未能对条约第二条及其所附解释性说明达成一致意见,因此边界的确定在后面的四年内没有完成。结果,划界委员会只能局限于勘测地形和统计信息,为了方便调查边界地带的情况,委员会不得不调整最初的计划。争端的双方各不让步,调停国的挫败感不断地上涨。从英国外交大臣帕麦斯顿1851年10月11日发表的评论中明显可见一斑,他断言,"土耳其和波斯之间的边界问题永远无法最终解决,除非英国和俄国做出仲裁决定。"[1]1869年,由调停国在20世纪50年代中期成立的圣彼得堡地图委员会完成了相关地图的绘制,并安排了一系列旨在解决边界问题的谈判。1848至1873年的25年间英国为界定波斯—奥斯曼领土划分做了一系列外交努力。

由威廉姆斯(Williams)上校、契尔卡夫(Tchirikof)上校、贾法尔(Mirza Jaafar Khan)和德尔维希帕夏(Dervish Pasha)组成的英、俄、波斯、奥斯曼四国划界委员会于1848年11月开始工作,英国皇家海军格拉斯科特(Glascott)担任英国测量师。鉴于委员会后续的失败举措,斯特拉福德·坎宁爵士在1848年12月19日的电讯中略带讽刺地说了一段话,电文结尾,坎宁在给威廉姆斯上校的指示中说:"我在此搁置议题,希望经过不那么旷日持久的间隔,最终按照埃尔泽鲁姆条约完

---

[1] *The Iran-Iraq Border 1840 – 1958*, Vol. 2, p. xi.

成协商。"①由此可见,英国已经预料到,波斯及奥斯曼间在边界问题上难以协调一致的本质。

1849年前几个月,划界委员会的工作尚未开展就已遭阻挠。虽然表面上德尔维希帕夏表示,他需途经君士坦丁堡到摩苏尔与同事会合,但实际上他绕道去了库特(Khotour),并强行清除了波斯当局在该区的占领,此后,德尔维希在当地建了一个正规的奥斯曼驻军营房,并在距离波斯城镇科伊(Khoi)6—7英里的地方架了一排石柱。这些地标上印有即日起该区纳入奥斯曼帝国的标记。这是奥斯曼的委员在这一时期进行的第一次单方面的所谓的"实况调查"活动,随后他又多次进行了类似的行动。这些行动阻碍了划界委员会开展工作,使得后续的谈判毫无成效,而且公然违背了1847年条约达成的波斯-奥斯曼备忘录的现状。

1849年夏,委员会在巴格达召开了简单的会议,直到1850年1月才在穆罕马拉正式运作起来。从1850年1月到2月,四方委员会先后召开了八次会议。但遗憾的是,无论是1847年条约第二条,还是调停委员向奥斯曼土耳其许诺的解释性说明以及1848年3月对这些文件给予的批准,均未能解决波斯湾的领土控制权的分歧问题。

英国代表威廉姆斯上校在1850年2月4日举行的划界委员会第三次会议上提出了一条分界线:"从哈维泽(Hawizeh)向南延伸,经过由德尔维希命名的塔群(该塔群是他在1850年1月28日提出宣称领土主权时所命名的),到达捷德耶(Jideyeh)运河与阿拉伯河的交界处,从那里沿河的东岸到波斯湾。"②英国坚持认为,在签署1847年条约并接受其后的解释性说明时,就暗示着这种边界线的存在。威廉姆斯说,提议这条划界线的主要目的是为了让奥斯曼土耳其远离穆罕马拉和希兹里(Khizr)

---

① Sir Stratford Canning to Lord Palmerston, 19 November 1848, *The Iran-Iraq Border 1840-1958*, Vol. 2, p44.
② Colonel Williams to Sir Stratford Cannig, 4 February 1850, *The Iran-Iraq Border 1840-1958*, Vol. 2, p. 111.

岛以东的领土,让波斯远离阿拉伯河的岛屿,从而保证穆罕马拉和巴士拉未来的安全和持续的繁荣。调停国很快宣布赞成威廉姆斯的提议。

希尔上校在 1850 年 3 月 25 日的电文中说:"波斯准备做出一些让步,以努力满足英国的提议。波斯对部分阿拉伯河段拥有主权的建议不再被提起,虽然波斯提出的边界线比威廉姆斯提出的边界线往阿拉伯河的上游更近了四英里。"①

波斯声称这一小片领土是卡尔巴拉部落人的居住地,但调停国反对波斯对这片领土拥有控制权,考虑到它的战略地位,这可能在未来会对奥斯曼巴士拉港口的安全造成威胁。经过多次友好协商,当然主要是希尔上校在其中的斡旋,在 1850 年 5 月 25 日波斯接受了威廉姆斯在 2 月 4 日提出的对边界线的划定,前提是位于威廉姆斯分界线西北部的卡尔巴拉部落必须划入波斯,调解委员对这一要求没有提出反对。

奥斯曼委员和政府当局直截了当拒绝了威廉姆斯提出的划界线,英国和俄国驻君士坦丁堡大使为了让奥斯曼政府接受分界线所做的努力全部化为乌有。1850 年初夏,英国建议,争端各方应该暂时尊重威廉姆斯分界线的权威,继续处理边界地区一些不算棘手的问题。然而,关于穆罕马拉在 1850 年的归属现状,一直处于长期的争执当中。直到 1851 年 11 月,波斯和奥斯曼委员才暂时接受了"威廉姆斯分界线"对穆罕马拉现状的描述。双方同意搁置之前的互相指责,对争议领土居民的现状不做任何改变。虽然威廉姆斯上校 1850 年 2 月 4 日的划分仍属于"临时"性质,但它对 1847 年埃尔泽鲁姆条约及其所附解释性说明中有关领土条款的解释,让各方普遍能够接受。

1850 年初,划界委员会在穆罕马拉的工作进程艰难,1851 年 12 月在曼达利(Mandali),更是遇到了重重困难。各自为阵的委员们纷纷提

---

① Colonel Sheil to Lord Palmerston, 22 April 1850, *The Iran-Iraq Border 1840 - 1958*, Vol. 2, p. 128.

交书面提议,建议执行1847年条约中关于祖哈布省的条款,根据1847年埃尔泽鲁姆条约第二条,奥斯曼人已将祖哈布省东部山区的一半划到波斯。遗憾的是,1847年的条约中没有提及任何确切的划界线,这使得这个问题在1852年开始引起争议。

为确定祖哈布省地形,威廉姆斯上校和格拉斯科特中尉进行了艰苦的调查,在此基础上,他们提出了边界划分方案,1852年9月14日,威廉姆斯上校向白厅报告了从波斯湾到阿勒山的波斯-奥斯曼边境的调查结果。四个月后,1853年初,在回伦敦之前,威廉姆斯告诉马姆斯伯里(Malmesbury)爵士,他打算与他的俄国同行契尔卡夫上校一起起草一份报告,包含他们对边境地区每一部分的意见和决定。但令人难以置信的是,在威廉姆斯返航途中,经过格雷夫森德(Gravesend)附近的泰晤士河时,这份报告依据的所有笔记和备忘录离奇的丢失了。幸运的是,俄国委员契尔卡夫上校手中的详细旅行日记仍旧保存完好,与英国代表团同行的地质学家洛夫斯特(Loftus)先生也提供了少量的,简单的关于划界委员会艰辛工作的资料作为佐证,这些替补资料勉强使得后续的划界工作继续进行。

尽管划界委员会在19世纪50年代初期做了相当大的努力,但是波斯-奥斯曼帝国的边界划分问题却鲜有进展。对调停委员建议的从哈维泽到穆罕马拉的划界线,奥斯曼政府只是暂时不再拒绝。对划界委员会提出的对祖哈布的划分,奥斯曼则是公然拒绝。调停委员们对库特省以北的地区仅仅只做了调查,虽然强烈表示该区应归回波斯,但他们没有对该地区提出划界。1852年9月委员会的工作进入尾声,波斯呼吁调停国维护波斯对库特享有的权利,应立即由威廉姆斯上校和契尔卡夫上校着手认证这些权利。调停委员们认为,控制库特省和库特山口对波斯的安全至关重要。

1853年的俄国—奥斯曼短暂的战争期间,作为对波斯中立态度的回报,英国建议奥斯曼土耳其应该自愿将库特省归还给波斯。直到1861年夏天,奥斯曼毫不含糊地表示他们不可能从库特省撤出。

在1854年到1856年克里米亚战争期间,有关进一步谈判边界线的工作被迫中断,而1856年由于英国和波斯关系的破裂更使得谈判一再拖延。1856年1月,波斯建议让法国成为边界线问题的调停方,对此英国白厅坚决反对。经过十九世纪五十年代的中期冲突之后,该地区大体上恢复了和平。英国和俄国很快重新将注意力转移到边界问题的解决上。1856年12月,土耳其—波斯划界委员会再次做出安排,将地址从君士坦丁堡迁至圣彼得堡,目的是为了将十年前划界委员会勘测过的区域绘制成详细地图。

在19世纪60年代前半期,波斯-奥斯曼边界问题没有取得进展,1865年,奥斯曼政府声称,1867年在圣彼得堡的土耳其—波斯边界委员会上英国和俄国所提交的地图之间的巨大差异。两国彼此独立绘制出地图,然后双方共同检查这两份地图,英国和俄国驻君士坦丁堡大使首次注意到:两份地图居然存在着数千个差异。地图上的差异如此巨大,以至于大使们认为向波特政府发布任何一份都是令人尴尬的。因此,他们没有签署地图,而是达成了一项英俄协议以便能够联合绘制出一份地图,然后提交给波斯和奥斯曼政府。

1869年8月格拉斯科特上尉宣布完成"同一地图"(Identic Map & Carte Identique),这份花费高昂,非比寻常的地图长达60英尺,以1英寸比1英里的比例绘制。地图涵盖整个波斯—奥斯曼边界,从南纬30度的波斯湾(the Gulf)到北纬40度的高加索山脉的分水岭。地图上显示的边界区域,宽度从二十英里到五十英里。

1869年的夏天,为了推进划界谈判进程,四国又开始了新一轮的外交举措,十九世纪六十年代末期,边境地区屡屡发生冲突事件,为了稳定边境的不安定因素,奥斯曼和波斯政府于1869年8月3日在君士坦丁堡签署了一份现状公约。"公约规定在边界问题得到妥善解决之前,边界地带应该保持现状,任何一方都不应在争议领土上建造建筑物。"①作为

---

① Translation of Convention concluded between the Porte and the Persian Ambassador, 3 August 1869, *The Iran-Iraq Border 1840-1958*, Vol. 2, p. 650.

调停国的代表,英国和俄国大使于1869年10月在君士坦丁堡将地图的副本提交给了奥斯曼土耳其政府,并期望根据地图上所示的范围确定波斯—奥斯曼的边界线,他们建议,"奥斯曼和波斯政府应该根据地图上的带状区域标出一条边界线,如果出现分歧,则应提交英国和俄国政府裁定。"奥斯曼政府对此没有明确回应,1870年2月,英国和俄国驻德黑兰大使向波斯政府提交了类似的报告,波斯政府明确表示:它将毫无保留地同意,通过仲裁来确定根据"同一地图"所示的区域划定的边界线。1870年公约获得批准,1874年略有修改,但公约并没有起到更有效的作用,而划界委员会的工作始终未取得有效结果。

四、1913年《君士坦丁堡协定》与领土转让

尽管此前的划界委员会以及调停力量做了许多徒劳的努力,但边境问题仍然存在了60多年而无解。1905年,发生了一场异常严重的事件,奥斯曼军队在远远超出了国境范围的乌鲁米亚附近的地区推进,这似乎使波斯人急于达成和解。爱德华格雷爵士随后加入了同奥斯曼政府的关于划分南部边界的磋商中,他成功地说服了奥斯曼人放弃了他们对穆罕马拉的土地的完全不可能的、长期的不被承认的主张。格雷爵士和哈基帕夏在1913年7月29日签订了一项协定,是以英国—奥斯曼宣言的形式公布,这一公告随后被奥斯曼帝国立法机构批准。与此同时,在君士坦丁堡也在进行关于其余边界的磋商,英国-奥斯曼的宣言体现在了1913年11月7日四国签订的一项协定中。协定非常详细地界定了土波边界,并且任命了一个由英、俄、土、波代表构成的委员会来划定边界。划界委员会的决定将是最终的并且不会受到进一步检查或修订的影响。在委员会观点有分歧的情况下,土耳其和波斯代表要向他们的英国和俄国同事解释他们各自的观点,英国和俄国代表要对有争议的问题做出决定,并且他们的决定将被记入会议记录,且四国必须予以承认。

划界委员会在1914年开始工作,并在同年11月,当土耳其卷入大

战时完成工作。因此,1913—1914年的边界解决方案是完整的,并被认为对有关政府具有约束力。在1913—14边界解决方案中另有一个需要特别提及的方面是,1852年,在对祖哈布地区进行了仔细的调查之后,调解专员们提出了对该地区的边界线,该地区有双重利益,即基于埃尔泽鲁姆条约第二条,并在波斯和土耳其的领土主张之间做出妥协。然而,当时的提议被土耳其拒绝了,结果是一些有争议的领土仍然存在于波斯的实际占有中。调解国在1913年继续坚持此前的原则,认为1852年提出的边界线建议应该被采纳,并且土耳其和波斯同意了这一点。双方同意出于政治上的便利的原因对边界领土安排稍做调整。

到20世纪初,英国在伊朗的商业、战略和石油利益以及整个地区变得更加迫在眉睫。英—波石油公司在波斯南部的存在,以及同伊拉克北部的水域交通变得非常重要,以至于英国倾向于维持伊拉克的诉求,即:整个河流包含在伊拉克的领土中。在一战期间以及英国对伊拉克的委任统治期间,从军事角度来看,英国的自由航行仍然不受阻挡以及维持现状是非常重要的。因此,因为英国对伊朗和伊拉克之间争端的侵扰,无法达成任何公正、公平的解决方案,所有的努力都失败了,两国之间的紧张和争端是常态。尽管这一问题上多年的冲突最终通过阿尔及尔公约得以解决,但过去引起麻烦以及造成偏见的英国政策对两伊关系时不时地爆发紧张和冲突造成了持久的牵连。

《君士坦丁堡公约》影响甚远。首先最重要的是,"公约再次确定了奥斯曼对整个阿拉伯河的主权,直到波斯一边",此外,公约首次提出了"河流中线"的概念并引入两国边界磋商中。尽管公约将这一概念的使用局限于划给波斯的陆地周围的特定水域,但这在随后的条约、协议的形成中起到了很大的作用。最后,公约标志着一战前奥斯曼和波斯之间最后的重大妥协。

第二章 争端与协调（1927—1928）

第一次世界大战结束后，伊朗西部的地缘政治变更导致老争端出现了新国家。随奥斯曼帝国解体，美索不达米亚省从帝国中分离出来，成为一个独立的伊拉克王国，暂由英国实施委任统治，原先奥斯曼同波斯之间尚存的边界争议随之演变为以伊朗为一方和以土耳其共和国、伊拉克王国为另一方的争端。伊、土边界争端在1926年得以解决，而两伊边界纠纷则旷日持久，早在1919年巴黎和会召开前夕，伊朗就企图突破战前的领土安排，修改西部边界，为此积极寻求英国的外交支持，英国起初断然拒绝介入两国边界争端，遂要求波斯同伊拉克直接交涉，又因一战后波斯拒不承认伊拉克的主权国家地位，故两国关系持续敌对。

波斯和伊拉克之间接连发生的陆上边界冲突和阿拉伯河主权争端难以使英国继续置身事外，因为两国间关于边界问题的持续摩擦可能在任何时候危及至关重要的英波石油公司的油田以及与伊拉克的总体关系。为了最大限度维护自身在中东地区的各项权益，特别是在"转让领土"上的石油利益，1928年底，英国开始尝试打破两伊在边界问题上的僵局，着手协调波斯及伊拉克的边界争端，寻求各方满意的解决方案。

第一节　一战后的外交僵局

一、对立的双边关系

一战后的年月里，波斯和伊拉克之间的边界争端仍在持续，两国关系从未正常，也远非友好。英国对此密切关注，尽管英国政府及英国驻德黑兰使馆不断努力，希冀扭转两国间的敌对形势，但实际情势却一直在恶化，一系列对抗性摩擦和冲突事件在边界地带持续发酵，英国驻德黑兰公使克莱夫爵士将两国关系称为"地平线上的一个黑点"，英国驻巴格达高级专员多布斯爵士则认为："在任何时候，沿波斯—伊拉克的边界上都存在着严重的并发症的危险。"①敌对的两伊关系不但加剧了两国间的边界冲突，也影响和左右了英国在边界争端中的政策及立场。20世纪20年代中后期波斯和伊拉克之间的紧张事态聚焦于"司法特权"、"国籍法"及"承认伊拉克主权国家地位"三个事项上。

早在1922年10月10日英国就与伊拉克签订了《英伊同盟条约》(The Anglo-Iraq Treaty)，此约规定了伊拉克在财政和国际事务方面接受英国的建议，英国承诺向伊拉克提供军事援助，与此同时，条约确认了英国在伊拉克的委任统治地位，以隐蔽的方式肯定了英国的殖民统治和伊拉克的殖民地地位，有效期20年。其中第9条内容规定：

> 伊拉克国王承诺：他将接受并使这些合理的条款生效，即：英国国王可能认为在司法事务中有必要保护外国人的利益，因为他们在投降或屈服时不适用豁免权和其他特权。本规定应在另一项协议中体现，该协议应向国际联盟理事会传达。②

---

① Foreign Office memorandum on Relations between Persia and Iraq by Mr C W Baxter, June 1928, *The Iran-Iraq Border 1840-1958*, Vol. 6, p. 841.
② Foreign Office memorandum on Relations between Persia and Iraq by Mr C W Baxter, June 1928, *The Iran-Iraq Border 1840-1958*, Vol. 6, p. 843.

1924年3月,伊拉克制宪会议通过宪法和选举法,确认了君主立宪制,25日英国和伊拉克之间签订的《司法条约》(The Judicial Treaty),司法协定第1条对《英伊同盟条约》做了如下补充性说明:

"外国人"的表述是指:任何曾受益于土耳其领事裁判权,并在1923年7月24日之前签署的一项协议中没有放弃这一权力的欧美国家国民,以及任何一个现在是国家联盟理事会的代表的亚洲国家的国民。①

以上两款双边条约成为波斯同伊拉克一系列摩擦、冲突以及波斯拒绝承认伊拉克主权国家地位的主要根源。波斯希望从新独立的国家中获得更多的让步,对承认伊拉克持保留意见,除非伊拉克政府给予在伊拉克的伊朗民族特权,就像其按照1924年3月25日英国同伊拉克《司法条约》中给予英国的一样。波斯政府曾公开表示,波斯对伊拉克独立地位的承认有赖于:"根据1924年的《司法条约》,将其他的外国人在伊拉克所享有的司法特权扩大到伊拉克的波斯人。"②但根据伊拉克对司法条约的解释来看,不仅是波斯一国,捷克斯洛伐克、德国、波兰、瑞士、土耳其以及其他在伊拉克的外籍人士也都被排除在伊拉克司法特权之外。但波斯坚持认为其国民在伊拉克理应享有司法特权,因从法律和道德两个维度来看,他们的诉求均有合理性,首先在奥斯曼土耳其统治伊拉克时期,波斯曾享有这样特殊的司法制度;其次,在这一问题上,所有国际联盟的成员都应享有平等的待遇。他们表示:"如果没有任何人享有司法特权的话,那他们也不会要求这一特殊的权力,但是只要有一种特殊的法律制度在伊拉克存在,那么就没有理由拒绝波斯臣民。"③

---

① Foreign Office memorandum on Relations between Persia and Iraq by Mr C W Baxter, June 1928, *The Iran-Iraq Border 1840-1958*, Vol. 6, p. 843.
② Foreign Office memorandum on Relations between Persia and Iraq by Mr C W Baxter, June 1928, *The Iran-Iraq Border 1840-1958*, Vol. 6, p. 843.
③ Foreign Office memorandum on Relations between Persia and Iraq by Mr C W Baxter, June 1928, *The Iran-Iraq Border 1840-1958*, Vol. 6, p. 843.

虽然波斯的诉求听上去有一定的逻辑性，然而从民族情感视角而言，伊拉克政府绝不可能将此种司法特权扩大到波斯臣民。即使从实践角度来看，在不瓦解整个国家法律体系的情况下，将迄今为止只有一小部分外国人享有的特权扩展到20万波斯居民，这完全不具备可操作性。此外，伊拉克人也很难理解为什么当波斯在她自己的国家依然废除这样的特权时，又转而要求在伊拉克获得此种特权。因此，伊拉克也公开声称自己没有准备给予波斯居民所谓的司法特权。这并不是说，波斯的法律体系与现代的欧洲体系是相似的；相反，波斯法庭是出了名的腐败和效率低下，也许比伊拉克法庭更糟糕的是，波斯政府也不例外，尤其是在波斯与伊拉克不同的是，他们国家没有欧洲法官或司法顾问。因此波斯的诉求在巴格达看来，既不合理更难以接受。

显而易见，从双方的立场交锋来看，这一问题很大程度上是彼此自尊心的问题，因此英国政府认为，如果双方都有良好意愿的话，那么一些旨在挽回面子的妥协便很容易达成。事实上，波斯首先从"他们必须得到司法特权的全部好处"这一立场退却了，他们最终在1928年3月提议两条建议："(a) 在涉及波斯人的民事和刑事案件中，初审应在由什叶派教徒成员组成的当地法庭审理；(b) 此类案件的上诉应在适用于外国公民的特别法庭上审理。"[①]这两点提议在实践上依然寸步难行，正如英国驻巴格达高级专员多布斯直言："前一项提议是不可能的。因为这需要建立一个特别的什叶派法官队伍，这将是对伊拉克司法系统的一个明确的定位它必须引入宗教测试作为对司法任命的必要资格；而且，即使只有从他们的法律造诣角度来看，唯一适合的候选人也不属于那个教派，他们也必须填补职位空缺。"关于第二条提议，多布斯也表示："尽管在实践中可能困难相对较少，但是要说服伊拉克政府接受它也

---

① Foreign Office memorandum on Relations between Persia and Iraq by Mr C W Baxter, June 1928, *The Iran-Iraq Border 1840 - 1958*, Vol. 6, p. 844.

是不可能的,并且他不认为英国政府在要求伊拉克这么做的时候是有正当理由的。"①但英国驻德黑兰大使克莱夫爵士认为,考虑到波斯和伊拉克的和解在政治上的重要性,英国应该努力让伊拉克政府接受上述提议。当然,这并不能确定伊拉克和波斯是否会同意在这些问题上达成和解;然而波斯的这一让步却可暂时缓和双方在司法权问题上的争执,避免两国关系完全陷入僵局。

波斯政府的另一不满是,伊拉克拒绝延长在伊拉克的波斯居民放弃国籍的期限。波斯礼萨·汗雄心勃勃,具有民族主义情节,他在1925年粉碎了穆罕马拉的自治后便开始在阿拉伯河的伊拉克一侧吸引一些阿拉伯部落,以使他们成为波斯民族。根据1924年10月伊拉克国籍法第14条:"在1926年8月之前,伊拉克的波斯居民可以放弃伊拉克国籍。"②结果,南部巴士拉的大量部落成员加入波斯国籍,这一地区部落居民愿意获得波斯国籍的主因是,他们想要逃避伊拉克政府强加于他们的臣民的强制征兵制,由于惧怕征兵,他们中的很多人选择逃往波斯,在那里加入其他伊拉克部落。

边界地区的这一发展趋势旋即引起了伊拉克政府的警觉。1927年,穆哈辛部落的成员抱怨伊拉克当局没收了他们的波斯护照。不久之后,伊拉克政府开始进行干预,抗议波斯对穆哈辛部落的登记,并要求立即停止波斯人的行动。作为报复,波斯政府通过在伊拉克的军事行动,向许多伊拉克人提供了波斯国籍,此举鼓动了一些伊拉克人挑战他们自己的政府,因此伊拉克政府拒绝再次延长这一期限,波斯以此为由,发难伊拉克,并通过英国驻德黑兰的大使馆和高级专员代表向伊拉克提出了延长更改国籍时限的要求,波斯政府借由"一部分生活在伊拉克的波斯人

---

① Foreign Office memorandum on Relations between Persia and Iraq by Mr C W Baxter, June 1928, *The Iran-Iraq Border 1840 – 1958*, Vol. 6, p. 844.
② Foreign Office memorandum on Relations between Persia and Iraq by Mr C W Baxter, June 1928, *The Iran-Iraq Border 1840 – 1958*, Vol. 6, p. 844.

对公告的无知,以及他们无法支付放弃伊拉克国籍的必要费用。"①要求伊拉克政府再次延长条约期限,后伊拉克政府同意将期限放宽至1927年12月31日,并将费用从50卢比降低到10卢比,直至1928年1月1日此法条最终废止。

以上事态的真正责任,几乎完全与波斯政府有关,长久以来,波斯政府并没有表现出与它的西方邻居建立良好关系的愿望,正如多布斯爵士所指出的那样:"波斯现在的态度,是一种官方的不友好的态度。"②如果波斯人准备以一种相当友好的精神来讨论这些问题的话,那么在伊拉克和波斯之间,没有一个悬而未决的问题是真正无法解决的。

二、承认伊拉克主权国地位问题

导致波斯和伊拉克双边关系恶化的另一重要问题在于波斯政府长期不认可伊拉克的主权国家地位。尽管波斯是国联成员国,但一战结束后的第一个十年中,它拒不承认伊拉克的独立,并认为此种承认理应基于伊拉克承诺重新讨论两国的边界问题,而英国则认为,此类问题的讨论以波斯承认伊拉克的主权国家地位为前提,在"承认"问题解决前,同波斯—伊拉克关系相关的所有问题都无法解决,因两国政府之间的磋商都采取间接路线,通常经由英国驻巴格达及德黑兰的政府代表传话和沟通,英国的努力通常既得不到伊拉克认可又遭致波斯的敌视,"英国的公使馆和领事馆必须尽其所能在那个国家代表伊拉克人民行使他们的好职务;他们认为这是一项艰巨且费力的任务,目的是确保伊拉克人的待遇,而他们的努力不仅不受波斯当局的欢迎,而且被伊拉克人认为是不充分的。"③

---

① Extracts from Report by Britain to the Council of the League of Nations on the Administration of Iraq for 1927, *The Iran-Iraq Border 1840-1958*, Vol. 6, pp. 738-739.
② Foreign Office memorandum on Relations between Persia and Iraq by Mr C W Baxter, June 1928, *The Iran-Iraq Border 1840-1958*, Vol. 6, p. 841.
③ Foreign Office memorandum on Relations between Persia and Iraq by Mr C W Baxter, June 1928, *The Iran-Iraq Border 1840-1958*, Vol. 6, p. 842.

正如英国外交部对于非正常的波—伊关系曾有精炼的总结:"波斯和伊拉克之间的争端部分原因在于波斯政府很多年不承认伊拉克的正式地位。"①归根溯源症结有二,首当其冲的便是边界冲突问题,边界事件是经常发生而又难以避免的,因为,边远地区在很大程度上是由那些各自政府无法控制的部落所统治的。许多是游牧和迁徙部落,它们一年中一半时间生活在伊拉克,一半时间生活在波斯。边境突袭,局部骚乱,甚至是广泛的起义,绝非罕见,特别是在边境的波斯一边。波斯怀疑他们的反叛部落在边境地区都是由英国和伊拉克提供的武器和援助;他们还怀疑,在英国的保护下,英国在伊拉克的授权正在为库尔德人自治的政策而努力。

其次是域外大国干涉问题,俄国在德黑兰的影响力对这个问题有着独特的影响。一方面,俄国的宣传尽其所能增加对伊拉克的反感,而另一方面,波斯政府知道与伊拉克的和解会冒犯到俄罗斯人,他们会认为这是英国外交的成功之举。

承认伊拉克是关于河流问题的任何三方解决方案的第一步,因为伊拉克是所有谈判不可或缺的一方,英国外交部以及印度事务办公室希望:"所有关于河流的条约都由伊拉克自己签订,而不是由英国代表它签订。"②而波斯政府又一直视"承认伊拉克"为其同英国和伊拉克讨价还价的一个重要筹码,绝不轻言放弃。故这一悖论便成了两国关系中的一个难解之结,它既是两国关系正常化的最大障碍,也是边界争端持续的一大诱因。

英国政府为了打破僵局,一度试想对波斯采取高压手段,以使其意识到他们对伊拉克的敌对态度将付出沉重代价,具体包括终止波斯在

---

① Memorandun on the Frontier between Persia and Turkey and Persia and Iraq: 1639 – 1934, 8 January 1935, *The Iran-Iraq Border 1840 – 1958*, Vol. 8, p. 99.
② Document on British Foreign Policy, 1966:771, see Aliasghar Zargar, A Historical Review of British Role in Iran-Iraq Dispute on the Shatt-al-Arab Waterway, *International Journal of Political Science*, Vol. 1, No. 2, Summer & Fall, 2011, p. 28.

伊拉克的军队行使任何职能,直到波斯承认伊拉克的主权国家地位。亦或,要求波斯政府在伊拉克申请他们的领事机构,如果照做,那么这将构成正式的法律认可;反之,他们的领事不应被允许行使任何权力。但英国政府一直有所顾虑,担心两方面的负面效果,即:"(a)他们只会怨恨英-波斯关系;(b)在伊拉克,这样的报复行动更有可能反击波斯的报复,而不是承认。"①故此这些高压手段一直被英国政府所拒绝。在波斯承认伊拉克的漫长道路上,情势不断反复,直至1929年4月才得以实现。

1924年末,波斯政府通过他们在巴格达的代理总顾问,向伊拉克承诺,他们已经准备好承认伊拉克,双方还讨论了在巴格达和德黑兰之间进行正式任务的安排,作为对条约谈判的初步准备,所有的困难看似都有希望被克服,然而,波斯政府最终还是决定推迟谈判。尽管1925年7月,他们似乎准备继续处理这个问题,但王朝的危机很快就结束了他们的努力。1926年6月,波斯国王再次重申了承认伊拉克的承诺,但却没有采取任何后续行动。1926年11月,波斯国王又一次向英国新部长克莱夫保证,他现在已经明确地同意承认伊拉克,并准备讨论伊拉克和波斯之间悬而未决的问题,然而他再一次没有采取任何行动来实践波斯政府的保证。相反,在此后的15个月里,波斯的司法部长一直坚持认为:"波斯不会准备承认伊拉克,除非伊拉克向波斯人提供特殊的司法权利,这是在伊拉克的其他外国公民所享有的。国王陛下的政府首先坚持说,这件事在承认伊拉克之前是不能讨论的,但很快就很明显的是,在这些方面,没有任何进展,他们的努力最近被指向了同时解决这两个问题的可能性。"②

---

① Foreign Office memorandum on Relations between Persia and Iraq by Mr C W Baxter, June 1928, *The Iran-Iraq Border 1840 – 1958* , Vol. 6, p. 843.
② Foreign Office memorandum on Relations between Persia and Iraq by Mr C W Baxter, June 1928, *The Iran-Iraq Border 1840 – 1958* , Vol. 6, p. 842.

由是可见,波斯和伊朗的关系仍然紧张,后伊拉克说服英国放弃《司法条约》,英国同意,这一条约在 1929 年 4 月 1 日正式废除。伊朗承认伊拉克的主要障碍终被移除,这一行动缓解了两国之间的紧张,当时适逢波斯礼萨·汗继位三周年,伊拉克政府旋即利用这一外交契机,在 1929 年 4 月派出国王的私人秘书作为代表,到德黑兰参加礼萨·汗三周年庆典,伊拉克政府希望伊朗在外交上的回报是承认伊拉克。伊拉克的访问得到了东道主热烈的欢迎,并且在伊朗总理的欢迎晚宴上宣读了下述他曾发送给伊拉克政府的电报:

> 两国之间真诚和友善的感情已经产生了令人满意的结果,波斯曾最希望的伊拉克司法机构的废除,很快就将伴随而来,它将不再是两国建立官方关系的障碍。鉴于此,伊朗有一天承认伊拉克,希望他们的关系能建立在真正的友谊和共同利益的坚实基础上,所有悬而未决的问题将报以善意的妥善解决。①

英国期盼已久的承认最终在 1929 年实现,但是在英国驻德黑兰大使给予波斯司法部长下述保证的情况下才得以生效:"如果你们的政府现在准备承认伊拉克,我的政府,在已经详细得知波斯政府在操作建立一个阿拉伯土地上真实的国家上的困难,并且按照波斯政府的希望保证,将提供面对面的好的伊拉克政府机构,来帮助波斯达到合理的要求。"②1929 年 4 月 20 日波斯承认伊拉克的主权地位,两国互派公使,建立起正式双边关系,虽然英国对一个稳定和友善的双边关系期待很高,但波斯仍对伊拉克享有整个阿拉伯河主权,以及两国北部地区边界持有争议。

---

① The Times of London, April 26, 1929, see Aliasghar Zargar, A Historical Review of British Role in Iran-Iraq Dispute on the Shatt-al-Arab Waterway, *International Journal of Political Science*, Vol. 1, No. 2, Summer & Fall, 2011, p. 28.
② Memorandun on the Frontier between Persia and Turkey and Persia and Iraq: 1639 – 1934, 8 January 1935, *The Iran-Iraq Border 1840 – 1958*, Vol. 8, p. 99.

三、波斯的修约诉求

一战后,随着现代土耳其国家的出现以及英国在伊拉克的委任统治的建立,波斯在它的西部边界面临着两个新邻居,同时又继承了奥斯曼和波斯间边界争端这一历史遗产,"很快,现代土耳其和波斯都不接受土——波边界委员会所订立的边界的有效性。"①特别是自1921年礼萨·汗上任以来,波斯政府同伊拉克及英国外交中最主要的目标之一便是修改由1913年11月17日《君士坦丁堡公约》及1914年划界委员会所确定的边界划分方案,特别是改变波斯在阿拉伯河水域不平等的地位,并且要使河流中线代替低潮时期的左岸线来成为两国的边界线。为此,波斯频繁地提出自己的修约主张和诉求。

一战结束伊始,波斯便利用欧洲召开和平会议之机,在国际社会提出修改边界条约的要求,为取得英国的外交支持,波斯外交部长费鲁兹(Prince Firouz)专程于1919年夏访问伦敦,它首次向英国详细阐述了波斯的领土抱负:"它们包括获得锡斯坦、土耳其斯坦、外高加索及土耳其、库尔德斯坦和祖哈布对岸相当大的一部分地区。"②费鲁兹还进一步向英国外交大臣寇松勋爵(Lord Curzon)提出,"希望英帝国在即将到来的欧洲和平会议上支持他的领土诉求。"③英国外交部在对波斯的过分领土诉求进行了认真考虑与细致调查后,认为:波斯提出的领土诉求范围太大,超出了和会的议题,因此是非常不切实际的,英国建议缩小范围,集中于西部边界问题,因为这事关土耳其的划界问题,是和会必须要解决的问题。波斯并未就此放弃,依然进行不懈的外交努力,在接下来几个月中,

---

① *The Iran-Iraq Border 1840-1958*, Vol. 6, p. xiii.
② Memorandum on the Frontier Between Persia and Turkey and Persia and Iraq: 1639-1934, *The Iran-Iraq Border 1840-1958*, Vol. 8, p. 98.
③ Memorandum on the Frontier Between Persia and Turkey and Persia and Iraq: 1639-1934, *The Iran-Iraq Border 1840-1958*, Vol. 8, p. 98.

第二章　争端与协调(1927—1928)

波斯频繁地同英国外交部接触,双方都力图说服对方接受自己的立场,最终波斯不得不大大缩小了领土要求的范围,按英国的建议,把领土问题集中在西部边界上。

1919年12月16日波斯外交部长诺斯特道莱(Prince Nosret-ed-Dowleh)再次致电英国重申了"关于波斯想要将调整领土的诉求提交给巴黎的最高委员会"的要求,12月19日寇松勋爵回电正式表明了外交部的立场:

> 阁下应该记得,我上次有幸见到您时我向您解释到,在我看来,对您政府而言,有两个公开的选择:(1)波斯诉求的完整陈述应该由波斯代表在巴黎呈交给巴黎和会,依靠自身的责任,独立于政府的支持;(2)由波斯政府所支持的一项温和的主张。……像之前那样,我诚挚地告诉阁下:我在全面的考察相关地区的地理和人种特征后,准备去做一些可能的事,在波斯西部边界去支持贵政府的利益,因为,除了它们固有的辩解外,它们在那一地区的诉求关系到奥斯曼领土未来的处置,这是和会所要决定的一个关键领域。①

12月20日波斯政府又一次致函英国外交部,提出修约诉求,对此,英外交部于1920年1月5日再次做出回复,言辞恳切地建议和劝解波斯政府审慎地向国际社会提出自己的领土诉求:

> 我深度怀疑对波斯东北部或是东部的领土诉求是否明智,即使他们拥有历史依据,但与现存事实没有关系;即使是有关联的,也不能将波斯政府牵涉到军事义务中,要维持这种义务是非常困难的。同样的评论适用于阿拉克塞斯河北部的领土。波斯政府在巴黎和会上提出这样或那样的诉求是非常公开的,英国政府将给予每一个案例公平的考量。但现在没有可得的数据,无法决定能够得到多大

---

① Lord Curzon to Prince Firouz Mirza Nusret-ed-Dowleh, 19 December 1919, *The Iran-Iraq Border 1840 – 1958* , Vol. 6, p. 390.

程度的支持,但必须有这样的意识:即和会不是主要负责重构中立国家的边界,这些国家没有受到或是很小程度上受到了此次大战的影响,和会主要是在公平和权力原则下重塑战胜国和战败国之间的被战争破坏的领土划分。①

波斯外长在 1920 年 1 月 9 日向国联大会主席递交了一份启动修订波斯西部边界的备忘录,表达了波斯想要修订它的西部边界的强烈意愿,备忘录扼要重述了波斯和土耳其之间经年累月的边界纠纷并且要求重新修订边界,其中波斯所概述的领土诉求比之前给英国外交部长寇松勋爵所概述的领土诉求要务实得多,但没有提到任何在曼达里(Mendeli)南部地点的边界,换言之,不包括阿拉伯河附近的任何地方。此举并非基于 1913—14 年条约的无效,而是基于此约的非正义性——

> 虽然科托尔(Kotour)地区委员会完成的最重要的工作并不在土耳其反对原因的范围之内:关于波斯协约的纲要中的不平等部分被大英帝国和俄国的特派委员所承认:终于,政治形势的完全改变造成了波斯接受了很多无效的妥协,在这其中波斯根据调停的精神和对力量均衡坚决要求的尊重被排他性的改变。②

巴黎和会上,波斯虽听从英国的建议缩小了领土主张,但其修改边界的诉求依然没能得到各大国及和会的有效回应,修约事宜暂时搁置。自 1927 年开始,中东地区形势的新发展再次引起波斯政府对 1913 年边界解决方案有效性的质疑,波斯以"方案始终未获得波斯议会的批准"为由,重启修约进程。此一时段,促使"修订边界"跃升为波斯外交目标中紧迫事项的缘由有三:

---

① Lord Curzon, Secretary of State, Foreign Office to Prince Firouz Mirza Nusret-ed-Dowleh, Persian Delegation to the Paris peace conference, 5 January 1920, *The Iran-Iraq Border 1840-1958*, Vol. 6, p. 401.
② Memorandum of the Frontier between Persia and Trukey and Persia and Iraq: 1639-1934, 8 January 1935, *The Iran-Iraq Border 1840-1958*, Vol. 8, p. 99.

首先,波斯—伊拉克边界问题同里海至波斯湾的新铁路线终点问题不期而会。1927年礼萨·汗开始兴建从波斯湾至里海的铁路,按照最初的设计方案,铁路最南端定在穆罕马拉。但自1847年《埃尔泽鲁姆条约》以来,按照约定,波斯同伊拉克以阿拉伯河左岸为河界,而不是惯常的以河流中线为界,铁路设计者们不清楚这给了伊拉克多大的权利,让他们有权对从海湾经穆罕马拉的货物征收过境费和港口费。作为铁路调查的总工程师,波兰先生非常担心这个问题,他曾考虑用另一种不同的路线铺设铁路将终点站设置在波斯湾的霍尔木兹,以避开阿拉伯河。但最终的评估结果显示,改道后的线路不仅比以穆罕马拉为终点耗资更多,且霍尔木兹港口条件亦远不如穆罕马拉。当时波斯已经筹措了1000万托曼①作为建设资金,并且决定从铁路两端同时开建,正是因为穆罕马拉的铁路工程问题,波斯意识到:阿拉伯河边界问题远比其他部分的边界问题要紧迫。"波斯海关不愿在哈奈根以外的边境地区修一个终点站,因为从哈奈根到边境的伊拉克铁路计划延伸了。很明显,波兰先生对从里海到海湾的铁路南线确定的疑虑和困难,将有力地刺激波斯提出这个问题。"②

并且美国驻波斯公使认为:"关于河阿拉伯河的边界问题是可以谈判的主题,英国将利用她的影响力来确保边界的批准,因为任何有助于波斯繁荣的东西都有利于中东的和平和世界的稳定,并且延伸到海上的铁路也符合英国的贸易利益。"③

其次,交换领土上的石油利益问题成为质疑边界有效性的内在推力。1913—14年奥斯曼-波斯边界解决方案中有一个方面需要特别注意。1852年的调停委员会对现场仔细勘察之后,在祖哈布地区提出了一

---

① 托曼(Toman):波斯货币单位,1托曼=10里亚尔。
② Correspondence Regarding the Perso-Iraq Frontier, *The Iran-Iraq Border 1840-1958*, Vol. 8, p.198.
③ Correspondence Regarding the Perso-Iraq Frontier, *The Iran-Iraq Border 1840-1958*, Vol. 8, p.199.

条边界线,这一边界线是基于埃尔泽鲁姆条约第二条的两方面优势,在波斯和土耳其的主张之间做出公正的妥协。1913年的仲裁委员会继续这一原则,认为1852年提出的边界线应继续采用,土耳其和波斯对此表示同意,并服从轻微的调整,同意出于政治上的便利,在土耳其和波斯之间转让一些面积大致相当的区域。土耳其最终放弃卡西利-希林(Kasr-i-Shirin)附近的领土和城镇,让给波斯,作为补偿它接受了更北方的一些领土增加。这便是所谓的"转让领土"的由来,由于英波石油公司在这一地区(即转让领土中)发现了石油而使得这一问题意义重大。特别是一战后,英—波石油公司开始开采石油时,波斯政府明显感到自身被剥夺了有价值的领土,并且经常抱怨到:这一地区的边界是不公平的。波斯的这一声明并没有有力的依据,除了波斯大臣暗示英国大臣说1914年的委员会没有遵守1913年协议关于那一地区的方向。进一步的抱怨是:既然石油地区绵延经过边界,那么在波斯一边所开采的石油事实上是波斯的石油,因此应该向波斯付专利费。"当然,波斯很可能会考虑,从1914年起,在转让领土上发现了石油,她会通过质疑边界协议的有效性来获得收益。"①除旧有的夙愿外,基于以上三方面的因素,波斯在国际社会上尽一切努力,试图恢复在阿拉伯河地区的主权。

第二节 边界争端再起

一、领土争端发酵

波斯同伊拉克之间的僵化关系进一步恶化了边界现状,引发了20世纪20年代中后期一系列公然的边界摩擦和冲突事件。伊拉克同波斯的边界情势复杂,冲突事件时常发生而又难以避免,因为这些地区很大

---

① Correspondence Regarding the Perso-Iraq Frontier, *The Iran-Iraq Border 1840–1958*, Vol. 8, p. 200.

程度上是由一些各自政府无法掌控的游牧和迁徙部落所控制的,它们一年中大约一半时间生活在伊拉克,剩余时间生活在波斯。边境突袭、局部骚乱、甚至是广泛的起义,都绝非罕见,特别是在边境的波斯一边,情况尤甚,波斯甚至怀疑边境地区的反叛部落是由英国和伊拉克提供的武器和援助或是庇护。

一战后两国陆上边界纠纷的发酵始于1927年8月,波斯政府借口巴士拉暴发霍乱,从而单方面切断了两国边界的交通,波斯当局随即在卡西利—希林(kasr-i-shirin)建立起一个隔离站,强行要求过往旅客在卫生条件极差的隔离站滞留了5天。这种隔离完全是不必要的,目的仅只是为了报复伊拉克对在伊拉克的波斯人的待遇。波斯司法部长向克莱夫爵士坦诚:"真正的原因是他们对于在伊拉克的波斯人的待遇感到非常不满。波斯朝圣者每年带入伊拉克近100万英镑的资金,因此它的目的就是阻止这一交通,直到伊拉克政府表现出友好的态度。"[①]1927年9月,波斯政府又以援助在伊拉克生活的波斯人为由,向议会申请2000英镑的信贷,伊朗议会还增加了一项条款,"禁止向任何想要前往伊拉克的波斯公民发放护照,直到在伊拉克的佩里安居民对他们的生活条件感到满意为止。"[②]此种不友善的态度和在边界地带玩火的行为使得原本就脆弱的边界情势更加恶化,继而导致一系列边界冲突性事件接踵而至。

1928年1月波斯政府非正式要求伊拉克政府停止在"交换领土"上修建边防哨所,由此引发了波斯对1913年边界解决方案有效性的质疑。波斯司法部长告知英国驻德黑兰大使克莱夫爵士,他希望同伊拉克政府提出边界问题。在这一敏感时期,伊拉克地方当局根据国家人口普查法,轻率地对许多生活在伊拉克的波斯人提起诉讼,这导致许多伊拉克

---

① Foreign Office memorandum on Relations between Persia and Iraq by Mr C W Baxter, June 1928, *The Iran-Iraq Border 1840 - 1958*, Vol. 6, p. 848.
② Foreign Office memorandum on Relations between Persia and Iraq by Mr C W Baxter, June 1928, *The Iran-Iraq Border 1840 - 1958*, Vol. 6, p. 848.

的波斯居民逃回波斯,此举亦如干草堆上的火芯,引起了波斯极大的不满,议会授权批准了一笔4000英镑的拨款,用以补偿这批难民。波斯政府向克莱夫爵士提出了一系列的抱怨及控诉,并再次表示,"伊政府对其生活在伊拉克居民的恶劣处置将会影响到他们与英国政府谈判所取得成功的结果。"①

波斯同伊拉克除在北部陆上边界激烈较量角逐外,两国在南部河流地区,对阿拉伯河主权的争夺亦十分激烈。早在1924年初,波斯一艘武装的海关关艇抵达法奥,并阻止驶往阿巴丹和霍拉姆沙赫尔(穆罕马拉)的船只,从而阻止了这些船只在由巴士拉港务局所维护的法奥的海关工作中进行登记。同年晚些时候,波斯当局又烧毁一艘伊拉克渔船。在一系列挑衅事件后,波斯清楚地认识到:"阿拉伯河上过往的所有船只,不论是驶往巴士拉、阿巴丹还是霍拉姆沙赫尔,都要遵守英国控制的巴士拉当局的征税规定。"② 1925年早期,波斯以承认伊拉克主权国地位为交换,要求波斯与伊拉克平等享有在从阿拉伯河口至穆罕马拉地区的管理权,此后伊拉克国籍法问题、司法特权问题都曾成为波斯交涉边界问题的筹码。

1926年波斯政府单方面罢黜穆罕马拉谢赫,成了争端中的直接主角,自此在任何情况下他们坚持拒绝承认1913—1914年的边界安排,并声称按照法律或是自认公正的基础来看,河流边界应该遵循河流中心线的原则,自此,波斯的关税员、警察实际上已经在河流上巡逻,并在实际上已经行使了一定的管辖权,这部分是因为波斯当地和伊拉克当局对于关税监督非正式的安排,部分是因为伊拉克政府的公开挑衅。

1927年这一地区的混乱秩序仍在持续,波斯政府厌恶被英国控制的港口管理,因为对开往阿巴丹和霍拉姆沙赫尔的船只征税比单独开往伊

---

① Foreign Office memorandum on Relations between Persia and Iraq by Mr C W Baxter, June 1928, *The Iran-Iraq Border 1840 - 1958*, Vol. 6, p. 848.
② *The Iran-Iraq Border 1840 - 1958*, Vol. 6, p. xviii.

朗的船只征收的税款多 4 倍。河流边界争端全面爆发的导火索是 1928 年 4 月的"阿巴丹事件",波斯政府要求英国立即从巴士拉港的阿巴丹撤出,这个港口在未经波斯同意的情况下建立在他国的土地上。4 月 16 日晨,波斯政府突然单方面宣布了四点声明:

1. 在未经波斯政府许可的情况下,任何军舰均不可在阿巴丹码头停泊。

2. 在未经波斯政府允许的情况下,除英—波石油公司以外的任何其他船只都不得在阿巴丹装载石油。

3. 迄今为止,由巴士拉港当局维持的港口办公室将于 4 月 17 日上午 10 点被禁止,如果不遵守这一指令,军方将采取措施强制措施。

4. 这些港口当局和英—波石油公司之间不允许进行任何沟通。①

这一声明旋即引起了英、波、伊之间密集的外交活动,是为"阿巴丹事件"。阿巴丹事件使得阿拉伯河通航权力问题显现,并由此开启了阿拉伯河主权之争。

二、阿拉伯河主权之争

早在 1913 年的边界解决方案中就规定,将阿拉伯河的边界定义为在波斯河岸上的低水位标志处,除了在穆罕马拉附近选择了河流中线(medium filum aqua)为界。这仅仅是对埃尔泽鲁姆条约第 2 条的相关条款进行了简要的概述,因此,《埃尔泽鲁姆条约》显然是考虑到波斯应该拥有在河以东的土地,但是奥斯曼土耳其应该拥有整个的河流,尽管波斯拥有航行权。

波斯人认为现在的河流边界划分对波斯来说不公平,"根据普遍的

---

① Telgram from Mr R Gybbon-Monypenny, British Consul, Khuzistan to Sir R Clive, 17 April 1928, *The Iran-Iraq Border*, 1840 - 1958, Vol. 6, p. 813.

习俗"应该按照河流中线来划界,司法部长在4月1日通知克莱夫爵士:这是波斯政府在为达成一个全面的解决方案而进行的谈判过程中希望英国政府提出的问题之一。克莱夫爵士回复到:这一问题是在波斯承认伊拉克后,需同伊拉克提出的问题。

克莱夫爵士曾被指导让波斯政府没有理由相信:对这一问题的进一步深究它们会有所收获。尽管他们有理由对现行的港口税制度进行修订,但从他们的观点来看,目前尚不清楚是否有必要改变目前的边界。但如果有的话,他们必须意识到,他们必须赢得伊拉克政府和人民的同意,而且必须准备做出至少同等价值的让步。在任何情况下,除非他们采取措施承认伊拉克政府,并在友好的基础上与他们建立关系,否则这一切都是不可能完成的。对波斯有利的伊拉克边境的改变,对伊拉克公平来说,是一件英国政府不准备讨论的事项。

一战后,因波斯石油制品的增加以及土耳其经济的发展,阿拉伯河河流通行量持续增加,此时的土耳其由于战后和约,已经成为英国的委任统治地区,作为占领力量,英国政府单方面建立起"巴士拉港管理委员会",委员会不仅控制巴士拉港及其相关活动,还控制了所有的阿拉伯河上的引航、救援及河流警察,尽管这些都是为波斯港口服务的,但后来被置于伊拉克政府主权之下。委员会后来改名为巴士拉港务局,但它在经济上仍然是独立的,并且对过往阿拉伯河的所有船只收税。港务局的这种地位在伊拉克独立以及英国和英—印军队完全撤出波斯和伊拉克之前一直没有改变。巴士拉港务局是在一战后建立起来的,伊拉克的贸易和商业必须承担巴士拉港口成本的部分负担,并对所有进入该地区的船只征收港口税。结果是,到20年代中后期,巴士拉的港口超过三分之一的收入来自航运,而实际上主要的收入来源是波斯港口阿巴丹和穆罕马拉。波斯政府对这种强加于波斯航运的外国机构的征税感到不满,因为在这样的机构中,没有任何形式的他们本国的代表。因此他们在4月份坚持要求伊拉克立即从巴士拉港务局分支机构的阿巴丹撤出,该机构在没有得到许可的情况下在波斯领土上建立的分支机构。与此同时,一些这样的机构监督照明、河道的疏浚和河流的安全航行,很明显,为了所有的航运利益,不管是去波斯还是伊拉克港口,而航运到波斯港口应该对其费用有所贡献是对的。毫无疑问,一旦波斯承认伊拉克,就应该做一些安排来使波斯参与到河流管理中。波斯这一声明主要是针对伊拉克的,但因严重威胁到英国的利益,由此再次触发了英国对这一问题的关注和介入。

第三节　英国协调边界纠纷的初步尝试

一、英国、波斯、伊拉克三方外交互动

一战结束后,伊拉克作为一个新兴国家,需要依赖其他大国以确立边界并帮助其建立起一个独立政府,有能力且有意愿提供这样的帮助的唯有英国,早在一战前,英国就开始在这一地区建立势力范围,一战结束英国在中东地区的地位及角色更加举足轻重。伊拉克需依靠英国帮助它确定边界,因伊拉克尚需要时日来有效组织自己的军队。与此同时,英国既想确定它不受限制的通行阿拉伯河,又想维持同波斯的友好关系,因奥斯曼帝国溃败后,波斯的战略重要性凸显,且石油的发现又增加该地的经济重要性。英国的双重利益诉求对应僵化的波—伊关系。结果不言而喻:伊拉克因没有在阿拉伯河控制权上取得更大的权力而对英国心存怨念;波斯要求重划两国的边界线,尤其是急于重新分配阿拉伯河的主权归属,来自英国的漠视和阻挠使其边界诉求付之一叹。事实上,一段时期以来英国左支右绌,极力调解边界形势,力求在确保自身经济及战略利益的前提下,稳定两国边界局势。

波斯政府修订边界条约的诉求已如前述,对此英国政府起初毫不犹豫地反对波斯的争论。自1927年起英国便察觉,波斯有意拒绝1913—1914年的波斯—土耳其边界安排,并以质疑边界所依赖法律基础之有效

性为由,进而拒绝承认边界的现状。波斯反对1913—1914年边界安排合法性的理由有三:"最基础的是,这个方案没有被伊朗议会批准;第二,在缔结方案时,既不是土耳其宫廷也不是波斯是自由代表;同时,土耳其政府没能够执行1913年11月君士坦丁堡协定的所有提议。对她的诉求的支持已经使得现代土耳其政府支持放弃1913年的协定。"①波斯认为:"关于水域的相关文件从未获得伊朗议会的批准。此外,公约不再生效,且波斯政府不再遵照此边界,因为新的土耳其共和国拒绝承认公约是有约束力的;它既没有被奥斯曼行政长官同意,也没有被苏丹批准。因此,争端应在新的基础上来解决。"②英国当局则强调:波斯政府对1913—1914年的安排给予了正式的认可,且有效性问题在1921、1927、1928年均接受了检验,每一次外交部的合法建议者都会得出一个结论:没有证据表明1913年协议需要批准,或者说1914年划定的边界是非法和无效的,此外即使确定它们的工具已经没有影响力了,它们仍是有效的。因而无须讨论边界安排的有效性问题,正如英国伊拉克事务的高级委员多布斯爵士在1927年3月31日的一封信中回顾到:"一个由来自印度的测量员和波斯政府官员组成的联合边界勘察组已经在1920年展开工作。多布斯认为:通过勉强同意的巡视安排,波斯政府已经同意接受1914年的边界安排。"③

1927年5月25日英国外交部正式致函克莱夫爵士表明关于1914年边界条约问题的政策立场,简言之:根本不存在1913—1914年边界条约有效性这一问题。

"首先,这个解决方案只是更详细地确定了《埃尔泽鲁姆条约》的条款,而这一条约是在波斯宪法颁布六十年前签署的,因此无须议会批准;

---

① *The Iran-Iraq Border*, *1840 - 1958*, Vol. 7, pp. xv - xvi.
② FO. 371/13058,1928; 3 See: Aliasghar Zargar, A Historical Review of British Role in Iran-Iraq Dispute on the Shatt-al-Arab Waterway, *International Journal of Political Science*, Vol. 1, No. 2, Summer & Fall, 2011, p. 25.
③ Sir R Clive to Sir H Dobbs, 23 April 1927, *The Iran-Iraq Border*, *1840 - 1958*, Vol. 6, p. 695.

第二,1913年11月17日的议定书的条款本身(第5条)①就表明:它从未打算或要求批准;第三,这一边界解决方案已经被波斯政府、甚至是议会本身默默接受了12年之久。"②

对于英国反对修约的外交立场波斯全然不予理会,1928年波斯司法部长正式向英国驻德黑兰大使表明:土耳其政府拒绝承认1913年条约的有效性,它们占据了根据条约应属波斯的领土。这意味着波斯从未得到它因被迫放弃南部领土而应得的补偿,例如,在祖哈布以及在阿拉伯河。他说这是不自然的和不公平的,波斯还在受条约限制而其他国家确不需要如此,因此条约应该失效。这些意见也是完全基于公平,而不是1913年条约和1913—1914年划界的合法性无效。

英国驻德黑兰大使克莱夫爵士在1928年4月1日又被告知,波斯认为对阿拉伯河最公平的划界是按照国际惯例,沿河流中心线划界的方法。在回复中,英国白厅告诉波斯外交部长:此等事项是需要同伊拉克政府交涉的问题。但实际上英国已然在考虑对波斯做出一些实质性的让步,"一个暂时性的报告表明:作为对波斯承认伊拉克以及撤回波斯的诉求,伊拉克政府将引导以允许在霍拉姆沙赫尔和阿巴丹之间将边界线转移到河流中线,但无论如何不是在整个河流地区。"③

1928年中期,当波斯和英国开始针对所有突出问题讨论解决方案时,波斯司法部长泰穆尔塔什(Teymourtash)将重点放在了阿拉伯河问题上,他认为如要达成一个整体性的解决方案,河流边界问题无疑是亟需解决的最重要问题之一。谈判伊始,英国打算给波斯和伊拉克之间的

---

① 1913年条约第五条规定:"边界线一旦划定,该部分将被视为最终的确定的结果,对随后的审查或修改不承担责任。"Tareq Y. Ismael, *Iraq and Iran : Roots of Conflict*, Syracuse University Press, 1982, p. 56.
② Mr Monteagle, Foreign Office to the Under Secretary of State for the Colonies, 25 May 1927, *The Iran-Iraq Border, 1840-1958*, Vol. 6, p. 700.
③ Aliasghar Zargar, A Historical Review of British Role in Iran-Iraq Dispute on the Shatt-al-Arab Waterway, *International Journal of Political Science*, Vol. 1, No. 2, Summer & Fall, 2011, p. 25.

僵局带来一个满意的解决方案,因从长远来看,波—伊两国之间的恶劣关系将遭致英国在战略及经济方面的双重失利。英国政府希望一劳永逸地解除纠纷,针对所有突出的问题达成一个综合性解决方案,以使自身在波斯湾地位的正常化。

在访英期间同英国外交大臣张伯伦的会谈中,泰穆尔塔什陈述到:"他本人以及伊朗政府感到非常的失望,关于伊朗在阿拉伯河的不满意的地位,在此关于边界划界的问题严重地损害了伊朗的利益。"①而张伯伦则指出:"英国政府不准备再次考虑15年前的决定,但就目前的实际政治问题而言,他们已经准备好了,看看是否能达成一些对双方都满意的工作,可能是通过一个包括波斯代表的巴士拉港务局来实现。"②因此为了启动关于阿拉伯河的一般性的条约谈判,在送达英国驻德黑兰大使克莱夫的指示中,英外交部提议:"作为波斯政府对伊拉克承认以及撤销对波斯民族居住在伊拉克所要求的特别司法特权的回报,伊拉克政府可能被说服允许将穆罕马拉和阿巴丹之间的河流边界以中间线原则划定。与此同步,应建立一个包括波斯和伊拉克代表的巴士拉港务局以规定和控制河流通航、边界的修订。"③

英国外交部清楚地认识到,以任何方式对边界的修订都困难重重。首先,要同时满足波斯及伊拉克两方面的愿望几无可能,因为深泓线④(thalweg)并不遵循河流的中线,而是可能从河的一边到另一边,由于河岸的自然变化,形成了河流的浅滩,这使得边界的任何变化都是不可行的;快

---

① Aliasghar Zargar, A Historical Review of British Role in Iran-Iraq Dispute on the Shatt-al-Arab Waterway, *International Journal of Political Science*, Vol. 1, No. 2, Summer & Fall, 2011, p.26.
② Aliasghar Zargar, A Historical Review of British Role in Iran-Iraq Dispute on the Shatt-al-Arab Waterway, *International Journal of Political Science*, Vol. 1, No. 2, Summer & Fall, 2011, p.26.
③ Aliasghar Zargar, A Historical Review of British Role in Iran-Iraq Dispute on the Shatt-al-Arab Waterway, *International Journal of Political Science*, Vol. 1, No. 2, Summer & Fall, 2011, p.27.
④ 深泓线即沿河流方向最大水深处的连线。沿此线的剖面为河流的纵剖面。

速解决方案的第二个困难是伊拉克宪法,它排除了对伊拉克领土的任何部分的主权转让,除非修改宪法,而这又是一个极度繁冗的程序。因此,在谈判伊始,关于阿拉伯河边界问题英国无法给予波斯政府任何保证,面对这些困境以及波斯的压力,唯一可践行的解决方案便是暂时维持现状。

二、英国的政策考量

20 世纪 20 年代,英国在伊拉克的力量建设稳步推进,它在阿拉伯河上获取的既定的政治、战略、商业及石油利益,均预示着英国将继续对这一地区进行长久的政治控制。因此,英国更倾向于维持阿拉伯河水域的现状,因当下河流处于伊拉克的主权控制之下,而伊拉克实属英国委任统治,故当河流以左岸为界时,实际等同于整个阿拉伯河归英国掌控,英国船只在水域中享受不受限制的航行自由。因此,英国密切关注河流问题的动向,并且通过外交政策努力抵制任何使水域处于波斯控制下的波斯-伊拉克边界的改变。从英国视角来看,阿拉伯河是伊拉克同波斯湾交流的唯一路线,因此任何将河流主权交于伊朗的改变都意味着这一干涉将威胁到英国的战略位置。阿拉伯河水域的战略重要性清楚的表现在海军部给外交部的信件中:

> 尽管当局认识到:目前的边界位置是不寻常的,且对波斯可能是不公正的,然而,对于大英帝国的波斯石油供应和与伊拉克北部的河流通航的重要性而言,英国当局更倾向于维持目前的边界位置,包括在伊拉克的领土范围内的所有河流……因为波斯的任何部分的控制,必然会带来持续的困难。从军事角度来看,英国的航行自由仍然没有受到损害,维持现状是必要的。①

---

① PRO, FO. 371/13058,1928:27 - 8 See: Aliasghar Zargar, A Historical Review of British Role in Iran-Iraq Dispute on the Shatt-al-Arab Waterway, *International Journal of Political Science*, Vol. 1, No. 2, Summer & Fall, 2011, p. 25.

经济利益也是英国亟需考量的重要因素之一,阿拉伯河上通行的船只90%以上来自英国,此外,它还是从阿巴丹出口英伊石油公司的主要干线。1927年夏,一封6月13日来自海军部的信函明确提及,哈奈根附近的地区被判断是非常有希望的富油区,海军部明确要求英国政府尽可能长久的保持对伊拉克的管理权,并力促殖民地办公室抵制任何对波斯—伊拉克边界的变更,因为这种变更将可能导致哈奈根石油区处于波斯的政治控制之下。

哈奈根附近石油储量可能非常丰富,因该地区现属波斯领土,故英国将能对这一地区继续进行长期的政治控制。因为英国本土缺少油田,故此首相认为:英国应尽一切努力以抵制波斯和伊拉克的边界变更,因为这样的变更会使油田处于波斯政治控制之下。

总体来看:关于两国南部的边界最好的情况是,阿拉伯河仍处于伊拉克领土中,伊拉克由此获得进入海洋的通道。①

考虑到英国政府与伊拉克的特殊关系,尽管英国政府对建立伊拉克和邻国之间的友好关系有直接的兴趣,他们在与波斯就伊拉克问题展开谈判时只不过是一个调停者的角色。在他们能够使波斯成为满足它要求的最小的提议之前,他们必须得到伊拉克政府同意提议中的让步;这本身就是一项最艰巨的任务。波斯政府完全没能理解这一点。他们认为,伊拉克政府的行为是英国驻巴格达高级专员的要求他所做的,而且在获得司法特权方面的困难完全是由于英国的阻挠。他们绝对拒绝相信伊拉克政府的观点需要认真考虑。

目前,英国政府的努力是为了确保一个同时解决承认和司法特权问题的解决方案,迄今为止,他们一直拒绝就边境问题进行讨论。英国政策的成功取决于诱使伊拉克政府和波斯政府在司法特权问题上达成妥

---

① Admiralty to the Under Secretary of State for the Colonies, 13 June 1927, *The Iran-Iraq Border*, 1840–1958, Vol. 6, pp. 702–703.

协。但是,要说服伊拉克政府同意做出任何让步都是不可能的。

首先,英国政府可以简单地允许事态变化,希望波斯能够及时地看到,如果它拒不承认伊拉克的主权国家地位,那么它将一无所获,而在相关问题上与伊拉克进行直接的谈判则是有好处的。这种情况可能通过承认伊拉克加入了国际联盟而得到改善,这可能发生在1932年。然而,有一种截然不同的危险,那就是事态只会越变越糟,而一些不可预见的事件会使事态恶化,严重地危及波斯和大不列颠之间的良好关系。

其次,英国政府可以采取更加积极的措施,让波斯人意识到他们现在的态度是不理智的。例如英国可以允许伊拉克人在小问题上坚持严格的法律权利,比如拒绝允许在伊拉克的波斯代表享有特权(如:免征关税或税收),或者拒绝允许波斯军舰停泊在阿拉伯河中。同样,也有可能通知波斯政府,他们驻伊拉克的政府官员将不再被允许行使权力,除非向伊拉克政府申请领事证书。此外,波斯政府可以被告知:因为波斯并不是已经接受了现状的国联中的一员,因此英国政府认为自己对波斯没有任何义务,在他们影响波斯和波斯民族的时候,以确保伊拉克履行1922年英伊条约的任何条款,因此,英国政府将不再阻止伊拉克政府歧视波斯公民。

第三,英国政府有可能提出一个事实,即波斯尚未承认伊拉克是国际联盟的成员国。在这一事件中,避免提及联盟盟约第11条中的联盟是可取的,因为很难抱怨:波斯的态度可能会影响到国际和平,而波斯已经超越了她的严格的法律权利,或者以一种好战的方式行事。尽管如此,我们还是有可能找到一些不那么令人讨厌的方法来把这种情况引入国联的注意。然而,如果国联对此问题进行调查的话是否会导致最终的解决,这是值得怀疑的,或者事实上,除了波斯人的公开声明证明他们在伊拉克的司法特权,一份声明会引起伊拉克人的不满,并使解决当前问题的方法更加遥不可及。无论如何,都是希望避免在日内瓦发起反波斯运动。

可以预计到的是,如果在司法特权问题上,不可能让波斯获得满意的结果,那么它就可以在阿拉伯河上得到一些满意的待遇,比如在巴士拉港务局的代表权,以换取其对伊拉克的认可。然而,伊拉克政府是否会被说服同意在这些方面做出让步,而更值得怀疑的是,波斯是否会被诱导接受这样的解决方案,而这将意味着完全放弃它目前的立场。

第三章 从多边到双边：英国立场的调整
（1929—1934）

英国政府起初希望针对波斯和伊拉克边界所有突出问题达成一个综合性解决方案,鉴于按伊朗要求的原则重划两伊南部边界确有实践困难,英国内部也展开了激烈的争论与博弈,外交部、军方、帝国防务委员会、殖民事务部等相关机构均就各自立场提出了不同的政策构想。白厅另辟蹊径,提出针对矛盾突出的阿拉伯河边界问题采取"河流国际化"原则,并就此分别同波斯、伊拉克开展外交接触,1929年3月,因内部意见不统一以及两伊对"河流国际化"方案的抵触,这一政策被永久性弃置。此后一段时间,伊朗和伊拉克关系持续恶化了阿拉伯河的边界现状,英国调整政策立场,转而寻求确保波斯在河流管理上有平等的发声权,以此减轻对它所庇护的当下河流边界划定的不满。

1930至1935年间英国国内就在英国、伊拉克、波斯三方间协议设立一个委员会,以改善和维持阿拉伯河的管理问题,先后草拟七稿冗长的方案,波斯政府一度看似有希望接受英国的提议,但日益明显的是:任何这样的和解唯有伴随着以波斯议题为偏好的河流边界调整,1934年秋,英国外交部打算接受沿阿拉伯河的航道中心线边界,但1934年10月伊拉克外交部长奴里·萨义德（Nui Said）在日内瓦同伊朗外交部长巴格·

卡萨米(Baghher Kazemi)就河流边界的讨论再次形成僵局,此后,在英国的默认下,伊拉克决议将边界问题交由国联处理,至此英国长久的仲裁努力终以失败告结。

第一节 河流国际化方案的尝试

一、河流国际化方案的提出

阿拉伯河将巴士拉港及波斯湾相连接,同时也构成了伊拉克和波斯之间的部分边界。1870年的《祖哈布条约》规定:波斯和土耳其在这一地区应以阿拉伯河波斯一岸的低水位线为界,这一安排使得整个通航水域都被置于波斯管辖之外,因而饱受波斯政府诟病,他们曾多次尝试修改边界。事实上,这也被证明是两国政府间摩擦的主要根源之一。

1929年初,波斯政府继续否定1870年及1913—1914年的边界安排,也没有尝试向英国解释它们在阿拉伯河上遇到的实际困难,波斯和伊拉克的关系紧张如前。波斯坚持要求必须拥有阿拉伯河至少一半的主权,而伊拉克认为阿拉伯河的全部主权必须归其所有,双方在阿拉伯河问题上针锋相对、迎头相撞。波斯希望英国向伊拉克政府施压,因它认为正是英国作为委任统治国而赋予了伊拉克在阿拉伯河上的权力,英国政府向波斯解释,修订边界意味着领土变更,此举需要伊拉克通过宪法修正案方可实现,而英国无法左右伊国的宪法问题,英波关系产生嫌隙。至此,英国传统的居间协调策略失灵。此前英国力主维持阿拉伯河边界现状,要求在波斯承认伊拉克主权国家地位的前提下,双方直接讨论划界事宜,故尽管伊朗一再呈请,英国坚决拒绝介入两伊边界问题的讨论。

1929年是英国政策的一个分水岭,白厅全然转变此前的外交方略,开始迎合波斯在边界问题上的诉求,希冀从管理方式上寻求解决问题的突破口,以纾解其不满情绪,改善两国的僵化关系,英国政策的转向主要基于三个维度的考量:一是维护政治稳定的需要;二是确保经济利益的诉求;三是巩固战略收益的动因。

> 我们(外交部)意识到满意地解决波斯和伊拉克目前的僵局的重要性。如果没有它,就不可能全面解决悬而未决的英国-波斯问题;位于穆罕马拉及阿巴丹的英波石油公司的地位将严重受损,巴士拉港务局的收入也将损失惨重。正如去年9月的大会上所发生的那样,在国际联盟理事会上,任何时候波斯都有可能为英国政府创造出麻烦。事实上,同波斯所损失的利益相比,从长远来看英国和伊拉克因波-伊的恶劣关系而失去利益要更大,这是很危险的。我们也意识到,如果不做一些努力来迎合波斯在阿拉伯河上不可能获得的主权诉求的话,波斯和伊拉克之间的僵化关系不会有改善。①

鉴于缓和双方关系迫在眉睫,外交部首选策略是效仿莱茵河、多瑙河等国际河流,即提出"阿拉伯河国际化"的建议,并于1929年2月8日电告英国驻德黑兰大使克莱夫(R. Clive)及英国驻伊拉克高级专员多布斯(M. Dobbs),授权克莱夫就这一方案同波斯司法部长展开外交接触。"在这些情况下,唯一可行的解决办法似乎是像多瑙河一样将阿拉伯河作为一条大的国际水道,由一个国际委员会来监管它。这一程序也符合西方国家所采用的最新模式。"②

正如英国外交部所言,河流国际化并非新概念,国际河流(International River)指超越一国边界的河流,1815年6月拿破仑战争后重新规划欧洲和平秩序的《维也纳最后议定书》,就规定了"流经不同国家的河流"的自由航行、统一税收等制度,宣布莱茵河和另外几条河流(不包括多瑙河)

---

① Telegram from Foreign Office to Tehran, 8 February 1929, *The Iran-Iraq Border*, 1840-1958, Vol. 7, pp. 8-9.
② Telegram from Foreign Office to Tehran, 8 February 1929, *The Iran-Iraq Border*, 1840-1958, Vol. 7, pp. 9-10.

受自由航行等制度约束。① 这实质上是欧洲国际社会中河流国际化的第一次实践。1856 年的《巴黎和约》、1968 年的《曼汉姆条约》进一步规定了莱茵河和多瑙河向一切国家开放,彻底确定了欧洲重要河流的自由航行制度。② 20 世纪初国际法学界泰斗奥本海在其传世巨作两卷本《国际法》中首次从学理上定义了"国际河流"的意涵,此后这一术语在国际法意义上专用于那些受条约制度支配的多国河流。早在 1928 年 10 月 29 日波斯湾附属委员会临时报告第 93 段中就建议到:"作为对波斯承认伊拉克以及在伊拉克的波斯问题上收回波斯诉求的回报,伊拉克政府可能会被诱导允许边界线移动到位于默哈默和阿巴丹之间的河的中心地带,同时,在这一巨大的让步下,应该建立一个巴士拉港务局(类似于多瑙河委员会),伊拉克和波斯都应在其中有代表,以此来规范和控制这条河的通行。"③

按国际惯例,河流流经国家和其他对河流航运有利益关联的国家的代表均可被纳入河流的管理集团中。因此在英外交部的计划中,将阿拉伯河定义为国际河流,建立一个与多瑙河委员会类似的巴士拉港务局以规范和控制河流的通行,管理集团中除伊拉克和波斯代表外,毫无疑问英国将拥有第三利益相关方代表席位,委员会的实际组成和职能可以在以后的阶段考虑。正如英外交大臣所指:"这条河的国际化并不是说要把水域的管理从伊拉克的唯一控制中拿出来,而是给予波斯在其管理中合理的份额。"④白厅认为此举既可给予波斯所希望的在河流及港口管理上更大的发言权,调解波斯对阿拉伯河现状的不满,又使英国参与到河流的管理工作中,因而是当前打破波斯和伊拉克僵局、维护英国在河流

---

① 《国际条约集(1648—1871)》,世界知识出版社,1984 年版,第 331 页。
② 王志坚、邢鸿飞:《国际河流法刍议》,《河海大学学报》,2008 年第 3 期,第 93 页。
③ Mr Montegle, Foreign Office to the Secretary of the Admiralty, 19 February 1929, *The Iran-Iraq Border, 1840-1958*, Vol.7, p.16.
④ Mr Montegle, Foreign Office to the Secretary of the Admiralty, 19 February 1929, *The Iran-Iraq Border, 1840-1958*, Vol.7, p.16.

地区利益的有效手段。

1929年2月19日外交部官员蒙蒂格尔（Monteagle）致海军大臣的信函传达了时任外交大臣奥斯丁·张伯伦对河流国际化方案的观点主张，淋漓尽致地体现了外交部对自己的政策构想自信满满和急于践行河流国际化政策的认知：

> 他（奥斯丁·张伯伦）认为无须等到拟议中新委员会的构成、职责及权力细节制定出来，可以先尝试确定波斯及伊拉克政府是否准备接受河流国际化的原则。然而，如果政府当局将会对控制其他水域的不同的国际委员会的职责，权力和组成进行特殊的研究，如多瑙河、易北河，以及其他河流等，并且如果能够及时告知他这些委员会的构成中有哪些特点是可去的，哪些是阿拉伯河所要避免的，那么他会很高兴。①

然而出乎意料的是，不仅波斯漠视、伊拉克反对，就连英国国内各相关部门对这一方案也意见不一，印度事务部、英国海军部、空军部均有异议，各种反对声音接踵而至，这迫使白厅一度冷静下来，重新审视和选择两伊边界问题的解决方案。

二、外部的反对

与阿拉伯河国际化方案同时出台的是外交部对英国驻德黑兰大使克莱夫爵士的授权，指示他就此一提议同波斯司法部长展开外交接触：

> 你（克莱夫）需要同波斯司法部长清楚地表明，阿拉伯河国际化只能被推荐给伊拉克政府，作为解决波斯-伊拉克之间悬而未决问题的一个普遍解决方案一部分。在这种联系中，你可能会觉得有用的是（这一点暂时不同波斯提及）：英国政府希望在3月初获得国际

---

① Mr Montegle, Foreign Office to the Secretary of the Admiralty, 19 February 1929, *The Iran-Iraq Border*, 1840-1958, Vol.7, p.17.

联盟理事会的同意,以废除现有的英伊司法协议,在伊拉克建立平等的司法体系,通过加强司法体系中的英国因素维持在一个较高的水平。①

白厅做出这样的外交部署,源于其对波斯和伊拉克两国不得要领的战略预判。白厅推测伊拉克对此提议应无强烈反对,因为作为对河流的国际化的回报,伊拉克可以收获在英国看开至关重要的经济利益。在一封给克莱夫的电报中,外交部指出:"对伊拉克来说,作为同意河流国际化的报答,获得一些交换条件是公平的,因为这条水道使她能够进入大海,她不能被要求放弃一个坚实的领土权利除非是为了换取一个坚实的经济权利,波斯应承诺,不要将伊拉克铁路系统与未来的北至南波斯铁路之间的过渡连接延后。"②但显而易见,这一判断的前提是:伊拉克的战略收益基于波斯的政策让步,暂且不论波斯是否愿意做出此种妥协,单就伊拉克而言,用"领土权力"换"经济权力"与其说符合伊拉克的利益,不如说更彰显英国的利益诉求。伊拉克对此自然是敬谢不敏。

1929年2月16日,伊拉克事务代理高级专员在致英国殖民大臣的电报中,表明了对河流国际化提议的态度,电文寥寥数语,但直截了当地予以否决:"我不喜欢'阿拉伯河国际化'的表述,因为这意味着阿拉伯河将不再是伊拉克的领土,而它必须是伊拉克的领土。"③

1929年2月23日伊拉克事务代理高级专员再次致电英国殖民大臣,建议考虑关于阿拉伯河困境的可供选择的其他解决办法:

我意识到,如果河流边界问题是自尊心的问题,那么这个建议

---

① Telegram from Foreign Office to Tehran, 8 February 1929, *The Iran-Iraq Border*, 1840 – 1958, Vol.7, p.11.
② Telegram from Foreign Office to Tehran, 8 February 1929, *The Iran-Iraq Border*, 1840 – 1958, Vol.7, p.10.
③ Telegram from the Acting High Commissioner for Iraq to the Secretary of State for the Colonies, 16 February 1929, *The Iran-Iraq Border*, 1840 – 1958, Vol.7, p.14.

是没有用的。然而,如果是出于对伊拉克不友好行动的恐惧而加剧了对修订边界的诉求,那么似乎可能的是:这些问题会得到更好的解决,并且与任命国际委员会相比,伊拉克的反对声音会更少。①

白厅意识到在整个计划中,波斯的立场举足轻重,但同样未能洞见症结,它一厢情愿地认为波斯并非没有争取的可能性,"考虑到波斯所提议的边界调整在实践中行不通,因此现在有必要告知他们这一事实,根据提案的剩余部分,检验达成和解的可能性,即:建立一个与多瑙河委员会类似的巴士拉港务局。"②然而,波斯对阿拉伯河国际化提议的现实反应也不似外交部预计的那般乐观,1929年3月7日英国驻波斯大使馆发回外交部的一封电文,明确无误地亮出了波斯寸步不让的立场:

> 波斯司法部长回复阿拉伯河问题,他暗示说:如果阿巴丹的水域是无限期地留在伊拉克,那么波斯政府可能出于自卫而不得不为最终从霍尔姆斯运送石油而工作。我(克莱夫)重复说,整个问题在伦敦正在考虑之中,我希望在3月21日波斯新年到来之前,你可以把你的观点告诉他。与此同时,我解释了伊拉克的宪法问题,这使得伊拉克政府无法确保边界的修订,这也使得英国政府不可能承诺要利用他们的影响力来达到这一目的。
>
> 他询问,是否当委任统治结束后,出于鉴于英国政府在英波石油公司的巨大利益考虑,水域应该只属于伊拉克,这将是永久的英国利益。除了说伊拉克遵守了巴塞罗那公约,我说我不能讨论这一点。③

---

① Telegram from the Acting High Commissioner for Iraq to the Secretary of State for the Colonies, 23 February 1929, *The Iran-Iraq Border*, 1840–1958, Vol.7, p.18.
② Mr Montegle, Foreign Office to the Secretary of the Admiralty,19 February 1929, *The Iran-Iraq Border*, 1840–1958, Vol.7, pp.15–16.
③ Telegram from Tehran to Foreign Office, 7 March 1929, *The Iran-Iraq Border*, 1840–1958, Vol.7, p.30.

伊拉克的明确反对以及波斯拒不妥协的态度迫使外交部一度冷静下来,重新审视和选择两伊边界问题的解决方案。1929年2月11日,白厅办公室致电克莱夫,要求他暂缓执行此前同波斯接触的指令。延缓的原因是:对这一提案的进一步检验揭示出——英国政府不能像多瑙河委员会那样,许诺波斯参与斡旋以确保河流的国际化以及建立一个国际委员会。但是真正的原因看起来似乎在这些困难之外。已经实际上不想看到河流地位的任何修改,它们只是感兴趣于怎样才能满足波斯或是在委任统治结束之前的时段里让波斯转向。因此当司法部长宣布如果1924年英国-伊拉克司法协议被废除,伊朗可能会承认伊拉克政权,寻找到一个针对阿拉伯河损失的解决方案的问题非常紧急。

三、激烈的内部论争

19、20世纪之交的国际社会走向了权力转移的关键时刻,"英国治下的和平"逐渐演变为一种历史陈迹,英国不可规避地面对着欧洲内外新强国的崛起,以及自身无法逆转的经济、军事相对衰落的趋势,随之而起的是旧有防务决策体系的脱节,面临着政治和地理上的双重孤立。特别是自1899年第二次布尔战争的溃败后,英国军队的低效、战略失调使得防务弊端急剧凸显,政治家们开始关注、思考决策机制的调整和变革,经多方论证、博弈遂有帝国防务委员会的建立,由此英国确立起一个新的决策机制。帝国防务委员会的建立是20世纪初英国乃至欧洲防务制度的一项创新,它既无先验可循,亦无参照可比,因此在运转初期不断调整和校正自身的结构、功能、机制以适应持续发展变化的英国内外部战略安全环境。特别是一战后,部门间在对外决策中的协调与共识尤为重要,白厅此前单方面提出针对阿拉伯河的国际化方案旋即引起了其他相关部门的不满。

1929年2月13日印度事务部主持召开了一次"关于阿拉伯河发展问题"的会议,会上各部门对白厅不加讨论、单独行动的做法普遍持批判态度,并要求白厅暂时停止此前同波斯就这一方案展开的外交接触:

现在看来,在没有事先通知的情况下,这条指令就被送去了,既没有空军部也没有海军部的同意,并且两部门都没有进一步考虑,甚至没有考虑到他们所覆盖的距离。……但海军部2月9日的信中,强烈反对在没有相关部门事先讨论的情况下,对这一重要性问题做出决定,已要求向德黑兰发出进一步电报,指示克莱夫在收到进一步指示前暂停行动。从总的谈判角度来看,这种故障的发生是不幸的。①

针对上述批判,1929年3月1日,英国外交部只得就阿拉伯河问题再次集会,拟同政府各相关部门讨论以形成一致意见,对于两伊边界问题上英国政府的战略选择而言这是一次至关重要的集会,外交部由奥利芬特(Oliphant)、马尔金(Malkin)、蒙蒂格尔勋爵(Monteagle)及巴克斯特(Baxter)四位代表出席会议;海军部代表为马拉克(Marrack)、伯恩少校(Bourne);空军部参会人员为指挥官纽沃尔(Newall)及斯佩特(Spaight);殖民地部霍尔(Hall)以及国际河流委员会英国代表鲍德温(Baldwin)出席会议,会上外交部代表奥利芬特向各部门阐释了调解波斯对阿拉伯河现状不满的重要性及紧迫性,他言:

> 作为国联的成员国,波斯可能会失去耐心,并突然在日内瓦提起诉讼,声称他们在波斯港口的运输过程是由伊拉克征税,而自己无任何话语权。因此,她可能会在第一次打击中创造一个气氛,无论事实多么不公正,这可能会给我们带来严重的困难。……如果不进一步采取措施的话,波斯政府可能会迫使这家波斯石油公司将其总部从阿巴丹转移到霍梅尼港(阿拉伯河之外),在这种情况下,巴士拉的石油公司可能会损失75%的股份。②

---

① Minute by Mr J G Laithwaite, India Office, 13 February 1929, *The Iran-Iraq Border*, 1840-1958, Vol.7, pp.12-13.
② Revised memorandum on interdepartmental discussion on the Shatt al-'Arab, 1 March 1929, *The Iran-Iraq Border*, 1840-1958, Vol.7, pp.19-20.

殖民地部代表霍尔的发言紧随其后,他明确表示,反对使用"国际化"这一术语,理由是,他认为克莱夫爵士无法给予波斯人确定的承诺,即在建立国际委员会中确保斡旋。霍尔爵士随后陈述了他的意见:"这一困难可以通过使英国政府成为任何与建立委员会来控制河流航行有关的协议的一方来解决,即以一种三方的形式。"①

海军部也强烈反对一个国际化委员会,因为在它们看来此举无疑给国联及其他机构介入海湾事务提供了机会,海军部的主要目的是在阿拉伯河上为英国争取一个特殊的地位,此种地位将有机会延续英国同伊拉克的特殊关系。因此他们更赞成在伊拉克、波斯和英国之间达成一项三方协议。海军部代表表示:"这些问题应该在英国参与的波斯湾谈判中解决,而不是在一个伊拉克—波斯条约中,英国只会在其中扮演次要角色。"②

国际河流委员会英国代表鲍德温在会议上针对其他部门的反对意见,力陈河流国际化的可行性,希望打消海军部、殖民地部对该计划的质疑,他表示:"首先,他个人也强烈反对控制航道的委员会主席应该是中立的这一建议,他认为中立的主席在实践中很少或从未有过成功的实践。其次,他认为,如果可能的话,可以采用现有的安排,而不是建立一个全新的安排。"③

霍尔先生对鲍德温先生的问题做出了回应,他表示目前负责的是巴士拉港口当局,他的主管是英国的一个港口主任,办公场所费用从港口税收列支。这些钱是由伊拉克政府征收的,剩余的钱用来支付他的政府在修建巴士拉港口、建立后备基金和减少会费的费用。引航是强制性

---

① Revised memorandum on interdepartmental discussion on the Shatt al-'Arab, 1 March 1929, *The Iran-Iraq Border*, 1840 – 1958, Vol. 7, p. 22.
② Revised memorandum on interdepartmental discussion on the Shatt al-'Arab, 1 March 1929, *The Iran-Iraq Border*, 1840 – 1958, Vol. 7, p. 22.
③ Revised memorandum on interdepartmental discussion on the Shatt al-'Arab, 1 March 1929, *The Iran-Iraq Border*, 1840 – 1958, Vol. 7, p. 22.

的,警察的规定也是强制执行。负责维护整个航道的主管部门也负责巴士拉港的管理工作。

鲍德温认为:边界的任何改变都是不可能的(沿河流最深谷底线划分边界总是不能令人满意——他以莱茵河为例),问题在于设置一个体系,这一体系能使边界的确切位置对于波斯来说是一个漠不关心的问题。他认为这样的计划是可行的。对水道的航行控制应该完全同对巴士拉港的实际控制分开,这是绝对重要的。这样的费用,由航运到波斯港口阿巴丹和穆罕马拉的费用,必须不再是与伊拉克巴士拉港发展相关的支出。这个机构可能被称为"保护委员会"。它应该只由伊拉克、波斯和英国的代表组成。它将与巴士拉港的管理分离开来,因为伊拉克不能指望在巴士拉港口管理局有一个代表。同样的,这与穆罕马拉港口及阿巴丹港口无关,因为波斯不可能同意伊拉克应该被提交仲裁。他还指出,如果波斯向国联抱怨当前在阿拉伯河上的位置的话,那么在日内瓦他将会给英国政府带来巨大的压力,促使伊拉克政府接受一个国际委员会的。他明白,英国海军部和空军部的主要目的是为了避免建立一个受国联管制的国际委员会。避免这种情况的最好办法就是尽力给波斯这样的满足,因为她可能需要合理的要求,并且避免把整个问题都提到国联。奥列芬特表示:这是外交部考虑的首要因素之一。

鲍德温明白,对英国海军和航空工业的最大关注所引起的困难与战争时期的情况是相联系的。战争时期的局势从未在与水路管理有关的文件中得到处理。然而,有一种危险,即国联可能会试图解决这一问题,即国际河流管理局与国联机制有联系的情况。

由会议中各部门代表的上述陈述来看,对于有必要采取一定措施以调解波斯对阿拉伯河现状不满已然达成共识,但"河流国际化"方案遭到其他部门一致反对,即其中的利益问题无须讨论,需要重点关注的是维护利益的最佳手段。此次会议的重要结果之一是:海军部提议的由英国、伊拉克、波斯组成阿拉伯河三方管理协定的建议在当天的会议上胜出。在可以预见的英国对伊拉克委任统治失效的情况下,海军部非常热衷于在阿拉伯河获得一个特殊的地位,这一地位会使得在英国和伊拉克的特殊关系消失后,能有机会使这种特殊关系得以延续。大家一致认为英国有作为平等一方出席任何关于管理委员会的道德实例,因为超过90%的通航船只是来自英国的。这次具有较大影响的部门间会议的另一结果是,英国驻德黑兰大使克莱夫爵士,向波斯政府做了如下重要的承诺:

"如果波斯即刻承认伊拉克,并且将详尽陈述它对国家当下事务的不满以及它所要求的保障措施,那么英国政府将确定同伊拉克政府展开斡旋,以使波斯获得满意且合理的解决方案。关于使伊拉克满意的方法,外交部倾向于一个由波斯、伊拉克和英国组成的三边协议,提供建立一个控制河流航行的特别的委员会的可能性,在这个委员会中,波斯将获得充足的代表,或是通过其他证明可以被各方接受的方式。"[①]对于这一解决方案,泰穆尔塔什看来似乎满意,海军部以再次敦促三方协议的可取性并与阿拉伯河保护委员会的协议设施相分离为结论,这也最终战胜了其他各部门的主张,成为此后一段时期英国解决波斯—伊拉克边界问题,特别是阿拉伯河争端的政策基础。

第二节 英国立场的调整

一、调整的逻辑:从多边到三边方案

白厅的轻虑浅谋以及来自内、外部的双重反对,迫使河流国际化方案在短暂尝试后被迫终止。1929 年 3 月 9 日外交部在发往德黑兰的电文中提及:"我第 44 号电报(2 月 8 日)的第四段应该被认为是取消了,因

---

① Aliasghar Zargar, A Historical Review of British Role in Iran-Iraq Dispute on the Shatt-al-Arab Waterway, *International Journal of Political Science*, Vol. 1, No. 2, Summer & Fall, 2011, p. 28.

为它的内容涉及河流国际化。进一步的检查表明，英国政府不能向波斯保证再建立一个像多瑙河委员会这样的国际委员会的良好机构。"①电文同时要求克莱夫向波斯司法部长泰穆尔塔什解释导致修改边界协定无法实践的原因。这标志着河流国际化方案在提出一个月后便被永久性弃置，英国转而探索实行由海军部在1929年3月1日提出的方案，向波斯提议，建立一个由伊拉克、波斯和英国的代表组成的三方管理委员会（Conservancy Board）。在此后一年多时间里，英国政府中各利益相关部门多次召开会议，详细讨论建立三方管理委员会的相关问题。

1929年9月2日伊拉克事务高级专员克莱顿（G Clayton）致函殖民大臣帕斯菲尔德勋爵（Lord Passfield）提出制定具体政策的三条通用原则：

（1）管理委员会需由英国、伊拉克、波斯政府间的三方协议设立，在设立委员会的章程及权力时需审慎，设法做到没有与海军利益相悖的内容出现在其中。

（2）伊拉克和波斯之间的任何附加协议都有可能被发现有必要对细节问题进行讨论，例如，警察巡逻、关税、检疫的安排、预防走私等等，仔细审查，确保它不包含任何可能与英国在阿拉伯河上行动自由相违背的东西，这对于英国政府的海军力量是至关重要的。

（3）英国政府在河流上所考虑的更大的要求，被安排在了条约中，当伊拉克进入国联后，这样的特殊位置将被终止，因此，为了保卫英国政府的利益，这是必要的。②

上述三项原则成为此后英国政策制定的一个共识和框架基础，而后，英国开始聚焦于伊拉克和波斯对三方管理委员会的态度与立场，

---

① Telegram from Foreign Office to Tehran, 9 March 1929, *The Iran-Iraq Border*, 1840-1958, Vol.7, p.33.
② Sir G Clayton to Lord Passfield, 2 September 1929, *The Iran-Iraq Border*, 1840-1958, Vol.7, pp.63-64.

1929年11月13日殖民地部召集了一次重要的部门间会议,就英国政府作为拟议中的三方管理委员会之一方是否可取的问题做了细致讨论,着重分析了波斯及伊拉克对于英国加入三方管理委员会可能的反应,参会方包括殖民地部、外交部、印度事务部及海军部,但各方没能就此问题达成有效结论,在进一步的讨论后,大家同意,在获取进一步的信息前,暂不对这一问题做出结论:

(a) 伊拉克政府对于提议中的以英、波斯、伊拉克三方协议的方式建立一个管理委员会来控制阿拉伯河航行的观点;

(b) 伊拉克政府是否会对英国加入一个本可以在伊拉克和波斯之间缔结的进一步关于阿拉伯河的协议上提出异议;

(c) 波斯政府的进一步诉求是什么以及伊拉克会在何种程度上满足波斯提出的诉求。①

另有共识,即可以通过向波斯政府施压,来服从英国的愿望,或者通过高级事务专员向伊拉克施压,以使其对提议中的管理委员会提前表态,另外建议英国政府参与到波斯和伊拉克所缔结的任何关于阿拉伯河的条约中去。实际上,有利的平衡似乎在于在伊拉克和波斯政府准备开启谈判的时候,让事态正常发展,英国和伊拉克提出的新条约将被缔结,或者至少,我们应该知道伊拉克政府是否会同意将英国政府所希望的英国战舰在河中自由行动的条款包含在这一条款中。

横亘在新方案面前的另一障碍性因素是波斯对伊拉克主权国家地位的承认问题,原因在于"承认伊拉克是关于河流问题的任何三方解决方案的第一步,因为伊拉克是任何谈判不可或缺的一方。英国外交部以及印度事务办公室希望:所有关于河流的条约都由伊拉克自己签订,而

---

① Minutes of Interdepartmental Conference held at the Colonial Office, 13 November 1929, *The Iran-Iraq Border*, 1840 – 1958, Vol.7, pp.86 – 87.

不是由英国代表它签订。"①1929年3月,伊拉克说服英国放弃《英伊司法条约》,从而移除了波斯承认伊拉克的主要障碍,两国对立态势有所缓和,伊拉克政府旋即利用这一有利形势,在1929年4月派出费萨尔国王的私人秘书鲁斯达穆·贝格斯·海达尔(Rustam begs Haidar)亲赴德黑兰参加礼萨·汗三周年庆典,伊拉克政府的这一外交主动意在换取波斯对伊拉克的承认,对方也敏锐地捕捉到了这一外交信息。

伊拉克代表的访问得到了东道主热烈的欢迎,波斯总理海德耶特(Hedayet)在随即举行的欢迎晚宴上宣读了下述他曾发送给伊拉克政府的电报:"两国之间真诚和友善的感情已经产生了令人满意的结果,波斯曾最希望的伊拉克司法机制的废除,很快就将伴随而来,它将不再是两国建立官方关系的障碍。鉴于此,波斯有一天承认伊拉克,希望他们的关系能建立在真正的友谊和共同利益的坚实基础上,所有悬而未决的问题将报以善意地妥善解决。"②最终,波斯在1929年4月20日承认了伊拉克,英国随之正式开启了三方管理委员会的漫长筹备历程。

英国由最初的构建多边河流管理方案调整为更精简的三边的管理委员会,此一政策调整主要是基于以下三方面的考量与动因:

一是完善管理机制。英国的新计划意在"通过这一提议中的委员会控制大海与波斯边境离开河流的地方之间的水域及航道。这部分航道的控制权将完全与巴士拉港的实际港口和港口管理当局——穆罕默德马拉和阿巴丹的港口管理分开。"③

二是安抚波斯。波斯政府对于自身在阿拉伯河上无任何主权这一情势一直愤恨不满,这使得波斯政府一度考虑在波斯湾头部的沙普尔(Bandar Shahpur)建造新的港口。"如这一港口得建,英波石油公司必然将其基地由阿巴丹转至新港口,那么极大依赖从英波石油公司的运

---

① Document on British Foreign Policy,1966:771.
② Times of London,April 26,1929:15.
③ Document on British Foreign Policy,No. 448:753-54.

输船只收取税收的巴士拉港,将不复此前的繁荣。"①英外交部希望:"通过采用这样的体系及设计安排来确保消除波斯对其在阿巴丹异常地位的不满,渲染边界的精确位置对于波斯来说是一件无所谓的事情,并尽可能对波斯的次要不满做出一些令人满意的安排,比如:防范走私方面。"②

三是维护利益。这一解决方案最重要的未来是给英国带来的经济及战略两方面收益,阿拉伯河上超过90%的通行船只来自英国,考虑到英—伊(拉克)联盟,以及维持对英—波(斯)石油供应的通道维持自由的重要性,英国在这一方面拥有重要的战略利益。③

但自1929年3月建立阿拉伯河管理委员会的建议提出后,具体事宜一直鲜有进展,在大致确保波斯及伊拉克的立场后,1930年9月外交部提议各部门具体考虑三方管理委员会的具体条款及细节,在此背景下,英国三方管理委员会的漫长筹划正式拉开帷幕。

二、三方管理委员会的漫长筹划

与河流国际化提议短暂的尝试不同,关于河流三方管理委员会的方案经过前期论证,得到了各部门的一致认可,已如前述。然而自1929年3月建立阿拉伯河管理委员会的建议提出后,具体事宜一直鲜有进展,此后为促成这一方案的出台和实施,英国各利益相关部门缜密地论证了三方管理委员会草案各不同条款的具体措辞,历经五年的酝酿和筹备,先后拟就七版冗长的协议草案。

尽管波斯反对,一个三方管理委员会协议的草案在伦敦被精心拟定

---

① Comments on draft Tripartite Convention by Mr J H Hall, Colonial Office, 14 November 1930, *The Iran-Iraq Border*, 1840-1958, Vol.7, p.196.
② Document on British Foreign Policy, No. 448:754.
③ Telegram from Foreign Office to Rome, 26 January 1935, *The Iran-Iraq Border*, 1840-1958, Vol.8, p.223.

出来,其核心理念是建立委员会以对河流进行联合控制。在委员会机构、职能的预设中,波斯和伊拉克代表地位平等,其中还包括一名英国代表,英国同其他两个签字国在关于协议的法律事务方面地位是平等的,并且拥有同样的权力。委员会的主要职责是维护以及控制河流水域使其成为一个可供充足船只航行的河流。至于委员会所控制的水域,除整条河流、临近的海边以及从公海到阿拉伯河同卡鲁恩河连接点之上的地区外,还包括卡鲁恩河最后几英里包括波斯的巴赫曼希尔河流域的一部分。此外,河流水域应该向所有国家的船只公开,管理委员会平等地对待所有使用水域的船只,特别是在税收事项方面。

首版关于英、波、伊设立委员会以改善阿拉伯河管理的三方公约草案于1930年9月间问世,包括序言及正文22条,草案并未正式对外公布,仅只用于内部讨论,但它的基本原则及范式成为此后一系列草案的蓝本,其核心内容包括:阿拉伯河仍对一切国家的航行船只公开;拟议中的管理委员会由英国、波斯、伊拉克三方组成;委员会的职权行使将完全独立于领土当局;委员会具有人事管理及任免权;对过往一切船只按平等原则适度收费;委员会按时公布年度收支状况;委员会所在地为巴士拉;委员会的决议由多数人投票决定;委员会成员的工资及各项报酬由任命他们的各自政府支付;委员会及其所属成员被认可为外交机构及外交人事,故在伊拉克和波斯境内享有外交特权及豁免权……但草案对管理委员会的具体控制范围暂未做出精确划定。①

英国外交部也意识到,这一草案还有许多细节需各部门共同讨论决定,"我们认为在进一步的细节中应该考虑到拟议的三方公约应该包含哪些条款。我们已经准备好了附属的草案作为讨论的基础。即使是在外交部,也没有任何详细的细节考虑,但是如果有关部门考虑他们的要

---

① Draft of a Tripartite Convention between Britain, Iraq and Persia setting up a Board to improve and maintain the Conservancy of the Shatt al-'Arab, *The Iran-Iraq Border*, 1840 - 1958, Vol.7, pp. 180 - 193.

求,并在他们看来需要修改这些条款的草案,那将是非常有用的。"①

1931年3月,根据对第一版草案的讨论及修改意见,唐宁街拟就了第二版三方管理委员会公约草案,同上一版本相较,第二版除序言外,包括24条正式条款,但条约第2条仍没能精确界定委员会的控制范围,除对一些表述做了微调外,还增加了对其具体职能的约定。关于最为重要的委员会控制范围一再难产,实则是英国有意而为,希冀寻找各种理由扩大管理委员会的控制范围,"这一条需要定义阿拉伯河上和卡伦河上的界点,稍后再做决定。为了让委员会能够合理地控制和管理穆罕马拉河岸地区,那么就有必要将巴赫曼希尔河纳入委员会管理范围中。"②此后,围绕扩大管理委员会管控范围,特别是将巴赫曼希尔河河道纳入管理委员会以及协调三方分歧,英国进行了大量讨论和尝试,致使委员会草案一改再改,草案的每一次调整都是各方妥协与斗争的结果,其背后更折射出各方的利益博弈。

英国政府曾考虑,如果管理委员有权力改变河道流向,从穆罕马拉上方将卡鲁恩河的水流引到巴赫曼希尔河,那么将管理权拓展至对整个河道的管理,便是合乎逻辑的。例如:为了减少从卡鲁恩河带进阿拉伯河的淤泥量,管理委员会可以决定是否有必要在穆罕马拉上方修筑折流堤或大坝,这些举措无疑将会使卡鲁恩河流向巴赫曼希尔河的水量增多,可能导致巴赫曼希尔河本身在一定时期泥沙淤积。而淤泥沉积可能反过来会导致巴赫曼希尔河冲破堤岸,如果巴赫曼希尔河西北端的堤岸决堤的话,就可能会对阿巴丹城镇和炼油厂造成巨大的破坏。此外,如果发生决堤,可以想象,巴赫曼希尔河可能会开辟出一条横跨阿巴丹的新的河道,流入阿拉伯河。现有河流的改道再加上淤泥在意想不到的新

---

① Mr C W Baxter, Foreign Office to Mr T Lloyd, 26 September 1930, *The Iran-Iraq Border*, *1840 – 1958*, Vol.7, p.179.
② Memorandum on the Tripartite Convention, *The Iran-Iraq Border*, *1840 – 1958*, Vol.7, p.276.

出现的地方沉积,这可能也会影响阿拉伯河的通航。如果管理委员会不能拥有巴赫曼希尔河的管理权,就不能保证这种危险或任何其他类似性质的问题可以得到及时补救;但是如果整个巴赫曼希尔河归入他们的管辖范围之内,他们可以从一开始就采取必要的措施来防范危险,只要有需要,他们可以及时疏通河道或加固堤岸。为达此目的,外交部努力说服各方,即如果可能的话,整个巴赫曼希尔河应该被纳入拟议的阿拉伯河三方管理委员会的管控范围内,虽然英国并不确定这一建议是否会受到波斯政府的欢迎。汉弗莱斯爵士还表示,"为了将这个建议付诸实施,对公约草案第 2 条进行的修改看起来是合适的。"①

英国找寻的另一个有利于扩大管理委员会管控范围的论据是,英国工程部认为,中型船只无法在巴赫曼希尔河上通,并援引莫尼(T. G. Monie)先生在《中东蒸汽航行历史备忘录》中提到的,"1914 年在与土耳其的战争爆发之际,'彗星'号是如何利用巴赫曼希尔河从穆罕马拉脱身的,尽管'彗星'吃水很浅(三英尺),但这个壮举表明,除了泥滩之外,使用巴赫曼希尔河作为水道也没什么不可逾越的障碍。"②归根结底,英国认为将巴赫曼希尔河开发成可供航行的水路,完全是合情合理的,所以作为与阿拉伯河相毗邻的河道,巴赫曼希尔河也应该同时纳入管理委员会的控制范畴。

1934 年底,英国决意将拟议中的管理委员会公约草案中的具体管理范围扩大至巴赫曼希尔河,"阿拉伯河……从巴赫曼希尔河与卡伦河的交汇处到距离这点一英里的地方,等等……应被列入管理委员会的管理和行政权力之下。"但可能会修改为:"阿拉伯河……从巴赫曼希尔河与卡伦河分离处到公海海域,包括朝东的路径……应被列入管理委员会的

---

① Mr G W Rendel, Foreign Office, to Sir A Clark Kerr, British Ambassador, Baghdad, 1 April 1935, *Arabian Boundary Disputes*, *Iran-Iraq* Ⅱ, *1909 - 1937*, Vol 2, p. 637.
② Mr J Sterndale-Bennett, Foreign Office, to Sir F Humphrys, British Amassador in Baghdad, 20 December 1934, *Arabian Boundary Disputes*, *Iran-Iraq* Ⅱ, *1909 - 1937*, Vol 2, p. 635.

管理和行政权力之下。"①

毫无疑问,英国的这些考量完全不足以吸引波斯政府,波斯政府耗费巨大财力疏浚巴赫曼希尔河,将其变为一条常规航道,它的主要动机是为本国军舰提供一条完全由波斯政府掌控的水上通道,也为本国吃水不深的船只航行到穆罕马拉的淡水港口提供通路。迄今为止英国政府所考虑的情况及其提出的论据,对于波斯政府来说毫无意义,唯一能够牵制波斯的策略是,以管理委员会同意波斯政府提出的修改阿拉伯河的边界的建议,来换取波斯政府同意扩大保护委员会的管理范围。英国已然明了波斯的政策考量,因而在策划公约草案时并未提出更大的范围,希望整个公约尽可能容易地被波斯所接受。

三、伊拉克及波斯的立场

英国政府希冀关于阿拉伯河的新方案能在某种程度上消除波斯的不满,并且赢得伊拉克的赞成与支持,因此第一时间向波斯和伊拉克分别传达了这一方案的大致框架设想,然而两国政府均不做明确表态。英国政府多次试探两国的立场,在无明确答复之前,英国政府也努力研判两国对新方案可能的政策反应,并不断同两国接触,力促关于阿拉伯河的三方管理委员会成为现实。

对于争取伊拉克的赞同,英国似乎更有把握,1929 年 4 月 18 日,英国要求伊拉克政府就一项管理委员会的提案提出意见,该委员会可能会被委以控制河流的航行。伊拉克一部长委员会正在考虑这个问题,但没有给予英国直接的答复。然而直至 1930 年 8 月伊拉克总理在访问伦敦时也只是模糊地表明"他原则上不反对该计划。"②伊拉克虽然迟迟没有

---

① Mr J Sterndale-Bennett, Foreign Office, to Sir F Humphrys, British Amassador in Baghdad, 20 December 1934, *Arabian Boundary Disputes*, Iran-Iraq Ⅱ, *1909 – 1937*, Vol 2, p. 633.
② Comments on draft Tripartite Convention by Mr J H Hall, Colonial Office, 14 November 1930, *The Iran-Iraq Border*, *1840 – 1958*, Vol .7, p. 196.

亮出自己的真实立场,但内部的讨论却一直在进行。1929年12月11日伊拉克财政部长致函伊拉克总理,从经济维度力陈拟议中的管理委员会对伊拉克可能带来的经济影响,但因对委员会具体细节不得而知,故并没有得出实质性结论,并且衍生出更多的疑虑,具体包括四个方面:"(a) 委员会同各相关国家的政府之间的关系是怎样的?特别是:委员会在准备委员会预算和在一定范围内强制执行会费上是否有独立权?(b) 委员会是否会为法奥港口的疏浚计划的完成和维护承担责任?如果是的话,那么伊拉克政府是否还要对此计划的执行负责?(c) 港口理事会是否会继续对英国政府的债务负责,因为这些政府的资产将会被转移到委员会?(d) 如果英国政府的任何资产由于委员会的设立而变得盈余或贬值,英国政府会同意减少债务的比例吗?"[1]

鉴于以上诸方面不确定性因素,伊拉克的观点一度是,暂不在此阶段产生任何决定性意见,故针对英国不断地试探及期盼,伊拉克起初均含糊其辞,不做明确表态。"现在,伊拉克总理已经在提案中暗示了他的政府同意在英国、伊拉克和波斯之间建立一个关于阿拉伯河的管理委员会的提议,我们认为在进一步的细节中应该考虑到拟议的三方公约应该包含哪些条款。我们已经准备好了附属的草案作为讨论的基础。"[2]在基本获得伊拉克对管理委员会解决模式的认可后,英国转而寻求波斯的认可。英国政府与伊拉克政府考虑指定方案以建立一个三边管理委员会来控制河流的管理和航行并且满足波斯对于享有更大控制权的合理诉求。

英国政府就这一方案同波斯的实质性接触始于1932年。英帝国防务委员会主席伦德尔(Rondel)1932年曾对伊拉克进行过短暂的访问,在访问期间,汉弗莱斯爵士对他表示,阿拉伯河的局面无法令人满意,在英

---

[1] Translation of letter from the Iraqi Minister of Finance to the Iraqi Prime Minister, 11 December 1929, *The Iran-Iraq Border*, *1840-1958*, Vol.7, p.99.
[2] Mr C W Baxter, Foreign Office to Mr T Lloyd, 26 September 1930, *The Iran-Iraq Border*, *1840-1958*, Vol.7, p.179.

国政府看来,除非采取一些共同控制的措施来管理包括卡鲁恩河和巴赫曼希尔河的整个水道系统,否则主航道可能将变得无法航行。因为无论是穆罕马拉下方的泥沙淤积,还是位于阿巴丹上方大弯处的南岸决堤导致水流改道流入阿卜杜拉河床或其他航道,都可能造成河道淤积,这也更坚定了英国要成立三方管理委员会的信念,虽然波斯对此提议一直不肯合作且多番阻挠,但巴士拉港务局时任主管沃德上校强调如果要避免阿拉伯河变得无法通航,有必要在不久的将来建立某种形式的联合控制。因此,英方认为如若能够成立管理委员会,对波斯做出一些让步是值得的。

管理委员会最终的协约草案根据 1932 年 5 月同波斯司法部长的交流而起草,而且波斯政府一度看似有希望接受这一草案。但波斯坚守的底线是,在没有确保阿拉伯河的领土主权承认前,波斯政府将不会考虑缔结阿拉伯河管理委员会的提议。随后,波斯政府向英国外交部明确表示:"缺少阿拉伯河的塔尔维格的主权那将是不够的,他们的海军、警察、关税以及边界上的其他权利的习惯都会变成更加刺激的因素。"并开始直截了当地反对英国所倡议的管理委员会。波斯政府反对这一三方管理委员会是基于以下两方面原因:"(a) 这是三方,包括并非河岸国家的英国。(b) 协定实际上包括卡鲁恩河以及巴赫曼希尔河,伊朗政府坚决反对把这一河流包含进国际协定中。"①与此同时,波斯主要的谈判者泰穆尔塔什在波斯政界饱受排挤,随着他的失势,阿拉伯问题的解决的机会变得更加渺茫。

第三节 失败的仲裁

一、波—伊谈判再陷僵局

波斯及伊拉克两国也就英国拟议的三方管理委员会开展了一系列

---

① Aliasghar Zargar, A Historical Review of British Role in Iran-Iraq Dispute on the Shatt-al-Arab Waterway, *International Journal of Political Science*, Vol. 1, No. 2, Summer & Fall, 2011, p. 29.

双边接触。1932年4月，伊拉克高级事务部长汉弗莱斯（F. Humphrys）访问德黑兰，并在英国政府的授意下同波斯国王以及其他波斯当局者商讨阿拉伯河相关事项。他解释了在有英国参加的三方管理委员会框架中，波斯和伊拉克在河流管理上享有平等的权力。在这些谈话期间，为了达成三方协议的框架，吸引波斯当局，汉弗莱斯表明：协议可以确保在一段长达50年的时期内，波斯同伊拉克、英国一样作为平等的一方控制整个河流的航行。因此，协议在实践上将给波斯所期望获得的一切合理的好处。但是波斯当局坚持要求以它想要的河流中线来平分主权作为唯一的解决方案并要求英国的支持，以明确认识到它们的诉求，会谈无果而终。

1932年4月22日，费萨尔国王访问波斯，波斯再次提出的根据中间线原则调整边界的要求，伊拉克直截了当地予以拒绝，波斯政府也试图驳斥1913—1914年波斯和土耳其边界安排有效性的各类依据，双边紧张关系再次加剧，随之而来的是围绕边界的违背、侵犯、危险航行、不端行为的指控和反指控不断升级。

在英国看来，边界形势依然严峻，因为，如果伊拉克政府坚持拒绝在现有边界上做出妥协，那么波斯或伊拉克之间任何一方均有可能会将此议题上诉至国际联盟。英外交部法律顾问认为，1913—1914年划定边界的法律效力毋庸置疑，但即便如此，某些地方也并非完全有利于伊拉克。例如："划界委员会将南端的边界定义为从公海出发，位于阿拉伯河的东岸的某一点，位置大致与法奥港相对。如果伊拉克对协议据理力争的话，就必须接受这种划界方法。"① 但自1913—1914年边界确定，新的两岸边界线形成以来，人们逐渐发现波斯的主权已经延伸到了唯一实用的罗冈海峡。此外，经国际法专家研判，如果案件进入仲裁，波斯可能会获

---

① Minutes of the Committee of Imperial Defence's treatment of the Shatt al-Arav question during meeting of 17 September 1934, *Arabian Boundary Disputes*, *Iran-Iraq* II, *1909-1937*, Vol 2, p. 623.

得整个罗冈河。这种情况导致的局面可能会很尴尬,比如波斯可以干预必要的疏浚作业。此外,波斯已经控制了直到中泓线的水路,即穆罕马拉对面与卡鲁恩河交汇处的中泓线,这点尤为关键。因此,即便伊拉克在其他地方对波斯做出深泓线的让步也无法扭转对伊拉克不利的局面。

另外,阿拉伯河是伊拉克进入海洋的唯一通道,但对波斯而言,它不仅拥有众多其他的港口,而且还积极地在沙普尔港开发了一个完全由波斯控制的深水港,这将使他们能完全脱离对阿拉伯河的依赖。波斯通过阻挠和不合作造成一种极为不利的局面,不仅不利于阿拉伯河本身,更严重的是,由于卡鲁恩河和疏浚好的罗冈河,可能会导致阿拉伯河丧失航运能力。如果伊拉克在阿拉伯河上面发展甲等班轮项目,那么波斯将会毫不犹豫地牺牲掉阿巴丹甚至穆罕马拉,并且会迫使英——波斯石油公司将他们的港口转移到沙普尔。如若发生这类情况,大型海船将不能进入阿巴丹和巴士拉,我们只能通过完全由波斯控制的库尔穆萨港口运输石油,这比起给予波斯在阿巴丹的深泓线让步,同意合作维护阿拉伯河要更为糟糕。因此,英国外交部的意见倾向于:"如果有机会确保阿拉伯河航道得到维护,为此做出一些让步,这样的解决方法才最符合伊拉克和陛下政府的利益。而且所做的让步事实上大部分是存在于理论之中。"①

在与英国交换意见中,波斯外交部长提到波斯希望与伊拉克就阿拉伯河边界问题达成协议,卡萨米外长想制定一种方案,既能保留住伊拉克想要确保的实际管理权,同时也能维持波斯的尊严。他建议的这种方案是通过追溯边界,先确定一个没有争议的点,然后从这个明确的点出发,再按照国际法一贯规定的原则来划定边界。不用说这实际上就是阿拉伯河的深泓线(thalweg),而伊拉克有充足的机会可以继续使用阿拉

---

① Minutes of the Committee of Imperial Defence's treatment of the Shatt al-Arav question during meeting of 17 September 1934, *Arabian Boundary Disputes*, *Iran-Iraq* Ⅱ, 1909 - 1937, Vol 2, pp. 628 - 629.

伯河航道。英方表示,虽然英国船只在阿拉伯河航道通行,但它们在这个地区有其切身的利益。英国向波斯承诺,在合适的场合下,会留意这个方案,也不会反对提及它。英国再次重申英方的态度,即一贯是希望两个主权国家迅速找到合适的解决方法,维持彼此之间密切友好的关系。

在波斯及伊拉克关于阿拉伯河划界问题争执不下之时,双方关于北部的陆地边界却一度达成共识,1932年12月,两国签订了一个解决边境问题的暂定协议,即:两国在重要的边境地带派出6名专员以随时解决两国边境地带复杂多样的矛盾和冲突。协定详细规定了专员们的6条职责:

首先,他们应尽全力防止任何人,无论武装人员还是非武装人员,组成团伙在边境区进行抢劫,并应防止他们穿越边境对另一方实施任何宣传煽动行为。

第二,当专员得知任何人,无论武装人员还是非武装人员,正准备在另一方领土上实施抢劫掠夺,他应立即且毫不拖延的告知另一方此情况。

第三,如果专员认为罪犯会向边境潜逃,那么他们应毫不拖延地向另一方专员报告在自己领土上发生的所有抢劫掠夺案件;另一方专员则应随即(在收到报告后立刻)尽其所能防止罪犯穿越边境。

第四,当在任一方领土上犯有不法行为或犯罪行为的武装人员已经潜逃至另一方领土中,另一方的边界专员在掌握足够理由相信此武装人员确实犯有上述罪行的情况下,应根据伊拉克和波斯间罪犯引渡暂行协议,在等待申请引渡的回复期间,对人员实行拘留。如果在逮捕后的两个月间没有接收到引渡申请,那么应释放人员。自边境线向双方领土内延伸75千米深度的区域应被视为是边境区。

第五,防止两国间的商品走私。

第六，解决双方边境内居民间出现的争端、抱怨和案件，并执行所做的决定。①

上述协定的有效期最初暂定为 6 个月，但两国在边界问题上的缓和态势在 1933 年 3—4 月间戛然而止，1933 年 3 月底，波斯政府提议，在波斯与奥斯曼帝国间实际边境与之前边境之间的领土应被纳入一个特区，以便开采那里已知的油田，开采活动应由两国政府共同开展，所得收益由双方共享，此举表明波斯政府急切地想得到纳夫特卡纳（NaftKhana）地区的整个油田，以由此促成对此地区伊拉克—波斯边境线的修正。伊拉克外长对此明确表态："伊拉克政府不太可能重新考虑在哈奈根油田地区的边界问题，这一地区最近在 1913 年已明确划分了界线。"② 1933 年 3 月 29 日两国外长再次举行会谈，奴里明确告知卡萨米，伊拉克政府拒绝重提边界问题，因为在他们看来，边界问题，不仅在哈奈根附近地区，也包括在阿拉伯河地区和其他地方，已是一件正式裁决的事，他们不会同意重提。如果波斯政府感觉他们在边界问题上有任何具体的委屈之处，他们可以提交至国际法庭。另一方面，伊拉克政府已准备好秉承友好的态度，讨论任何有关阿拉伯河航行或哈奈根油田作为单独单位在双方边界上运行的问题。但是，伊拉克政府不准备放弃任何自奥斯曼帝国沿袭下来的领土主权。奴里说卡萨米对于他在边界问题上的坚定态度感到非常沮丧，以至于他们一直谈到当日下午 2:30，奴里只能邀请卡萨米共进午餐并继续讨论。奴里认为卡萨米有如此态度是因为波斯新任司法部长弗若费（Feroughi），弗若费在寻求机会向伊朗国王表明，他正推行一种比泰姆尔塔什更为强硬的边界政策。但是他表示当下伊拉克

---

① Translation of letter from Abdul Qadir Rashid, Iraqi Minister for Foreign Affairs to the Persian Minister in Baghdad, 6 December 1932, *Arabian Boundary Disputes*, Iran-Iraq Ⅱ, 1909–1937, Vol 2, p. 720.
② Correspindence respeting the Persian desire to possess the Naft-Khaneh oil field and secure a rectification of the Perso-Iraqi Boundary, March 1933, *Arabian Boundary Disputes*, Iran-Iraq Ⅱ, 1909–1937, Vol 2, p. 725.

政府已决定不会受波斯方面的波动而放弃任何领土或放弃阿拉伯任何地区的主权。边界谈判又一次无疾而终。

1934年9月13日下午,伊拉克外长奴里同波斯外长卡萨米就阿拉伯河边界问题又进行了一次不甚愉快的会谈,卡萨米提出波斯政府明确希望修改边界,奴里觉得卡萨米万事想当然,难以与他达成互相理解。奴里表示,虽然他对谈判中可能遇到的困难和挫折已有心理准备,但修界事宜绝无可能,伊拉克政府质疑波斯政府否定《埃尔泽鲁姆条约》。卡萨米表示波斯并非不承认此约,问题在于它根本没有得到伊朗议会的批准,而是与奥斯曼帝国谈判达成的,当下奥斯曼帝国早已不复存在,故《埃尔泽鲁姆条约》便已失去法律效力。波斯抛出的这一理由出乎奴里意料之外,他反问波斯政府是否有意向将此事提交国际联盟理事会处理,卡萨米回答说,他们打算向其他国际机构提交。

卡萨米总结说,这并不重要,因为波斯有时在实际处理中已将阿拉伯河的深泓线视为有效的边界,而且暗示波斯将继续这样做,奴里认为在该问题上伊拉克拥有强有力的法律依据,他在考虑是否应该率先就波斯抢夺边界的行为而将波斯送上联盟法庭。

二、英国建立阿拉伯河管理委员会的持续努力

1934年9月,英帝国防务委员会下属的中东问题附属委员会在白厅花园召开专门会议,委员会主席解释说,召开会议是为了讨论出最合适的边界,而刚刚抵达伦敦的伊拉克外交部长奴里也加入了此项讨论,波斯外交部长卡萨米随后也抵达伦敦。奴里表示,双方都在伦敦,可能会增进彼此之间的了解。这也使得英国政府有机会利用其影响力来解决这个问题,此举不仅符合伊拉克和波斯两国的利益,对英国也是利好。英国审视形势,调整战略,为建立阿拉伯河管理委员会持续进行各种外交努力。

波斯同伊拉克之间僵持的谈判状况伴随着两国边界冲突的升级,使

得两国都放弃了完全让对方妥协的幻想,英国一方面努力协调两国关系,另一方继续为促成阿拉伯河管理委员会而持续努力。英国外交部极度担心情势失控,一方面由于两国边界谈判陷入僵局而使得任何一方将此问题提交国联,另一方面的可能性是两国摒弃英国的协调达成关于阿拉伯河的某种双边协议,此两种结果对英国均无益处。

海军部西尔(Seal)先生说,海军部不希望国际联盟插足阿拉伯河问题。如果这条河成为国际航道,交战国战舰的航行权可能会受到损害。帝国防务委员会主席龙德尔认为,如果这个问题完全交由国际联盟或国外调解,最终的解决办法绝不会像现在考虑的这样有利于英王陛下政府,因为不能确定实际过程中是否允许英国代表加入管理委员会。奥斯本(Osborne)少校说,陆军部与海军部和空军部已经达成普遍协议。他建议可以利用伊拉克条约中有关维护帝国沟通的条款,以此为理由敦促伊拉克允许英国代表出席管理委员会。

此外,英国了解到,阿拉伯河的危险几乎完全是因为从波斯上游倾泻而下的卡伦河的洪涝造成。一方面,波斯人可能会让卡伦河偏离其原先的河道,将水流引到巴赫曼希尔河,从而使得阿拉伯河水位过浅以致船只无法通航;或者波斯会对洪水不管不问,以致造成更多的损失,例如泥沙淤积或南岸沉没。虽说波斯希望穆罕马拉、阿巴丹和沙普尔三个港口都能保留下来,但他们也可能会轻而易举地放弃前两个港口,以满足自己的虚荣心。在1934年9月,英国外交部建议一个新的政策去解决阿拉伯河争端问题,"阿拉伯河界河深泓线的界定应交于德黑兰政府,作为波斯接受英国关于缔结阿拉伯河保护公约建议的交换条件。"①

"这件事确实已经成为当务之急,他再次强调拖延可能导致的危险。

---

① Memorandum circulated to members of the Standing Offical Sub-Committee for Questions concerning the Middle East at the request of the Foreign Office, 13 September 1934, *Arabian Boundary Disputes*, *Iran-Iraq* Ⅱ, 1909 – 1937, Vol 2, p. 605.

奴里和卡萨米本月将到伦敦。如果有机会进行友好讨论并达成一致意见的话，这个机会就不应该错过。否则伊拉克和波斯可能会单独聚在一起，达成一些独立协议，这可能会损害我们的利益。因此，充分利用好我们的影响力来获得一些符合我们利益的解决方案。而且，土耳其对这个问题的调解存在危险，英国不会从他们的调解中获得利益。"①英国政府认为，如果允许目前的情况继续下去，摩擦可能会变得越来越严重。如果波斯的愿望得到满足，双方达成协议，他相信伊拉克会获益。英方十分清楚确保管理委员会拥有永久性和有效的控制权是问题的关键，它认为这一点可以在谈判中协商解决，之前的多瑙河问题已经给出了先例方案，可供参考。如果成立保护委员会，委派一名能够胜任的专家，能为伊拉克和波斯两国的利益服务，这便是各方都能接受的最优方案。

英国政府认为波斯可能会接受外交部提出的全面解决办法。伊拉克如果能够实现自己的利益，也可能会接受。他不认为伊拉克上下都反对这个方法，事实上，在伦敦的伊拉克部长最近对他说，他觉得波斯对深泓线边界的渴望是非常自然的，而现在的边界是很不正常的，波斯人的怨恨几乎不难理解。主席说道："如何再拖着不解决问题的话，波斯和伊拉克可能会聚在一起，在我们背后达成一些协议，到了那时我们面临的情况将比以往任何时候都更糟糕。"②

英国外交部建议，阿拉伯河界河深泓线的界定应交于德黑兰政府，作为波斯接受英国关于缔结阿拉伯河保护公约建议的交换条件。在英帝国防务委员会的一份相关备忘录中，外交部临时提出了以下的行动方针：

---

① Minutes of the Committee of Imperial Defence's treatment of the Shatt al-Arav question during meeting of 17 September 1934, *Arabian Boundary Disputes*, Iran-Iraq Ⅱ, 1909 - 1937, Vol 2, pp. 628 - 629.
② Minutes of the Committee of Imperial Defence's treatment of the Shatt al-Arav question during meeting of 17 September 1934, *Arabian Boundary Disputes*, Iran-Iraq Ⅱ, 1909 - 1937, Vol 2, p. 623.

建议伊拉克向波斯提供阿拉伯河的深泓线边界线,即从阿拉伯河流入波斯境内开始为起点一直到达罗冈河流入公海的河口,以此为回报条件,回应(a)波斯立即接受已经起草和临时同意的保护委员会公约,(b)波斯承认余下的全部陆地边界的有效性。外交部认为目前的情况不能令人满意,而且存在危险,不能无限地持续下去。①

外交部提出的新解决方案涉及一个明确的交换条件,即接受三方管理委员会和承认其余的土地边界。

三、回归原点

伊拉克政府最近就有关其与波斯政府的关系向英国政府寻求意见,特别是波斯政府拒绝承认现有的波斯——伊拉克边界线。他们被告知:英国政府认为,伊拉克政府有一项健全的法律来维持现行边界的合法有效性,即确定了波斯和奥斯曼帝国的边界的1913—1914年边界议定书和划界具有约束力。但是,英国政府还没有作出任何决定,是否要建议伊拉克政府向国际联盟提出这个问题。

关于现有边界线的位置,很明显,1913—1914年议定书和划界所给定的位置具有法律约束力和有效性,它们的法律效力将由国际联盟或任何国际法庭维持。然而,这并不足以解决问题。虽然阿拉伯河的边界被定义为沿着波斯堤岸的低水位线,但是有两个重要的例外情况。在穆罕马拉的上方和下方,议定书上规定的边界可能被解释为阿拉伯河河界的深泓线或中游线偏离波斯堤岸几英里。有一点至少值得注意一下,这个地区在某些年份,深水通道非常狭窄,且靠近伊拉克的堤岸。其次,阿拉

---

① Minutes of the Committee of Imperial Defence's treatment of the Shatt al-Arab question during meeting of 17 September 1934, *Arabian Boundary Disputes*, Iran-Iraq Ⅱ, 1909 - 1937, Vol 2, p. 620.

伯河上有关边界的南端在议定书或划界委员会制定的地图中没有给到令人满意的定义。如果对议定书和地图进行确切的解释,很可能一个重要的部分会被划入波斯,甚至可能是现在的位于阿拉伯河口的整个疏浚的航道罗冈河。由于已经确定此地没有其他航道可以开放,所以这实际上将使波斯对整个水道占据主控地位。

如果将这个问题提交给国际联盟,联盟仅仅重申1913年边界的有效性是无法解决此问题的,而必须进入到下一个阶段,即联盟将被要求对这些存在问题的边界线给出明确的定义。联盟想要明确阿拉伯河的边界,很可能会以无法令人满意的方式而告终。鉴于边界的异常特征以及已经改变的条件,不能完全排除联盟可能会提出一些妥协建议,这将绝对不会符合伊拉克或英国政府的利益。因此,向联盟提及此问题并不意味着无风险。

另一方面,持续现状似乎更有风险。波斯一直不愿意接受阿拉伯河现有的边界,并且多年来一直想要急于修改这个边界。波斯国王竭尽全力贯彻这一点;很明显,除非波斯政府在这一领域的不满情绪得以纾解,否则伊拉克政府必定在与水道有关的一切事务中遭到波斯的持续敌对和阻挠。为了缓解波斯政府的不满情绪,英国政府几年前提出缔结一项保护委员会公约,公约将给予波斯对阿拉伯河水域有一定的控制权。然而,波斯政府却明确表示,如果不对边界进行任何修改,他们将不予考虑缔结这样的公约。所有来自德黑兰和巴格达的信息表明,其实在目前的条件和情况下,缔结管理委员会公约是无望的。

同时,阿拉伯河河流本身的形势也日趋困难和危险。由于未能得到波斯政府的通力合作,卡鲁恩河不受控制地完全流入阿拉伯河流域。汛期时带来的大量泥沙可能会淤积在穆罕马拉下方的主要航道内,同时洪水本身正在使位于阿巴丹的大拐角处的阿拉伯河的南岸逐渐消失。沃德上校认为真正的风险是阿拉伯河会突破堤岸,泄入阿卜杜拉(Abdullah),这必定会使阿拉伯河本身完全无法航行,切断巴士拉港口与海上的通道。虽然波斯政府一直采取不合作和阻挠态度，但仅靠沃德上校的人格和声望，还有他不断的活动和对水路的密切监督，确保了通航水道对深水船舶的开放。但是很快将面临这样的窘况，即上了年纪的沃德上校将于次年退休。所以，除非制定并生效一些令人满意的国际合作体系，以控制和管理阿拉伯河、卡鲁恩河和巴赫曼希尔河流域，否则水道可能会变得无法航行。

这对伊拉克而言是一场比波斯更大的灾难。波斯除了拥有众多其他港口之外，还在迅速开发新的深水港口库尔穆萨（Kkor Musa），这业已形成威胁，因为英国—波斯石油公司可能放弃使用阿巴丹港口而改用库尔穆萨港口。波斯甚至不必牺牲穆罕马拉，因为他们可能将卡伦河引流到巴赫曼希尔河，从而开创出一条新的全权由波斯控制的航道。经由该航道从东面到达穆罕马拉。因此，波斯通过不合作和阻挠的方式造成了一种局面，即大型海船将无法再接近巴士拉港口。以此推断，即便阿拉伯河依然可以通航，也只有浅水船只航行。

迄今为止，英国政府已经建议伊拉克政府必须坚决反对波斯政府提出的有关修改阿拉伯河边界的意见。但鉴于上述情况，令人质疑的是这个建议是否符合伊拉克政府或英国政府自身的利益，因此，问题便成为替代政策目前而言是否更为可取。一些人建议，可以按照以下方式达成令人满意的解决办法。

伊拉克将提供一条阿拉伯河的深泓线作为伊拉克与波斯之间的边界线，即从阿拉伯河流入波斯境内开始为起点一直到达罗冈河流入公海的河口，以此为回报条件，波斯立即接受已经起草和临时同意的管理委员会公约并承认余下的全部陆地边界的有效性。还有必要对转让领土上的石油特许权的税费和库尔德地区边界的联合管制事宜做些安排，但这些是次要问题，并不影响主要问题。

更重要的一点是，要确保作为修改阿拉伯河边界的主要交换条件而缔结的管理委员会公约不应该是纯粹的临时性质，因为修改过的边界是永久性的。应该赋予保护委员会公约较长期限,并为公约的更新或是必要的修改制定详尽的条款,亦或在管理委员会所作安排即将结束时,应重新考虑边界或将边界转交给一些外部机构审查,通过以上方式也许可以实现这一点。

根据建议,这样的安排符合伊拉克及英国政府的最大利益。因为,除非达成这种折中方案,否则阿拉伯河自身的情况很难确保。伊拉克可能会被夺走唯一的港口,而英国政府可能会无法从海上进入具有重大战略意义的地区,而陛下政府在该地区有重大的军事承诺。但是,我们意识到实施这个建议是有困难的,而且如果建议得到批准,如何向伊拉克提出该建议同样是一个非常复杂的战术问题。需要确定的非常重要的一点是:管理委员会将是阿拉伯河边界修订的主要依据而不是纯粹的一种临时性安排,边界修订应该是永久性的。要实现这一目标,就要给管理委员会协议一个非常长的时间,审慎对待任何可能的调整改变;或者是在管理安排结束前,寻求一些外部的监督。

然而现实的走向同英国的预计完全相反,波斯政府却明确表示,"如果不对边界进行任何修改,他们将不予考虑缔结这样的公约。"①所有来自德黑兰和巴格达的信息表明,缔结保护委员会公约是无望的。英国全然明白完全没有希望缔结一个管理委员会协定,更令白厅深感焦虑的是波斯在阿拉伯河、卡鲁恩河、巴赫曼希尔河管理体系中仍然缺乏合作,因为对于这些河流体系统一整体控制的提议,不考虑国家主权,毕竟是利用技术方面的原因。在缺乏波斯合作的情况下,卡鲁恩河继续不规则的流入阿拉伯河。在汛期,大量来自卡鲁恩河的泥沙沉积在阿拉伯河下游的航道上,切断了穆罕拉岛(Muhhalla)南部阿拉伯河西岸的航道。外交部认为,除非能设计出一个对水域体系能够采取国际合作控制的满意系

---

① Memorandum circulated to members of the Standing Official Sub-Committee for Questions concerning the Middle East at the request of the Foreign Office, 13 September 1934, *Arabian Boundary Disputes*, *Iran-Iraq* Ⅱ Vol. 2, p. 612.

统,否则阿拉伯河在将来可能无法通航。尽管后来海军部及波斯政府都批评这是过于戏剧化了,白厅对于卡鲁恩河不规则的流动水域的焦虑是针对解决阿拉伯河争端的如下建立的背后最主要动机:

伊拉克将在阿拉伯河向波斯提供航道中心线边界,由此波斯边界便到达了罗冈海峡出口的公开海域。上述内容是以如下两点为前提条件的:(a)波斯立刻同意之前的管理委员会协议草案,(b)波斯同意其他陆地边界的有效性。还有必要对"领土转换"地区的石油收入做一些安排,以及在库尔德地区作为联合边界的控制问题。但这些次要点不会影响到主要问题。

伊拉克外交部长奴里于1934年10月在日内瓦同伊朗外交部长卡萨米的讨论形成僵局后决定:在英国的许可下,边界问题应该求助于国联,这表明英国仲裁失败,关于边界情势又退回原点。

第四章　英国、国联与两伊边界纠纷（1934—1935）

　　1934年11月29日伊拉克以波斯拒不履行边界条约为由，愤而将两伊边界争端提交国际联盟。两伊在国联理事会的辩论中展开强势较量，且表现出互不妥协的指责与反指责，英国、国联、伊朗及伊拉克各方为达成针对边界问题满意的解决方案均耗费了大量的时间和精力，在这一过程中既要考虑修订阿拉伯河边界的提议同时又要考虑建立管理委员会来管理河流，使得这些磋商异常艰难和复杂。意大利驻国联代表巴龙·阿卢瓦西在1935年初被任命为阿拉伯河争端问题特别调查员，他在1935年5月关于阿拉伯河国际化的提议深刻的考虑了英国政府不同部门之间在争端过程中的利益。他对于河流边界沿阿巴丹锚地划定的调整提议也得到三国四方的认可，但拟议中在阿巴丹领土让步的精确程度，以及以何种方式把其同阿拉伯河的管理安排联系起来，成为1935年下半年英国各部门之间通信的主题。

　　国联理事会未能解决边界冲突问题，促使伊拉克与伊朗展开直接谈判，然而直至1935年底在伊朗和伊拉克之间的双边谈判仍未取得任何突破性进展，英国全然无力左右边界争端之走势，两伊边界争端进而开启了新的解决模式。

第一节　边界争端诉诸国联

一、争端提交国联

20世纪30年代初,波斯强势否定历史上奥斯曼及波斯帝国间关于边界安排的一系列协定之有效性,特别是1913—1914年边界委员会针对阿拉伯河的划界方案,加之波斯海关当局和波斯海军军舰有意忽视巴士拉当局所制定的河流航行规则,从而造成了阿拉伯河航道中发生了几起冲突性事件,由此导致双边关系紧张加剧,围绕对边界的违背、侵犯、危险航行、不端行为的指控和反指控在双方间不断升级。波斯国王原本计划在1933年春访问巴格达,作为对1932年伊拉克费舍尔国王访问德黑兰的外交回应,但因双边关系交恶而终未成行,且波斯国王在同年7月访问土耳其时,特意避免途径伊拉克领土。种种事端无不表明,边界事件再次引发了波斯同伊拉克间的外交僵局。

在波斯和伊拉克争夺阿拉伯河主权的斗争不断升级之际,英国对于河流边界情势亦极为关注,因为这除了直接关系英国的经济利益外,更为紧要的是关涉英帝国的核心战略利益。在英国外交部起草的外事电文中一再强调阿拉伯河水域对英国的双重意义:"在阿拉伯河航道通行的所有船只中逾90%来自英国,而且不论和平还是战时,英国船只在任何情况下都可以使用此水道,这是英国对英伊同盟的重要战略利益,也是维护英—波石油公司的重要意义。且这条水道作为英国军队军需品的运输通道对英国战略价值至关重要。"①为此,英帝国防务委员会中东问题附属委员会在1934年9月17日专门召开会议,主旨即讨论波斯和伊拉克的边界问题,伊拉克政府也借会议之机向英国表明自己的政策取

---

① Telegram from Foreign Office to Rome, 30 January 1935, *The Iran-Iraq Border*, 1840-1958, Vol.8, p.223.

向。9月17日,即帝国防务委员会专门会议召开首日,伊拉克外长奴里抵达伦敦并会见英国外交部罗伯特·范西塔特爵士(Sir Robert Vansittart)和伦德尔先生(Mr. Rendel),表达了伊拉克欲将波斯拒不履行土—波边界条约及1913—14年边界安排的行径提交国联,以寻求仲裁的意向。外交部起初不假思索地否决了伊拉克的提议,白厅向奴里外长指出:"在罗冈海峡以及阿拉伯河靠近穆罕马拉的边界连接区域定界模糊,按当下实际形势,伊拉克在此区域占据主导地位,如果将争端提交国联,很可能会导致来自国联方面的妥协性建议,从而损害伊拉克在这一地带利益。"①然而奴里表示,他倾向于忽视这些模棱两可的预测,鉴于奴里固执己见,范西塔特爵士最终建议,可以将国联作为向对方施压及威慑的一种手段,即"对于伊拉克来说,最好的办法并不是真的诉诸国联,而是让对方明白,在必要的时候,他们准备这么去做。"②英国政府也主观臆测,认为伊拉克对波斯的此种虚张声势可能会换取对方对于管理委员会的接纳,以及其他一些微小的让步。如此,既能抚平伊拉克的不满,又能迫使波斯退缩,全然符合英国在河流地区的经济和战略利益;如果波斯仍然独断专行,彼时,伊拉克可以再重新思考求助于国联这一路径。此外,在9月17日帝国防务委员会的政策协调会议上,英国空军部长建议伊拉克在阿拉伯河上接受以深泓线为界,以此换取波斯对管理委员会的支持,这一主张当时同外交部的意见相左,未被采纳,但却为此后重划阿拉伯河边界,提供了一种解决思路。

1934年10月,波斯及伊拉克外长在日内瓦就边界问题展开的讨论再次陷入僵局,伊拉克外长重拾将两国争端提交国联仲裁的意愿,考虑到英国同伊拉克的特殊关系及英国在河流水道的特殊利益,在付诸行动

---

① Note on the Shatt al-'Arab frontier dispute, *The Iran-Iraq Border*, 1840 – 1958, Vol. 8, p. 8.
② Note on the Shatt al-'Arab frontier dispute, *The Iran-Iraq Border*, 1840 – 1958, Vol. 8, p. 8.

前,伊拉克外长奴里同英国驻巴格达大使汉弗莱斯爵士(Sir F Humphrys)及英国外交部,就是否有必要诉诸国联,展开了一连串审慎的讨论。

1934年11月,伊拉克政府将一系列国家政策取向性问题抛给英国,正式就本国边界问题向英国政府展开咨询,核心问题在于,同波斯人打交道时,伊拉克究竟应该遵循及坚守何种界线。英国内部对此一时无法形成统一的政策认知,不仅政府各部门同外交部之间分歧仍在延续,就连外交部自身针对伊拉克的这一困惑也难以确凿定调。政府方认为,伊拉克有一个合理的法律理由来维持目前边界的有效性和1913—14协议的约束力,故无须通过国联来解决问题。外交部对此持有疑虑,认为应该仔细评估伊拉克向国际联盟施压是否有价值,确切地说,此举是否符合伊拉克及英国政府的最优利益。对于将边界争端提交国联,外交部存在两方面自相矛盾的认知:"一方面,它认为如果将这一问题捅到国联,自然会引起人们对1914年划定边界的两个重要例外的关注,这两个重要的例外实际上地处波斯河岸上的低水位标志线,因而不利于伊拉克的领土诉求;另一方面,外交部也意识到,当前两国紧张局势的持续将会引起波斯在与航道有关的问题上公然和更为严重的敌对风险。如果缺乏波斯的合作,隶属波斯的卡鲁恩河洪水将完全不受控制地流入阿拉伯河,由此可能引发大量的泥浆注入主航道,从而导致阿拉伯河航行受限。"[1]

最终,经过各方立场的碰撞与磨合,英国政府从确保自身利益最大化的认知出发,得出一个折衷性结论,即:首先由英国政府发挥自身的影响力,促使伊拉克同意以河流深泓线(thalweg)为界划定阿拉伯河边界,以实现伊拉克和波斯之间的友好和解,作为回报波斯政府需立即接受管理委员会协定,此外波斯政府需要承认其余整个边界的有效性。英外交部同时还强调要重视伊拉克及波斯接受土耳其仲裁可能的危险,以及双

---

[1] Note on the Shatt al-'Arab frontier dispute, *The Iran-Iraq Border, 1840 – 1958*, Vol. 8, pp. 5 – 6.

第四章　英国、国联与两伊边界纠纷(1934—1935)

方将英国排除在外,缔结其他双边条约而全然不考虑英国政府的利益的可能性。

综上所述,英国的立场和观点仍是将自己定位于居间协调的角色,力图平息双方的争议,然而此前的外交实践及谈判结果已然表明,这样的协调和斡旋难以弥平两国在边界问题上的严重分歧。英国驻巴格达大使汉弗莱斯爵士清楚地认识到这一点,他率先对外交部的观点提出质疑,因他本人更赞同奴里外长的主张,故而向英国外交部力陈:"做出严肃而持久的努力来达成一个关于波斯边境问题的解决方案的时机已经到了,在当前形势下,将边界争端提交国联是达成最终解决方案的最佳途径。另一个不应该被忽视的内容,当对伊拉克托管结束时,英国政府在许多事项上都有浓厚的兴趣,例如,对少数民族、信仰自由及司法组织的保护都是在国际联盟的监督下通过的。因此,将这一问题提交国联的另一项战略收益在于,可以在伊拉克建立起对国联的信心和依赖。"①汉弗莱斯的这一席分析在外交部产生了不小的共鸣,坚决反对将边界事宜提交国联的声音不再占主导地位。

另一方面,伊拉克外长奴里知悉,如要确保两国边界争端事项能顺利列入国联委员会次年1月的会议议程,就必须在当年11月30日之前,将起草好的相关文书送达国联秘书处。1934年11月15日,奴里向汉弗莱斯爵士致函,表示:"他已经向波斯驻巴格达部长发去照会,告知对方,伊拉克有意将边界问题提交国联,与此同时,他也向波斯外长卡萨米表明这并不意味着庭外和解之路被关闭。伊拉克政府将随时准备考虑任何可能被波斯政府认为适合提出的建议,如果通过直接谈判达成协议,他们当然会撤回请求国联干预的申请。"②奴里的这一函件,表面看来似

---

① Sir F. Humphrys, British Ambassador, Baghdad to Sir J Simon, Foreign Office, 17 November 1934, *The Iran-Iraq Border*, 1840–1958, Vol.8, p.13.
② Nuri Said, Iraq Minister for Foreign Affairs to Sir F. Humphrys, 15 November 1934, *The Iran-Iraq Border*, 1840–1958, Vol.8, p.15.

乎是在向英国方面汇报同波斯的外交活动，实则是明示伊拉克即将向国联提交边界问题，而不再征得英国的许可。

相对于英国对伊拉克方面不置可否的态度，波斯旋即做出了外交应答，卡萨米外长对伊拉克的照会予以回复，他表示波斯政府更倾向于，通过双边直接谈判而非国联的仲裁来解决边界问题，并且波斯外交部长正在准备草拟三份不同提案，他希望这些提案，巴格达能在几日内收到，从而与伊拉克政府展开讨论。然而，多年来同波斯的外交交锋，不难使奴里清醒地认识到，波斯在边界问题上的政策不可能有大的转向和让步，这些草案对伊拉克而言也不会包含任何可能接受之处。因而，他坚信，波斯人只是在拖延时间，而且有必要尽快将此事提交国联，以尽量避免其他可能的风险。

1934年11月29日，伊拉克外长根据《国际联盟公约》第十一条第二款，以照会形式，将波斯—伊拉克边界争端正式提交国际联盟，要义如下：

  伊拉克与波斯之间的边界起源于1847年《埃尔泽鲁姆条约》和1913年11月4日在君士坦丁堡签署的议定书。奥斯曼帝国总理大臣和外交部长以及波斯大使代表双方政府，在调解国的代表——英国和俄罗斯大使的见证下，共同缔结了该议定书。本议定书第五节具体规定到，边界委员会一旦按照第二节的条款对边界的任何部分完成界定，那么该部分应被视为最终确定，不接受后续的核查或修改。根据第二部分的条款从而确定的边界是由边界委员会在1914年完成的。包含1913年议定书和1914年委员会会议记录的书面文本附后见附录二。

  如上所述，两国确定的边界拥有合法的地位，但波斯政府一直无视和侵犯它。相关信函中记录了他们诸多公然的侵略行为，这些信函的副本附后。从这封通报中可以看出，波斯政府试图以不承认边界的有效性为基础来证明他们的行为是合法的，却不考虑他们理

第四章　英国、国联与两伊边界纠纷(1934—1935)

应接受既定安排的约束。伊拉克政府当然不能接受这一观点。①

另有三份内容充实的附录附加于照会文本之后，附录中的档案用以支持伊拉克对于波斯在领土事务上的态度和行为的指责，相关照会及三个附录的副本同时送达波斯政府。虽然伊拉克此前告知过波斯政府，欲将双边争议诉诸国联的意图，但奴里外长的雷厉之势，还是令波斯政府惊诧万分，波斯外长卡萨米一方面再次明示，他更愿意通过双边协商来解决问题，另一方面他在12月初表示，波斯也做好了在日内瓦国联理事会下一次会议中捍卫本国立场的准备。

1934年12月17日，在波斯外长呈递伊拉克驻波斯代办，用以回复伊拉克将两国纠纷提交国际联盟的照会中写到："我们两国政府之间不可能建立真情实意和忠诚的合作，除非在公正、公平的国际法原则基础上，能够确定作为两国之间基本问题的边界线。"②波斯外长前后不一的表述完全印证了奴里此前的见解，即波斯争取阿拉伯河权益的立场不会有丝毫改变和退让，冲突与争执才是两国边界问题的永恒主题。

1935年1月8日，波斯外交部长卡萨米向国联委员会呈交了一份备忘录，用以为波斯的立场辩护，他宣称："波斯政府认为，1847年的《埃尔泽鲁姆条约》、1913年的《君士坦丁堡议定书》，以及1914年的划界委员会划定的边界，无论是从法律视角，还是从公平立场而言，都不具备法律效力。因此，无法以此为依据来确定边界线。"③其核心立场是两国

---

① Referral of the Perso-Iraqi boundary dispute by Iraqi Foreign Minister Nuri al-Said to the Council of the League of Nations，29 November 1934，*Arabian Boundary Dispute*，Volume 2，*Iran-Iraq* Ⅱ，1909 – 1937，p. 273.
② Speeches Defending the Iraqi and Iranian Positions in the Border Dispute by Iraqi Foreign Minister Nuri al-Said and Iranian Foreign Minster Baghher Kazemi Delivered before the League of Nations，14 – 15 January 1935，*Arabian Boundary Dispute*，Volume 2，*Iran-Iraq* Ⅱ，1909 – 1937，p. 357.
③ Persian reply to Iraq's November 1934 Referral of the Border dispute to the Council of the League of Nations：Memorandum Presented by Iranian Foreign Minister Bagher Kazemi to the Members of the Council of the League of the Nations，8 January 1935，*Arabian Boundary Dispute*，Volume 2，*Iran-Iraq* Ⅱ，1909 – 1937，p. 296.

1913—1914年的解决方案是无效的,因而波斯西部边界必须重新界定。另有 12 个附件附在备忘录之后,以佐证其论点。自此,波斯同伊拉克都做好了在日内瓦捍卫各自边界立场的准备。

二、日内瓦的初步较量

自伊拉克将边界争端提交国联后,两伊边界问题便成为 1935 年 1 月国联理事会的正式议题之一。应理事会要求,1935 年 1 月 14 日至 15 日,伊拉克外交部长奴里·萨义德和波斯外交部长巴赫尔·卡萨米再次来到日内瓦,分别在国联理事会陈述各自在边界争端中的立场,并展开争锋相对的辩论。14 日奴里外长率先发言,他进一步清晰的阐明伊拉克对于边界争端的态度,并逐条反驳了 1 月 8 日波斯提交国联"关于边界问题的备忘录"中的观点。伊拉克外长首先强调了阿拉伯河对伊拉克的战略重要性,他认为:"根据公正的普遍规则,有理由对此案件提出申诉的是伊拉克政府而非波斯政府。波斯的海岸线延绵近 2000 公里,拥有许多的港口和锚地,且库尔穆萨港(Khor Musa)距离阿拉伯河的东部仅 50 公里。波斯还拥有完全位于波斯境内的深水港口,并已经在那儿建成了横跨波斯的铁路总站。伊拉克境内实际上只有两条河流,幼发拉底河和底格里斯河,由它们汇聚而成的阿拉伯河是伊拉克唯一可以进出公海的通道;如果要使它一直适合现代航运的需求,还需要不断的维护。伊拉克唯一的港口巴士拉距离河口也有 100 公里远。"①因而可知,现有的边界也并没有使伊拉克获得过分巨大的利益。伊拉克并不是要求边界必须被修改,只是从伊拉克的观点来看,另一个国家要求从河岸的一侧来管理河道,这是非常不合理的。因此,伊拉克政府坚决支持和维护过去两国所缔结的国际协定,并且认为如果根据这些协定的规定,现有的

---

① British Delegate at the League of Nations, Geneva, to the Foreign Office, 14 January 1935, enclosing text of speech by Nuri al-Said before the Council of the Leagur of Nations, 14 January 1935, *Arabian Boundary Dispute*, Volume 2, Iran-Iraq II, 1909 - 1937, pp. 353 - 354.

边界争端早已解决。第一个协定是1847年5月31日由波斯与土耳其签署,1848年3月21日经由两国批准的《埃尔泽鲁姆条约》,理由如下:

> 根据我国政府的谅解备忘录,该条约的第2条和第3条划定了波斯和土耳其之间的整个边界,包括现在成为波斯与伊拉克之间的那部分界线。这种观点绝不是新鲜出炉的,而是在过去的外交谈判中我们反复强调的观点。此外,在我国政府提交的上诉请求中《埃尔泽鲁姆条约》第2条第3款本身就暗含着阿拉伯河的左岸,而不是河流的深泓线,作为南部与波斯的边界。我现在提及这点,是因为波斯政府在他们给予的答复中辩称,在1913年的君士坦丁堡议定书中,这种安排第一次被强加于波斯政府的身上。不仅《埃尔泽鲁姆条约》第2条的条款体现了这点,而且根据该条约设立的第一个划界委员会于1850年也提供了相同的边界线,而且波斯首相在该年5月25日也同意接受了。①

此外,针对波斯政府在1935年1月8日给国联秘书长的答复中提出的大量的法律论点,用以质疑各种涉及边界的国际协定的有效性,伊拉克外长也给予了冗长的反驳。首先,针对波斯政府提出《埃尔泽鲁姆条约》从始至终是无效这一观点,伊拉克认为实质上在条约签署之前,奥斯曼帝国政府要求调解国,也就是英国和俄国对条约的文本做某些解释。调解国在1847年4月26日的"解释性说明"中给予了答复,奥斯曼政府对此表示满意,并相应地理解为波斯政府也接受了该"解释性说明",而且是波斯特使以书面形式接受的。而波斯政府却认为,接纳"解释性说明"已经超出了波斯特使得到的指示范围,除了批准条约本身之外,波斯政府没有授权波斯特使做任何超出他权限的事情,波斯政府不应该受到

---

① British Delegate at the League of Nations, Geneva, to the Foreign Office, 14 January 1935, enclosing text of speech by Nuri al-Said before the Council of the Leagur of Nations, 14 January 1935, *Arabian Boundary Dispute*, Volume 2, *Iran-Iraq* Ⅱ, 1909 – 1937, p. 354.

官方不认可的行为的制约,这种要求令人遗憾且在法律上也是站不住脚的。

事实上,波斯特使是否超越了他的权限,取决于很多考量因素,包括他收到的指示,以及"解释性说明"是否超出了条约自身的条款。"退一步说,即便为了辩论的方便,假设波斯特使实际上超越了他的权限(我当然不会这样承认),我看不出这种论点就能够证明波斯政府提出的有关争议条约的有效性的质疑是合理的。虽然我认为这个论点是不合理的,但如果波斯政府拒不接受他们的特使已经同意了的解释性说明的约束,奥斯曼帝国政府可以对条约的有效性提出异议。但是波斯政府如果觉得自己不应该接受自认的条件不明或解释不清的条款的约束,并且以此为理由觉得自己有权驳斥条约的话,这是毫无道理可言的。"①

其次,关于波斯政府一再否认1911年12月21日波斯和土耳其政府签署的《德黑兰议定书》这一国际协议的有效性,以及以此为基础进行的一切活动,伊拉克政府认为波斯政府提出的任何否定此约具有约束力的论点,都是没有根据的:

> 我国政府的第一个回答是,议定书没有改变现存的有效条约,即《埃尔泽鲁姆条约》中所确定的边界。但是,如果议定书确实修改了边界,我首要指出的是,波斯议会从1911年12月到1914年12月是闭会的,以至于波斯争辩说在这段时间内他们不可能达成任何影响边界有效性的协议,这就很难成立了。除此之外,我自信地提出,不遵守有关获得议会同意或批准的宪法条款并不会影响根据国际法正式缔结的条约或议定书的有效性。②

---

① British Delegate at the League of Nations, Geneva, to the Foreign Office, 14 January 1935, enclosing text of speech by Nuri al-Said before the Council of the Leagur of Nations, 14 January 1935, *Arabian Boundary Dispute*, Volume 2, Iran-Iraq Ⅱ, 1909 – 1937, p. 355.

② British Delegate at the League of Nations, Geneva, to the Foreign Office, 14 January 1935, enclosing text of speech by Nuri al-Said before the Council of the Leagur of Nations, 14 January 1935, *Arabian Boundary Dispute*, Volume 2, Iran-Iraq Ⅱ, 1909 – 1937, p. 356.

第四章　英国、国联与两伊边界纠纷(1934—1935)

在结束发言之前,伊拉克外长再次强调:划定左岸为边界线,这是过去就已经确定下来的安排,他们表示这种安排即便没有违反法律,也是不合常理的。可航行的河流构成了两国的边界,那么该河的深泓线理所应当是分界线,我赞同这是通常的规则,但它绝不是一条通用的规则。有时通过协议可以以岸边来划定边界,在这种情况下,协议的有效性是无可争议的。

奴里外长在安理会上的讲话广受赞同,国联主席陶菲克·鲁迪什(Tewifiq Rushdi)将会议延期至次日,从而给波斯代表一天的时间以做答复准备。1935年1月15日上午,在国联理事会第八十四届会议上,波斯外长卡萨米对波斯政府1934年12月17日递交国联的备忘录中已经提交的理由进行了补充发言,并以此作为对伊拉克外长前日针对波斯在边界问题上立场申斥的反驳,其内容同样冗长且争锋相对,波斯外长开门见山地指明:"依据伊拉克政府的意见,1913年议定书所指出的边界线是有效的;此外,伊拉克还声称1914年划定委员会确定的部分边界是最终的结果。我国政府不能接受这些观点。"① 随后,波斯外长从四个方面逐一驳斥了伊拉克外长援引的,从《埃尔泽鲁姆条约》到《君士坦丁堡议定书》,再到划界委员会以这两项条约为基础开展的各项定界活动。

首先,他认为1913年的边界线并没有完全应用到实际,也就是并没有完全生效,而是因为奥斯曼帝国的反对和抵制受到了阻挠。所以,如果缔约国中的一方不执行条约,那么另一方有权将该条约视作被撤销。

其次,在波斯政府看来,作为划界基础的1913年边界线包括在边界议定书中,该议定书是由两帝国政府和两个外国调解国的代表们共同签署。但议定书中规定,两个帝国如果要对领土的位置进行任何修改的

---

① Minutes of the Fourth Meeting of the 84th Session of the Council of the League of Nations consisting of the text of the speech of Bagher Kazemi before the Council of the League of Nations, 15 January 1935, *Arabian Boundary Dispute*, Volume 2, Iran-Iraq II, 1909 - 1937, pp. 359 - 360.

话,必须得到该国议会的许可,这在当时是奥斯曼帝国和波斯帝国的宪法所要求的,意在使协议具有双重效力,首先是国内法效力,其次是国际法效力。

第三,波斯外长表示,《埃尔泽鲁姆条约》不需要获得议会批准,因条约签署时议会制尚未产生。但客观情况盘根错节,1911年《德黑兰议定书》在具体条款中提及边界线时,将其说成是"所谓的1847年《埃尔泽鲁姆条约》",而1913年《君士坦丁堡议定书》具体条款的表述则为,以"所谓的1848年《埃尔泽鲁姆条约》"的规定作为基础。实际上1847年和1848年这两个文本之间存在深刻的分歧,波斯接受的是第一个文本(1847年),它不包括"解释性说明",;奥斯曼帝国认可的则是第二个文本(1848年),而没有被波斯政府接受,包括了这个解释性的说明,该"解释性说明"是应奥斯曼政府请求,由英、俄两个调解国批准的。因此,1911年《德黑兰协定》提到的《埃尔泽鲁姆条约》并不符合双方应同时对同一议题保持一致意见,这一合同的基本条件。在君士坦丁堡召开的1912年联合委员会第十七次会议上,迫于俄国影响的压力,波斯政府才接受了所谓的1848年的条约文本。但到20世纪初时,两国的宪法都明确规定,任何关于边界的协议均需获得议会的批准。

第四,卡萨米指出,即使埃尔泽鲁姆边界线已经在恰当的时候成为常规协议,但按照当下的要求,必须要在立法上获得承认和接纳。因此,1913年议定书应该提交给两国的议会以获得批准。

除此之外,波斯外长还提请国联理事会关注1848年的埃尔泽鲁姆边界线和1913年的君士坦丁堡边界线之间的差异性问题。他表示:《埃尔泽鲁姆条约》从未提及将整个阿拉伯河的完全主权一直延伸到波斯一侧的低水位线,即没有明确地将边界线划定在波斯这侧的岸边;但是,如果有哪一方,意图背离两个岸线国家对河流享有平等主权的这条基本原则,也就是河流中间线,那么条约本应该以正式和绝对的方式对此进行明确说明。另一方面,在条约签署当日,英国经过深思熟虑后与奥斯曼

第四章 英国、国联与两伊边界纠纷(1934—1935)

政府达成了一项公约,这个公约实际上把河道的管理权划归奥斯曼帝国。虽然英国并非阿拉伯河沿岸的国家,但它在1913年7月29日毫不犹豫地发表声明,明确将边界线移到更远的波斯一侧。英国承诺会确保波斯接受这项声明。最终,这项声明被写进《君士坦丁堡议定书》中,而该议定书又是形成阿拉伯河边界的重要法律依据。

基于以上剖析,波斯外长得出如下结论:"草案中的这些论点本身就足以表明1913年的文本不是在运用,而是在通过不断地延伸,对1847年《埃尔泽鲁姆条约》的文本进行了修改,甚至是对1848年《埃尔泽鲁姆条约》的文本进行了修改。"[1]关于阿拉伯河的边界条约,波斯外长则是另一番理论。在他看来,1913年条约文本已经远远超出了1848年条约中所划定的边界线,以致1913年的条约根本不具备实践性。奥斯曼帝国的完全主权一直延伸至河流另一侧的岸边,全然违反了此前河流的事实归属,1914年边界线划定之后,奥斯曼的专员仍然拒绝考虑这个问题,面对奥斯曼政府的这种冷漠,1914年以后边界问题仍然保持在之前的局面。波斯外长援引1856年至1857年的英—波战争期间的边界状况举例,"《埃尔泽鲁姆条约》签订十年之后,当英国的战舰利用阿拉伯河运送部队和物资,去攻打穆罕马拉和阿瓦兹(Ahwaz)时,如果河流西边的沿岸国奥斯曼对整个河流拥有主权的话,那么这将很明显损害了它的中立立场,因为它已经宣称自己是中立的。奥斯曼政府并没有宣布自身对阿拉伯河流拥有独一无二的主权,所以下意识地采纳河流的中间线作为边界线的这种顺理成章的解决方案,边界在1914年之后恢复到先前的状态。之后,正如1914年第二任英国专员阿诺德·威尔逊(Arnold T. Wilson)爵士所说的那样,奥斯曼帝国和波斯政府之间建立起了一种传

---

[1] Minutes of the Fourth Meeting of the 84th Session of the Council of the League of Nations consisting of the text of the speech of Bagher Kazemi before the Council of the League of Nations, 15 January 1935, *Arabian Boundary Dispute*, Volume 2, Iran-Iraq Ⅱ, 1909-1937, p. 360.

统的方式。这种传统方式沿着河流的中间线划定了两国之间远至海口的边界。"①因此他认为，比起新的条约文本，传统和旧习俗更有说服力，对于此类前后两个条约文本间不一致的状况，自然导致两个条约均毫无价值——即英国与奥斯曼帝国的公约及1913年7月29日伦敦宣言都无意义，那么现在遵循《埃尔泽鲁姆条约》所确立的边界线才是不二之选。

在1847年至1913年间，无论是河流边界还是陆地边界，从《埃尔泽鲁姆条约》到《君士坦丁堡议定书》，边界发生了重大的变化。但是这些变化在那段时期没有按照法律的要求提交相关机构以获得立法的批准。因此，它们在国际法和国内法中都没有价值。综合上述各点，波斯政府理所当然地将它们视为不存在，卡萨米强调："从1847年到1912年，然后再到1913年，认为有必要对领土状况进行修改的协议从未有过定论，这是因为波斯政府和奥斯曼帝国从未依据国内法和国际法的要求达成过任何共识；不言而喻，如果没有达成一致的意见，就不可能缔结公开或非公开的协议。他表示波斯无意请求修订现有的条约，因为那需要特殊的流程；波斯也无意请求废止过去签署的协议，尽管这些协议签署时就存在很多废止的原因。波斯政府的目的只是想要指出，在波斯和奥斯曼帝国之间，根据各个时期的现行法律，从未达成过那种缔结协议所需要的共识。"②因而，他提请国联理事会认识到这一声明的重要性，因它表明了波斯享有的权利的真实本质，这种权利永远不会受到任何法案的影响，甚至是口头承诺的法案，这种权利只会以协议的形式出现。

在发言的结尾，卡萨米义正辞言地指出，波斯不能容忍它享有的以

---

① Minutes of the Fourth Meeting of the 84th Session of the Council of the League of Nations consisting of the text of the speech of Bagher Kazemi before the Council of the League of Nations, 15 January 1935, *Arabian Boundary Dispute*, Volume 2, Iran-Iraq II, 1909 - 1937, pp. 360 - 361.

② Minutes of the Fourth Meeting of the 84th Session of the Council of the League of Nations consisting of the text of the speech of Bagher Kazemi before the Council of the League of Nations, 15 January 1935, *Arabian Boundary Dispute*, Volume 2, Iran-Iraq II, 1909 - 1937, p. 364.

下两方面权利受到争议:"(1)她的陆地边界线适用1913年以前存在的边界现状。由于某些点的位置有了转移,1913年划定的边界及其1914年适用的边界使得波斯遭受到巨大的领土损失。(2)关于她的水域边界线的平等主权,阿拉伯河直到中游的地方沿着河道的中间线,主权平等地划分给两个沿岸国家:伊拉克和波斯。"①

最后,波斯外长重申了本国政府在划分阿拉伯河边界问题上不可变更的坚定立场:"关于同属国际联盟成员国的两个岸线国家之间的水域边界线,除了依据深泓线,两个国家享有平等的主权之外,没有其他的管理体制能够适用。这种解决问题的方法非常自然,整个十九世纪都未遭到过质疑,而且在二十世纪君士坦丁堡议定书中仍然继续沿用。即使在1914年的定界之后,波斯事实上仍然像从前一样在阿拉伯河上享有同样的主权。在国际联盟的监督下,被委托统治伊拉克的英国在这一点上也没有提出异议。"②

三、英国的政策应对

因波斯和伊拉克在向安理会提交的文件以及其代表口头发表的声明中都提及,俄国曾经为奥斯曼帝国和波斯关于边界的事宜进行过安排,《埃尔泽鲁姆条约》和《君士坦丁堡议定书》确实都得到了当时俄国政府代表的签名。因此,出席国联大会的苏联代表里维诺夫(M. Litvinoff)在安理会给出实质性的解决方案前,初步做一个总体发言,用以声明苏俄对于此事的中立立场:"我有义务宣布,旧俄罗斯帝国政府过去参与协调

---

① Minutes of the Fourth Meeting of the 84th Session of the Council of the League of Nations consisting of the text of the speech of Bagher Kazemi before the Council of the League of Nations, 15 January 1935, *Arabian Boundary Dispute*, Volume 2, Iran-Iraq II, 1909 - 1937, p. 361.

② Minutes of the Fourth Meeting of the 84th Session of the Council of the League of Nations consisting of the text of the speech of Bagher Kazemi before the Council of the League of Nations, 15 January 1935, *Arabian Boundary Dispute*, Volume 2, Iran-Iraq II, 1909 - 1937, pp. 361 - 362.

另外两个国家的边界划定的任何行动,现在的苏维埃政府都与导致这些行动的政策或获得的利益无关。因此,苏维埃政府对解决波斯和伊拉克之间的冲突没有兴趣。我们所坚持的唯一的利益与国联理事会其他成员的利益相同——即希望以正义和公正的方式解决争端,使双方都得到满意,从而使他们能够继续维持睦邻友好的关系。"①随后土耳其参会代表也表示同里维诺夫立场一致,不再介入两伊边界问题。

历史上两伊边界问题很早就演变成英、俄、波斯、奥斯曼四国之间的外交问题,已如前述,彼时苏俄因国家政体在一战中发生根本性变化,故不再插手两伊边界事务,而英国作为最早牵涉其中的域外国家,在边界地带仍有剪不断、理还乱的利益纠葛,不仅时刻关注边界问题走势,且尽其所能希望边界问题按英国的构想和意图解决,另一方面,作为域外大国,英国也成为伊朗和伊拉克竞相拉拢和争取的对象。但显而易见的是,英国更多的站在伊拉克一方谋划边界问题的解决方案,伊朗对此心照不宣。由克龙比(G E Crombie)在1934年12月22日起草的的一份英国政府备忘录清晰的记录到:"英国驻伊拉克大使已经被授权通知伊拉克政府,驻日内瓦的英国代表团将在其权力范围内给予伊拉克一切适当的支持和帮助……而另一方面,波斯也在寻求英国政府的帮助,但波斯政府对此并不抱太大希望,波斯对于伊拉克的行为感到紧张和不快。"②这份备忘录同时也总结了英国对于事态发展演变的反应,"从现有证据来看,外交部的担心似乎有些夸张和过于悲观,且贸易委员会认为外交部所设想的关于阿拉伯河航道的物理危险对于新政策而言假设性过强。外交部法律顾问起草了一份关于战时战舰通行、货物及军需品运

---

① Minutes of the Fourth Meeting of the 84th Session of the Council of the League of Nations consisting of the text of the speech of Bagher Kazemi before the Council of the League of Nations, 15 January 1935, *Arabian Boundary Dispute*, Volume 2, Iran-Iraq Ⅱ, 1909 - 1937, p. 364.
② Minute on the Shatt al-'Arab frontier dispute and Iraq's appeal to the League by Mr G E Crombie, 22 December 1934, *The Iran-Iraq Border*, 1840 - 1958, Vol. 8, pp. 83 - 94.

输等法律地位的一份报告。这表明,目前的现状远比在外交部提案下的情况要好得多,除非它与波斯在战争时期的中立态度相容,否则会诱使波斯同意在战争时期为军舰的自由通行提供一个具体的条款,就像在和平时期一样,作为对以深泓线为界的一种回报。"①

英国外交部对于早前由本国发起的在阿拉伯河上建立管理委员会的提议仍存执念,且始终坚信成立一个由英国、波斯和伊拉克组成的三方管理委员会,给予波斯在河流管理上平等的权力,这将是最符合英国经济和战略利益的解决之道。边界争端提交国联,虽背离了英国的初衷,但如若能在国联中通过这样的方案,无疑是英国外交的另一场胜利,故此,在外交部1935年1月26日发给爱德蒙兹(C. J. Edmonds)的电文中,明确指示他:"在与伊拉克代表团或意大利政府进行的任何讨论中,你都应该牢记上述考虑事项,除非你认为这是真正值得的,否则不要进行正式干预。你应该尽一切努力,确保没有任何关于阿拉伯河的安排,有损于英国政府的利益。在这个问题上,我们没有理由不让意大利人知道,英国政府对阿拉伯河问题有直接的兴趣,并提出要考虑到英国航运在这条水道上的巨大优势。"②

爱德蒙兹先生长期担任英国驻伊拉克内政部第二顾问,自边界争端提交国联后,爱德蒙兹同时受雇于伊拉克外交部,协同处理边界问题。英国首先同伊拉克协同观点,双方形成共同的认知:"外交部同意奴里外长的观点,即应该尽早达成彻底解决问题的最终方案,浪费时间尝试带来一个复杂的临时性过渡办法是错误的。英国政府同样完全同意伊拉克的观点:即在司法问题解决之前,并无协商的基础。"③

---

① Minute on the Shatt al-'Arab frontier dispute and Iraq's appeal to the League by Mr G E Crombie, 22 December 1934, *The Iran-Iraq Border, 1840-1958*, Vol. 8, p. 84.
② Telegram from Rome Foreign Office to Rome, 26 January 1935, *The Iran-Iraq Border, 1840-1958*, Vol. 8, p. 225.
③ Telegram from Rome Foreign Office to Rome, 26 January 1935, *The Iran-Iraq Border, 1840-1958*, Vol. 8, p. 224.

在边界争端正式提交国联后,英国十分关注边界问题的安排走向,他一方面不直接干涉边界问题,但又担心两伊抛开自己开展双边谈判,以使边界问题失控。故此一阶段英国的政策转向通过影响国联、秘密指导伊拉克外交政策等方式间接左右边界争端的走势,但其影响力度和介入程度已远不如前。

第二节 国联调停:议题、争议与结果

一、第三方仲裁

两伊边界争端提交国联,以及双方经历日内瓦的初步较量之后,国联理事会意识到,波斯和伊拉克之间在边界问题上的立场分歧在近期内根本无法调和,遂提议,双方接受国联委派一中立方特派调查员协调争端,以敦促两国采取进一步的直接磋商。对于特派调查员人选,两国各有打算,波斯政府起初谋求任命贝内斯(M. Benes)为特派调查员,伊拉克代表团则向秘书处暗示,他们希望一个来自与这个问题无关的国家的代表担任特派调查员,如丹麦、智利、葡萄牙、阿根廷或波兰代表。秘书处似乎本能地反对伊拉克代表团的第一人选马达里亚加(Sr. Madariaga),而波斯人反对上述所有国家的代表。意大利驻国联代表巴龙·阿卢瓦西男爵主动通知伊拉克奴里外长,暗示他已经收到罗马明确的指示协助伊拉克,并建议奴里提议由他担任特派调查员的职位。自此,伊拉克向国联表示,他们愿意接受意大利的仲裁。最终,巴龙·阿卢瓦西成为唯一一个在德黑兰和巴格达都能接受的候选人,1935年1月14日,他顺利获得了此项任命,成为两伊边界争端之国联特派调查员,开始在罗马协调和解决两国边界事宜。

1935年1月16日晚6时,新任职的意大利籍特派员阿卢瓦西正式开始他的调解之路,他首先邀请伊拉克外长奴里面谈,奴里向他出示了一份备忘录,要求提早采取措施以获得两伊边界的最终解决方案,并同

时维持1914年的边界线,阿卢瓦对此时未做任何表态。与此同时,国联主席陶菲克·鲁迪什(Tewfiq Rushdi)也一直忙于调解两伊边界纷争,他的主要目标是将阿拉伯河问题国际化,并通过新的条约重新界定边界线。鲁迪什主观认为,波斯人很乐意在庭外解决,因此,1月19日下午4点他建议双方可以私下交换有关边界线草案的意见,然后将相关草案递交给他,通过这种方式能迅速解决边界争议,使得提交给理事会的草案决议获得赞成。1月20日中午,鲁迪什暗示说,这一建议并没有得到波斯人的好评,于是他暂停了自己的调停努力。

意大利特派调查员继续按他的个人思路开展协调工作,他邀请各方代表1月20日上午11时30分与他会晤,波斯代表没有出席,伊拉克奴里外长根据前一天下午特派调查员给出的草案向特派调查员提交了一份草案报告和决议,经过修正,其内容主要包括三点:"(1)确保5月份以前举行的任何理事会特别会议上会提出此事;(2)以便在决议中不提及任何的实际情况;和(3)以便将主要问题提供给海牙。"①1月21日,伊拉克外长奴里继续同阿卢瓦西商定边界解决方案的报告和决议,但双方一直未能达成共识。据了解,特派调查员只是意图根据上一份草案提出的边界线,提交一份简短的且不针对任何一方的报告,并不做任何的决议。在当日下午的会议中特派调查员重新起草了他的报告,内容是:"(1)将在5月份的会议上提交一份新的报告,(2)将用'情况存在'(situation existante)这个短语再次提出了实际上存在的(不一定合法的)情况,这种情况已经被证明是自谈判开始以来达成报告和决议的绊脚石。"②这一新草案没有传达给伊拉克代表团,但向英国代表团呈送了一份副本。

---

① Narrative of Events maintained by Major C J Edmonds during the Session of the Council of the League of Nations: Iraqi-Persian Boundary Dispute, January-September 1935, *Arabian Boundary Dispute*, Volume 2, Iran-Iraq Ⅱ, 1909 - 1937, p. 370.
② Narrative of Events maintained by Major C J Edmonds during the Session of the Council of the League of Nations: Iraqi-Persian Boundary Dispute, January-September 1935, *Arabian Boundary Dispute*, Volume 2, Iran-Iraq Ⅱ, 1909 - 1937, pp. 370 - 371.

1935年2月阿卢瓦西在罗马主持了波斯和伊拉克之间的边界争端,在此期间,英国爱德蒙兹顾问在伊拉克外交部扮演了一个非正式的咨询者的角色。1935年2月6日,阿卢瓦西提议,作为一种临时性的安排,阿拉伯河流国际化,直到边界协定能够达成,他具体提出了六条方案,其中最核心的第五条内容为:"建立一个由一个伊拉克人,一个波斯人和一个由理事会任命的中立的主席,或者由国联的顾问委员会组成的阿拉伯河管理委员会。委员会将根据上述第3条和第4条所提出的任何问题提出建议。这样的建议必须在一定的时限内给出,将考虑到波斯和伊拉克的特殊利益。就管理而言,双方都有约束力,但是,每个政府都有权提交改进方案,并修改国联运输委员会的规章制度,以确定一个明确的决定。委员会的争端将提交国联的运输委员会。"①

阿卢瓦西的六条条约遭到波斯和伊拉克的拒绝,但英国政府却将这视为是警告的时刻,在1935年上半年,英国明显怀疑意大利努力调停背后的动机,因为这一年,意大利占领了埃塞俄比亚,同时墨索里尼对于东地中海的野心也公之于众。英国人对于阿卢瓦西权宜之计提出了反对意见:"意大利在罗马和日内瓦都坚持提出临时性的安排,以单独给予波斯实际上的满意。这一提议的努力将终结目前伊拉克对于阿拉伯河的主权。提议中的新的对河流的临时管理将有效的取代巴士拉委员会,最终意大利将继承英国在海湾地区历史上享有特权的首领地位。"②

1935年5月14日英国外交部在发给英国驻德黑兰大使许阁森爵士(Knatchbull-Hugessen)的一封电报中建议到:"波斯和伊拉克边境谈判的僵局最好的进展在于恢复到英国在1932年春提议的三边管理协定,这一提议也是波斯曾短暂的表现出接受的模糊信号。尽管在阿卢瓦西调查期间,英国没有正式的卷入争端中,但这一时期白厅秘密的给予伊

---

① Telegram form Rome to Foreign Office, 6 February 1935, *The Iran-Iraq Border*, 1840 - 1958, Vol.8, p.250.
② *The Iran-Iraq Border*, 1840 - 1958, Vol.8, p.xv.

拉克建议。"① 1935年5月22日,在国联理事会之前,阿洛伊再次召集伊朗和伊拉克代表,在日内瓦举行关于边界纠纷的听证会。英外交部将阿卢瓦西计划最相关的特征总结成:"这一计划建议波斯接受1914年边界的大部分内容,作为回报,将修订边界,在阿巴丹对岸给她提供一个锚地;影响陆地边界的特定问题的解决(尽管石油地域没有提到);达成一个协定的结论提供了一个阿拉伯河管理委员会,在这其中,英国的代表将是间接的有担保的。"②

当伊朗和伊拉克再次拒绝这一计划时,阿卢瓦西能够建议的所有事项是他是否可以被给予更宽泛的时间去寻求解决的基础,自此以后,波斯和伊拉克选择绕开第三方的仲裁,直接参与到事项的讨论中。

二、多边磋商进程

1935年5月,国联再次召开专门会议讨论伊拉克和伊朗边界争端,5月17日上午,国联秘书处拟设想一项程序,以启动司法问题的讨论。具体构想是,将司法问题分三阶段提交给法学家:"第一阶段确定边界线的条约是否有效,如果有效,那么有效度是多少? 第二阶段根据上一阶段的答案,回答边界线走向如何? 第三阶段根据前两条的答案,在过境航运方面,双方各自的权利和义务是什么?"③以司法程序确定具体边界、解决当前争议,契合伊拉克的诉求,努里外长5月17日下午在秘书处与特派调查员的新代表们进行会面,再次强调了伊朗和伊拉克边界争端的司法本质,并概述了1932年《德黑兰协定》中的领土安排。

1935年5月20日晚,努里再次会见阿卢瓦西男爵,阿卢瓦西男爵对

---

① *The Iran-Iraq Border*, 1840–1958, Vol. 8, p. xvi.
② *The Iran-Iraq Border*, 1840–1958, Vol. 8, p. xvi.
③ Narrative of Events maintained by Major C J Edmonds during the Session of the Council of the League of Nations: Iraqi-Persian Boundary Dispute, January-September 1935, *Arabian Boundary Dispute*, Volume 2, Iran-Iraq Ⅱ, 1909–1937, p. 377.

129

在罗马发生的事件表示歉意,并强调当时是他的职位让他左右为难,然后解释到,他现在相信,处理这个问题应该在司法和实践两方面一起下功夫。5月21日,巴格达发出一份电报,表示同意就管理协定进行谈判,以换取伊朗对此前边界条约的承认。而据英国了解,5月22日,伊朗代表团向特派调查员提交了一份管理和航行协议的草案,文本没有直接传达给伊拉克代表团,而是在5月22日晚,由特派调查员向伊朗和伊拉克发出一封信函,随函附上了这份提案草案和解释性说明。该提案主要内容包括:"(a)再次确认了1914年的整个边界线,但会对其作如(b)段内容所述的修改;(b)将穆罕马拉锚地向南延伸至阿巴丹下方巴瓦达尔(Bawarda)对面的一个点,使伊朗实现在一段长达20英里的河流上按深泓线划界,使其在这这一地段享有河流一般的主权,而不是现在的6英里长(依据规定用深泓线取代中线);(c)撤回在伊拉克领土上的伊朗警察部队,就萨尔喀什(Sarkhosh)地区做出裁决,解决跨越边界的水域问题;(d)缔结保护和航行协议。"[1]伊朗提出的这一解决方案意在规避司法程序的启动,但对伊拉克而言实属让步过多。伊拉克代表团于5月23日对上述提案做出答复,他们首先回顾了边界争端中司法性质的重要性,提请特派调查员注意5月19日他们双方协商的观点,并指出,基于伊拉克政府将部分领土让与伊朗这一前提而提出的草案是断然无法接受的。

在解决边界问题的道路上,国联与两伊的此次三边接触虽未能取得任何实质性进展,但却带来了各方态度积极的转变,特别是接替阿龙瓦西的新特派调查员索拉纳,他个人多谋善断,且十分重视两伊边界问题,努力为边界纠纷寻求一个合理的解决方案。这使得纷乱杂陈的边界情势得到一定的改善,扫除了导致边界问题难以解决的一些积弊,主要表现在以下六个方面:

---

[1] Narrative of Events maintained by Major C J Edmonds during the Session of the Council of the League of Nations: Iraqi-Persian Boundary Dispute, January-September 1935, *Arabian Boundary Dispute*, Volume 2, *Iran-Iraq* II, 1909 – 1937, pp. 370 – 371.

(1) 已经不再把意大利条约的讨论掺和到边界问题的讨论之中。

(2) 舍弃以往怂恿伊拉克首先放弃对阿拉伯河的完整的主权控制权的策略,力图将暂时安排变成永久安排,一劳永逸地解决两伊边界问题。

(3) 对秘书处不惜一切代价使事情国际化的狂热行为进行了一定程度地调查。

(4) 从对伊朗公平的视角出发,特别调查员和国联秘书处舍弃了此前力图通过法律专家团体,从司法方面来解决边界问题的路径。

(5) 纠正以往将阿拉伯河问题错误地视为重点的错误方略,特派调查员认识到伊拉克也有权要求解决由边界线引起的其他问题。

(6) 特派调查员自己已经采纳了1932年提案中的至少一种观点,接受了对公约有效性问题提出的解决方案。①

因情况所限,伊拉克代表团没有在5月19日向索拉纳提交关于德黑兰三项协定的具体说明,特派调查员提出的关于阿拉伯河的提议,主要以伊拉克代表团的口头解释为基础。该提议包含了一些在伊拉克看来不合理的条款,因而引发了伊拉克代表团内部,针对两种解决途径产生了争议,一是:坚决反对特派调查员的提议;二是:同意以书面形式,将关于在阿巴丹割让领土的问题提交给巴格达政府。如果赞成第二种方案,可以合理地推断出三方面的战略收益:"首先,伊拉克所显示出的和解精神,将在战术上加强国家在国联理事会中的地位;其次,该提议的基本思路是重申1914年在陆地和阿拉伯河上的边界线,符合伊拉克诉求,这样可以获得一分,但双方毫无理由地拒绝可能会导致特派调查员放弃

---

① Narrative of Events maintained by Major C J Edmonds during the Session of the Council of the League of Nations: Iraqi-Persian Boundary Dispute, January-September 1935, *Arabian Boundary Dispute*, Volume 2, *Iran-Iraq* II, 1909 - 1937, p. 379.

该提案,而且在秋季可能会提出一个不太可取的建议;第三,随之而表现出的态度会使得与特派调查员的关系缓和融洽,这同样有利于伊拉克。"①如果反对第二种方法,可以推断出:"伊朗采取的态度不曾有过丝毫的改变,仍旧是在伊拉克政府向联盟提出请求之前所采取的态度,即伊朗政府不同意同时解决司法和实际的问题,割让领土的想法会被一拖再拖,但是书面通报中会仔细地将这种想法起草成文书,所以拖延只会使特派调查员提出的割让成为进一步讨价还价的起点。伊朗政府拒绝采取任何形式的程序方法来确保和解,与伊朗的这种态度相比较,如果伊拉克政府的态度无法使得与特派调查员的关系得到缓解的话,那么调解不会有什么效果;秘书处的态度不一定是一个好的指南,因为秘书处在任何情况下都急于得出一种解决办法,解决方案的质量是次要的考量因素,因此他们可能会对外交上比较弱势的一方施加更大的压力。"②虽然以书面形式确认奴里外长的口头声明的事务仍在审议之中,但索拉纳暗示他将会在即将起草的报告中体现出这些观点;鉴于此,赞成以书面形式进行确认的论点就失去了效力。

根据多边磋商及第三方调停的结果,英国建议伊拉克政府应该采取的政策是:"根据特派调查员所提建议的主要观点,总结出一个可以接受的具体形式,也就是说尽快向伊朗和特派调查员提出起草保护和航行、睦邻关系和纳夫特卡纳石油等相关的协议。为了维护保护公约,可以以很少的金额,提出将阿巴丹的锚地合理地租赁给伊朗,但是,锚地不允许超出深泓线的范围,这样会侵犯主要的航道。通过这种方式,可以就解决停泊在阿巴丹港的船只的问题给予伊朗满意的结果,有关停泊船只的

---

① Narrative of Events maintained by Major C J Edmonds during the Session of the Council of the League of Nations: Iraqi-Persian Boundary Dispute, January-September 1935, *Arabian Boundary Dispute*, Volume 2, Iran-Iraq Ⅱ, 1909 – 1937, p. 380.

② Narrative of Events maintained by Major C J Edmonds during the Session of the Council of the League of Nations: Iraqi-Persian Boundary Dispute, January-September 1935, *Arabian Boundary Dispute*, Volume 2, Iran-Iraq Ⅱ, 1909 – 1937, p. 380.

这种异常情况是支持修改要求的最有说服力的论点。但这种修改要求没有考虑到伊拉克所处的基本态度,即合法边界虽不能改变,但所有的困难都可以通过适当的行政安排加以克服。"①

经过国联特派员近半年的协调,以及两国三方间频繁的磋商,两伊边界问题不仅丝毫没有缓和反而有越发复杂之势,伊拉克对于国联的仲裁不再抱有希望,奴里愤而回国,多边磋商随之停滞。

三、重启谈判

奴里外长于1935年7月5日从欧洲返回巴格达,并重新开始考虑边界问题,以及同伊朗交涉事宜。7月24日,伊拉克总理、外交部长和司法部长组成了一个伊拉克内阁委员会,专门负责起草伊拉克驻德黑兰代表团的指令,以确定伊拉克的外交政策。在8月3日的会议上,内阁通过了伊拉克代表团的指令,其核心思想是通过两伊双边磋商解决边界问题。8月5日,奴里外长和司法部长贝格乘飞机到达德黑兰,同日英国外交部总干事沃德上校和爱德蒙兹也飞抵德黑兰。在伊拉克的主动出击以及英国的积极调停下,此前中断的多边磋商,以双边谈判的形式重新启动。

两伊之间的正式双边对话始于1935年8月7日,并于8日和10日断续进行。伊朗外长卡萨米的外交立场也有了重大调整,他的发言开门见山:"伊朗准备好承认现存的土地边界;伊朗将会对在阿拉伯河上获得的实际利益感到满意,而并不希望阿拉伯河边界有所改变,伊朗会给出一个口头保证或类似的承诺,但不会提供任何文件。必须维护伊朗的荣誉。这件事主要在于寻找一个方案。"②

---

① Narrative of Events maintained by Major C J Edmonds during the Session of the Council of the League of Nations: Iraqi-Persian Boundary Dispute, January-September 1935, *Arabian Boundary Dispute*, Volume 2, Iran-Iraq Ⅱ, 1909–1937, p. 380.

② Narrative of Events maintained by Major C J Edmonds during the Session of the Council of the League of Nations: Iraqi-Persian Boundary Dispute, January-September 1935, *Arabian Boundary Dispute*, Volume 2, Iran-Iraq Ⅱ, 1909–1937, p. 381.

8月10日早晨,卡萨米外长向伊拉克奴里外长建议,邀请伊拉克政府提出一个方案,考虑到实际利益,奴里外长转而邀请卡萨米提交一份声明,明确地陈述伊朗迫切需要得到的东西,双方此举,意在探测彼此在边界问题上的底线。同日,英国外交部爱德蒙兹也悉心准备了一份备忘录,核心要义是,避免使用新方法对边界进行重新界定,但可含蓄地通过实际的公约来处理此问题,即土地边界的划定应该遵循邻国关系公约,此公约可有助于其他条款的顺利实行;应该起草阿拉伯河海关和警务事宜合作公约,以表明提供的设施皆由伊拉克政府据此公约授予。当然,确定这些界线都要以卡萨米外长所称的伊朗方面充满诚意的态度为前提条件。

8月11日,卡萨米外长又提出一份友好条约的草案,以回应何为伊朗迫切需要得到的东西,同时还带来一份双边自然资源保护公约及一份对从北至南的土地边界重新划界的方案,这份草案令伊拉克难以接受,主要因为其中条款5对阿拉伯河情况的界定中,对主权问题的处理完全模糊化;而在自然资源保护公约也涵盖了警务与海关事宜,措词中暗示了要划定一条中间线边界。

奴里外长向卡萨米外长解释说,他得到的指示是,不允许他对条约文本进行协商,只能同意边界界定的总体方针。8月13日晚,他向卡萨米递交了一份报告书草案,这份草案将由谈判双方签字,其中较详细地规定了一系列条约中的主要条款,最终的解决方案将由这些条约组成。8月14日,卡萨米外长声称其对报告书中提到《埃尔泽鲁姆条约》及其他文件感到深为震惊,谈判难以为继,后伊朗外长向伊拉克方保证,可以删除上述敏感部分内容,奴里随即声称愿意接受此份草案作为谈判的基础。但是,奴里仍然反对提及自然资源保护局的第三方英国成员,也反对将纳夫特卡纳石油设施的伊朗部分纳入石油协议中,他进一步声明,邻国关系条约中的部分条款与伊朗方面废除部落的政策并不一致。

因双方分歧较大,谈判一时难以为继,从8月15日至8月17日,双方没有进行任何外交接触,直至8月18日,对话才得以重启,且会谈的气氛相对活跃。伊拉克内阁发来指示性电报,称对整个边界的重新界定必须是所有解决方案中的核心部分。卡萨米外长一方面拒绝以书面形式承认伊朗不想修改阿拉伯河的边界,另一方面也不允许奴里外长发电报称伊朗政府想进行改变。随后,卡萨米外长提议,解决方案中应当完全不提及边界,"从表面上看,这和我的第九份备忘录中讨论的过程类似,但是,伊朗方面声称他们仅仅想避免公开放弃之前对条约合法性的主张,并挽回脸面,这是以波斯方面的诚意为前提的。"①然而,对话的全过程表现出伊朗方面并没有从他们原先的立场上让步毫厘,他们仅仅想对伊拉克在法律事务上的强硬立场进行妥协,在关键问题上目前看不到任何观点一致之处。在此次会面中首次也是顺带地提到了用阿巴丹港的设施换取北部补偿的可能性。

1935年8月19日,应卡萨米外长的要求,奴里外长会见了伊朗弗若费总理,此次会面标志着双方迈出了明确的一步。因为弗若费总理在会谈中暗示:"如果能保证,如今提供给伊朗以认定边界的实际优厚条件不会因伊拉克单方面的行动而收回,那么伊朗会同意对整个边界、土地和河流的重新界定。"②奴里外长邀请弗若费提交一份能满足他要求的方案。

8月20日,伊拉克代表团举办宴会,答谢他们受到的来自伊朗方的热情款待。奴里外长发表了一个简短的演说,他在演说中特意展现出一种乐观的态度,而实际谈判过程的气氛却并没有那么乐观。晚宴后的会谈并没有被餐后友好的气氛所感染,会谈中弗若费和卡萨米外长都告知奴里外长,不可能找到与伊朗在阿拉伯河拥有一半主权相一致的解决方

---

① Narrative of Events maintained by Major C J Edmonds during the Session of the Council of the League of Nations: Iraqi-Persian Boundary Dispute, January-September 1935, *Arabian Boundary Dispute*, Volume 2, *Iran-Iraq* II, 1909-1937, p. 382.
② Narrative of Events maintained by Major C J Edmonds during the Session of the Council of the League of Nations: Iraqi-Persian Boundary Dispute, January-September 1935, *Arabian Boundary Dispute*, Volume 2, *Iran-Iraq* II, 1909-1937, p. 382.

案。因此,期望在弗若费的会谈中取得进展的希望很快破裂。

在会谈中提及可能用阿巴丹的设施换取北部地区补偿这一点引起了伊朗方面的兴趣与好奇。他们似乎已经假定伊拉克最终会放弃阿拉伯河一半主权来换取萨马(Saumar)峡谷,许多伊朗官员在与伊拉克代表团的会谈中不断重提这个话题。他们费了不少周折,最后还是幻想破灭。

土耳其政府正带着极大的兴趣关注这些谈判,8月20日,据悉阿拉斯(Aras)已向亚辛帕夏发电报,并据了解他也直接向伊朗国王发了电报,敦促道,由伊拉克驻德黑兰代表团提出的解决方案机不可失;一旦争端得到解决,中东的三个国家政府可以继续完成签订一个三方安全与不侵犯条约。

尽管伊朗外交部的一些常驻官员仍然认为可以依据与弗若费的第一次会谈来寻求解决方案,但争端各方间的立场仍然陷入完全的僵局。因此,8月22日奴里外长致信卡萨米,信中回忆了他来到德黑兰时的处境,总结了谈判的过程,并对尚未取得进展表示失望,同时也希望伊朗政府仍然能够提出一个可接受的方案,最后他请求觐见国王以辞行。

卡萨米外长一方面承诺尽快给奴里外长回复,一方面于8月23日声称,他对于立即缔结两项不侵犯条约与邻国关系条约感到最为焦虑,其中邻国关系条约将规定对土地边界的重新界定。他承诺第二天将提交草案。这一提议似乎为减少摩擦提供了一些希望,因此,他的草案备受期待与关注。

8月25日早晨,卡萨米外长如约回复了奴里外长22日的照会。回信直接否认了每一条他曾经做出过的声明,与此同时,如约而至的是两份条约草案,但其中并未提及邻国关系或边界重新划定。第一份草案被描述为"友好条约",第二份则为"友好与安全条约"。两份草案中唯一与伊拉克代表团赴德黑兰所交涉事宜相关的条款是第二份草案的条款2,称:"缔约双方保证共同边界的不可侵犯性。"同日下午5时,奴里外长觐见了伊朗国王,人们一直预测阿巴丹锚地会成为在最后时刻解决这些复杂问题的救星,这些预测在某种程度上成真了。奴里外长哀叹自己没能成功与波斯部长们达成协议时,试图交给国王一份他8月22日信件的波斯语译文,有关弗若费和卡萨米显而易见的尴尬境地。国王读完信后称他已准备接受现有的边界、土地和河流,并说他只想要阿巴丹的锚地。卡萨米外长插话,将此解释为从穆罕马拉到巴瓦尔达(Bawarda)的深泓线边界,正如五月份特派员提出的那样。然而奴里外长从国王的确认中引申出他只要阿巴丹本身不超过"1或2公里"的范围。

8月26日伊拉克代表团乘飞机返回巴格达,各方同意应在日内瓦重新开启直接谈判。伊拉克代表团的主要目的必定是获得伊朗对1914年划定的边界的认可,以及对该边界依赖的条约与公约的认可。但是,为了给伊朗方面留有退路而不至于伤及尊严,准备一份新的条约也是有必要的。在新条约中,对于边界的描述将从1914年委员会的记录中逐字照搬过来。必须非常注意确保:

"(a)须明确伊拉克方面仍承认现有的条约、草案和会议记录具有约束力,直到有新的法律文件根据两国宪法规定要求被及时批准后替代它们。(b)对于边界描述的解释,应可以追索到1914年委员会绘制的地图。(c)双方根据上述法律文件保有的权利应得到保障,直到有新的条约废除或包涵了它们。"①

在德黑兰谈判中,伊朗方面对陆地边界的走向发了一些牢骚,并要求做一些小的修正,但同他们对河流主权的诉求相较,伊朗对陆地边界的修约可能不会竭力要求,但为避免浪费时间和精力,伊拉克代表团做好了充分的应对准备以捍卫自己的陆上战略要地,伊朗自己不会对战略要地提出任何宽泛的话题,这些话题尤其会遭到在普什提库(Pusht-i-Kuh)地区类似的论点的反驳,当然,在库尔德斯坦也会遭到类似的论调

---

① Narrative of Events maintained by Major C J Edmonds during the Session of the Council of the League of Nations: Iraqi-Persian Boundary Dispute, January-September 1935, *Arabian Boundary Dispute*, Volume 2, Iran-Iraq II, 1909 – 1937, p. 384.

反驳。另外可能引起争议的界点包括：

"(a) 从苏莱曼尼亚到加拉迪亚（Qala'Diza）的古镇只有一条实际可通行的道路。它向北穿过莫瓦托（Mawatto），扎卜河（Zab）的泰特（Tayit）桥。从这里，这条道路继续延伸6英里穿过波斯领土，直到在坎多尔（Kandol）村庄附近再次进入伊拉克境内。中断这条交通要道将危害到良好的行政管理。将伊朗的艾兰（Alan）转移到伊拉克，即边界线与班德瓦（Baindirwa）地区之间的一小块飞地，是可取的。

(b) 伊朗对萨莫尔（Saumar）峡谷的控制与随之而来的曼达利（Mandali）水源问题导致这两个国家自土耳其时代便有摩擦。在多个场合都有人建议，萨莫尔峡谷应当租借给曼达利的人民。最好的解决方案是波斯将萨莫尔让给伊拉克。

(c) 让边界线绕开83号柱附近的赫尔曼（Hewraman）山脉顶端，将赫尔曼储水区让给波斯的决定使得哈拉比亚（Halabja）东部的边界线很不自然，并引发了双方摩擦。边界线应当沿着赫尔曼山脉顶端，直到哈吉（Hajij）上游的小扎卜河。

(d) 波斯领土中延伸进伊拉克塞拜提亚（Zurbatiya）南部的飞地是不符合自然的，界线应当调整为直线。"①

综合来看，任何修正边界的提议此一时段都是无益，1935年8月间两国重启的双边谈判未能解决任何问题。

第三节 日内瓦的较量

一、国联之外的讨论

提议中在阿巴丹领土让步的精确程度，以及以何种方式把其同阿拉

---

① Narrative of Events maintained by Major C J Edmonds during the Session of the Council of the League of Nations：Iraqi-Persian Boundary Dispute，January-September 1935，*Arabian Boundary Dispute*，Volume 2，Iran-Iraq Ⅱ，1909 – 1937，pp. 384 – 385.

伯河的管理安排联系起来,成为1935年下半年英国及两伊各相关部门之间考量的主题。

1935年夏,英国部门之间的通信陈述了这一问题,主要议题包含在阿卢瓦西计划的提议之内,即应沿阿巴丹锚地割让多少领土给伊朗。在1935年6月25日的一封信函中,海军部陈述到:"阿巴丹对面的主航道中心线将会非常接近,如果不是非常平静的话,那么航道线将是通往地狱之路。"① 外交部6月28日的电报似乎主张沿阿巴丹的阿拉伯河向伊朗割让一条狭窄的水域,但强调如果能够达成一个管理委员会的协定,那么对于河流的主权问题将失去所有的实践上的重要性,除了可能的战时。在1935年7月13日给海军部的一封信中,外交部的伦德尔检验了对阿巴丹对面阿拉伯河边界调整的涵义。

在位于德黑兰的伊朗和伊拉克间的边界磋商再次召开前夕,英国海军部声明:"在阿巴丹对面割让100码的地带给伊朗的话,只要伊朗转而接受在伦敦草拟的管理协定,那么英国将不会有严重的利益损失。"② 此时,海军部最重要的考虑是确保在阿巴丹所做的任何安排将都会使阿拉伯河的主航道完全处于伊拉克水域中。

在德黑兰磋商中,伊朗外交部长卡萨米私人会见了英国大使许阁森(Knatchbull-Hugessen),向他递交了一份报告。使许阁森再次得到保证,英国将能够参加双边磋商所建立起的任何的管理委员会,卡萨米勾勒了一个解决问题的新提议,这一提议刚刚提交给伊拉克代表。在一个友好的条约草案中,伊朗提议缔结一个管理协定,但它保持沉默直至河流边界修订被予以考虑。在这种态度中,卡萨米认为伊拉克不需要说伊朗不能拥有航道中心线,伊朗也不需要主张难以承认伊拉克拥有阿拉伯河东岸上游的水域。海军部显现出了支持伊朗提议的信号,如果伊拉克

---

① The Iran-Iraq Border, 1840-1958, Vol.8, p.xvii.
② The Iran-Iraq Border, 1840-1958, Vol.8, p.xvii.

保留1913—1914年边界的所有权力的话,那么英国将从日内瓦争端中撤出。海军部认为:保持沉默的提议比沿阿巴丹锚地割让或租借水域要更好。然而,外交部和伊拉克政府都认为卡萨米的提议是在阿拉伯河设想一个航道中心线或是中间线,因此这一议程最终被伊拉克拒绝。

在1935年8月22日,白厅电告许阁森,建议他做各种努力以阻止在当下德黑兰的磋商中建立起一个伊朗和伊拉克双边的管理委员会协议,如果卡萨米和奴里有可能达成一个一般性协定,且缔结一个阿拉伯河的管理协定的话,那么奴里将按他的观点反对接受任何准则,这将把签约的国家严格限定在两方。当然同样不合需要的是这一准则将允许不分青红皂白地增加签约数目。

1935年9月奴里和卡萨米之间的双边边界谈判在日内瓦国联大会期间继续进行,但一直没有任何进展。卡萨米认为奴里在关于早前的管理协定的提议中食言了,然而,正如伦德尔在他1935年10月14日给印度办公室的照会中所指,伊朗和伊拉克外长至少同意了关于管理协定的细节,并且同意伊朗在阿巴丹提供锚地设施的会议将在11月间在巴格达召开。

英国在不止一次的场合下得到保证,在今后任何的管理委员会中,它都将是第三方代表,英国非常希望直接参加将在巴格达举行的下一轮磋商中。但在1935年11月14日,英国驻巴格达大使克拉克被明确告知:"只有当磋商开始后,伊拉克代表团才将提议英国的出席。"[①]奴里曾表示,早前在9月的日内瓦会议中,关于在伊朗和伊拉克之间缔结一个友好条约的商谈就是因为伊拉克坚持英国应该以平等的身份参加任何一个关于管理委员会的磋商而发生了反转。奴里在让他的伊朗谈判方确信由提议中的管理委员会控制的地区包括伊朗的卡伦河以及巴赫曼希尔河这一点上也有困难。

---

① *The Iran-Iraq Border*, *1840-1958*, Vol.8, p. xviii.

在1935年底,外交部产生了一些希望,即英国将可以参加即将到来的在巴格达的新一轮磋商。然而,当1936年1月伊朗和伊拉克之间的谈判再次启动时,像此前一样,它仍是双边谈判。奴里外长在1936年1月16日下午6时与特派调查员的第一次会谈中向特派调查员提交的伊朗拒绝承认和尊重划定的边界所导致的困局包含着诸多可能产生的危险。因此,伊拉克政府迫切需要采取紧急措施:"一是让机构运作起来,以获得最终的解决办法;二是防止当地的危险情况继续或恶化下去。"① 只有通过司法机构对这个法律问题最终给予裁决,或者伊朗最终承认划定边界的有效性,才有可能达成协议,因此,拖延该法律问题的裁决不利于问题的解决。

在伊拉克的诉求和奴里外长的演讲之中,已经强调了由于伊朗军舰拒绝遵守阿拉伯河航行规则而给国际航运带来的危险性,但更为重要的是,应该找到一些解决方案,以此确保伊朗政府承诺其船只将遵守为航行安全制定的规则,且不妨碍最终对河流的主权做出裁决。伊朗的代表在演讲结束时,提出了一种安排方式,毫无疑问这种安排无损于整个问题的解决。自1932年以来伊朗人的活动似乎受到了一种想法的启发,即单方面的暴力行动可以预见和促成一个裁决的形成。但是从伊拉克政府所做出的保证来看,他们似乎并不打算去追求这种想法所带来的利益。

除非双方政府临时性地达成一致意见,否则在延绵1000公里的陆地边界上每天都有发生严重事故的风险。两国政府军队,军警武装力量可能会发生冲突。但更难预防的是,伊拉克部落和伊朗警察之间可能发生的冲突。例如,在伊拉克提交申诉书前的两三个星期,伊拉克境内的一个伊朗哨所里的一群伊朗警察逮了300头羊,伊拉克部落聚集在一起

---

① Narrative of Events maintained by Major C J Edmonds during the Session of the Council of the League of Nations: Iraqi-Persian Boundary Dispute, January-September 1935, *Arabian Boundary Dispute*, Volume 2, *Iran-Iraq* II, 1909-1937, p. 373.

攻击伊朗警察要追回自己的财产。这种情况下,只有向该地区及时派出足够的伊拉克警察部队才能解决麻烦,而唯一可依据的就是现有确定的界线。在最终解决这个悬而未决的问题之前,只有在不损害伊朗人的权利前提下,让他们得到了他们觉得自己应该拥有的权利后,他们才会同意这样的安排。

英国在意大利仲裁前,同伊拉克统一观点,英外交部对英国驻伊拉克顾问训令:"在与伊拉克代表团或意大利政府的任何讨论中,你都应该牢记上述考虑事项,除非你认为这是真的,否则就不要进行正式干预。你应该竭尽所能来确保不会达成有损于英国政府在阿拉河上直接利益以及对英国在阿拉伯河及其航道有巨大优势的拟议的三方管理委员会的安排。"① 这两种协议都有同样的目标:1847 年实施的埃尔祖鲁姆条约,伊朗认为这是"不存在的"。在国联理事会之前,伊拉克和伊朗的辩论表明,双方的分歧很大,而且双方缺乏共同特征。伊拉克对伊朗拒绝边界条约越来越失望,这让她提出,边界争端应该提交给国际法院的永久法庭。国联理事会未能解决边界冲突问题,促使伊拉克与伊朗展开直接谈判。为了这一目的,由奴里外长领导的一个高级伊拉克代表团在 1935 年 8 月对德黑兰进行了正式访问。代表团会见了国王,他在解决争端方面表现出了一定的灵活性。伊朗国王表示他愿意承认《埃尔泽鲁姆条约》,条件是伊拉克在阿巴丹港前为伊朗船只让出三英里的锚地地区。奴里回到巴格达后,将伊朗对伊拉克政府的要求转达给了伊拉克政府,经过广泛的讨论,伊拉克政府断然拒绝了伊朗的要求,理由是伊拉克宪法不允许任何伊拉克领土的割让。然而,政府同意将锚地地区租借给伊朗,前提是伊朗愿意接受伊拉克要求尽早划分有争议的边界的要求。尽管如此,国际事件的压力,尤其是意大利在 1935 年对埃塞俄比亚的施

---

① Telegram from Foreign Office to Rome, 26 January 1935, *The Iran-Iraq Border*, 1840 - 1958, Vol. 8, p. 225.

压,在整个地区引发了冲击波,认为促成伊朗和伊拉克和解的催化剂,这从1937年的边界条约的结论中可以窥见一斑。

二、案件撤回

应伊拉克政府要求,特派员阿卢瓦西在1935年5月25日向国际联盟理事会所做的有关伊拉克-伊朗边界的报告中,建议两国政府应当通过直接对话,以寻求化解争端解决道路上的障碍。鉴于伊朗政府反复声明希望通过直接协商解决争端,同时也为了表明伊拉克政府愿意化解纠纷的诚挚愿望,奴里外长亲率代表团前往德黑兰。代表团出发前,伊朗外长与伊拉克公使馆进行的口头交流表示,伊朗政府不希望再向伊拉克政府施压以使其同意修改边界,而愿意满足于获得阿拉伯河的实际利益和好处。伊朗这一立场转变使情况看似变得有利,伊拉克外长踌躇满志,一度认为通常两伊边界和解的道路已然畅通。

1935年8月5日,伊拉克代表团抵达德黑兰,在双方的初始会谈后,8月11日早晨,奴里再次失望地收到了伊朗外长卡萨米的《友好条约草案》与附录。在奴里看来,这一条约草案委实难以令人接受,主要原因如下:"首先,第3条款规定,仅按照1914年的划界对土地边界进行重新界定,并且没有提及从凯尼(Nehr-el-Kaiin)河口到海洋的那段边界;其次,第5条对阿拉伯河情况的界定完全将主权问题模糊化;第三,附录第二条,即对阿拉伯河行政管理的协议草案中,措辞明显暗示要改变从河左岸到码头的边界,或更确切地说,改变中线。"①

在之后的会谈中,奴里向伊朗外长指出,这些草案不仅与之前传达给公使馆的意见不一致,也与卡萨米外长在初始会谈中一再保证的,伊朗政府不要求改变阿拉伯河边界线的观点不一致。随后,在8月13日

---

① Narrative of Events maintained by Major C J Edmonds during the Session of the Council of the League of Nations: Iraqi-Persian Boundary Dispute, January-September 1935, *Arabian Boundary Dispute*, Volume 2, Iran-Iraq II, 1909–1937, p. 389.

晚，奴里以会谈首脑声明草案的形式，递交给卡萨米一份详细的提议，讨论一系列对 1914 年划定边界的重新界定以及与边界相关的所有问题的条约及协议。"因此，这份草案是解决法律问题的基础，而法律问题与解决我们两国政府密切关切的实际问题息息相关。这份草案也与特派员的建议一致。"①卡萨米告知奴里，由于没有具体提及早先的条约和协议卡萨米准备接受此份草案作为谈判的基础。

8月19日，伊朗总理告知伊拉克外长奴里，他准备同意对 1914 年划定的从与土耳其接壤的地方一直到海洋的整个边界线进行重新界定，条件是充分保证伊拉克在阿拉伯河上准备承认的、或割让给伊朗的权利和实际利益应得到永久保障，并且不能因伊拉克政府单方面的行动而废除。奴里向伊朗总理承诺，伊拉克政府将以最支持的态度研究考虑任何伊朗认为符合其国家诉求的解决方案。然后时隔一天，情况又急转直下，8月20日晚，奴里得知目前提出一个合适的解决方案是不可行的，而且之前看似有希望达成的协议现在也难以达成。

伊朗政府已意识到，国际联盟理事会将于 9月4日开幕，并于 9月9日召开大会，一些与伊拉克有关的议题已列入大会议程。奴里表示，他本人需要带领伊拉克代表团前去参加国联大会，因此伊拉克代表团不得不最晚于 8月26日即周一离开德黑兰。自从代表团抵达德黑兰以来的这17天里，没有能取得更多实质性的进展。奴里外长再次向波斯政府表明，希望能在他离开前，根据此前双方口头协定，就解决原则性问题提出一些解决方案，但奴里外长担心剩下的时间不足以进行任何条约或协议实质内容的讨论，只能推迟到新的地点和时间进行了。

伊朗政府认为伊拉克代表团对伊朗的政策存在一些无解，1935 年 8月25日，在伊拉克代表团离开德黑兰前夕，伊朗外长卡萨米致函奴里外

---

① Narrative of Events maintained by Major C J Edmonds during the Session of the Council of the League of Nations: Iraqi-Persian Boundary Dispute, January-September 1935, *Arabian Boundary Dispute*, Volume 2, Iran-Iraq Ⅱ, 1909–1937, p. 389.

长,就他认为双方间可能存在的误解做了五点书面的说明。

首先,您提到您来到德黑兰这件事,即在合适的情况下您准备前往德黑兰,尽管更合适的做法是在巴格达进行会谈。我想提醒您的是,您前往德黑兰这个决定,与您自己通过土耳其外交部长传达的意愿是一致的,同时附带的还有一个条件,即同意不应提及1914年的协议。我对本国政府友好的气氛与热诚的态度很有信心,因此立刻对您的提议表示欢迎,并对两国间达成直接协商表示高兴。国王陛下政府一直希望进行直接协商。

第二,您称伊拉克公使馆得到口头的暗示,即伊朗政府不希望向伊拉克政府施压以使其修改边界,而愿意满足于获得阿拉伯河的实际利益。事实上,我反复告知阁下,如果有任何人对伊拉克公使馆说了任何话,那么他传达的信息一定是指伊朗政府没有施压以改变边界中的陆地部分;但如果任何人说了什么,那一定是说话人的个人看法,而此人没有权威发表这样的言论。

第三,在来信第三段的末尾,您说我曾向您反复保证,伊朗政府不要求改变阿拉伯河边界线。我必须明确声明,我从未向阁下说过此话。相反,我一直强调和解释我国政府在阿拉伯河的合法和公平权利,以及遵守国际公认约定的必要性。我所做过的唯一声明是,如果波斯政府达成了在阿拉伯河的目标,那么政府将准备默认边界中陆地部分的现状。

第四,您说我告知阁下,由于遗漏了对一些条约的提及,我准备接受您的草案作为谈判的基础。不幸的是,就此事仍然存在误解。我所说的是,尽管我非常倾向于签订一份友好条约并在条约中解决边界和阿拉伯河问题,但既然能达成某个成果是很重要的,那么如果阁下坚持希望最终的解决方案可以采用会议记录或书信往来的形式,我就不应继续坚持使用条约的形式,而同意采用会议记录或书信往来的形式。但是我不可能同意您提议中的内容,因为它大部分都与我国政府的观点相反。

第五,关于您写到有关与总理阁下的谈话,我必须说明,总理阁下告诉我,他的观点大致是:波斯政府不会满意于成立联合委员会负责阿拉伯河的管理,而必须得到保证,确认波斯政府拥有在阿拉伯河不容置疑的合法权利。因此,如果阁下以为,总理认为成立委员会将取代阿拉伯河地区的边境问题,那么这是一个误会。当发现阁下对此事产生这样的理解后,总理阁下和我在波斯历1314年5月28日晚向您解释了事情的真相以确保不再出现误解。

波斯政府对在德黑兰举行的会谈未能迅速达成结果而感到遗憾。伊拉克政府坚持己见,完全没有考虑到波斯政府的难处。他们直接或间接地迫使波斯政府接受1914年划定的边界合法性以及《埃尔泽鲁姆条约》中的划界。然而,出于多种原因及证据,我国已不断向伊拉克政府当局重申,并在国际联盟中由我国代表解释过,波斯政府不可能承认1914年议定边界的合法性。

波斯政府怀着极大的诚意愿意直接与友邻解决纷争,为了解决伊拉克政府声称所面临的困难,也为了实际且具体地彰显我国政府希望与敬爱的邻国达成和平一致的内在愿景,波斯政府已准备好考虑不违背伊拉克特殊情况的方案,这方案同时还应秉持正确、公正、平等的精神,切合波斯的威信和荣誉。因为上述原因,波斯政府准备放弃部分合法诉求并降低部分期望。总理阁下和我考虑到伊拉克政府的反对,制订了几个方案并提交至阁下。但很不幸,阁下没有接受任何方案。您重申了之前的诉求,敦促我方承认1914年划定的界线,却没有对波斯政府认真考虑的重要问题给予任何便利。①

伊朗政府认为己方已采取一切可能的措施来争取取得成果和实现

---

① Narrative of Events maintained by Major C J Edmonds during the Session of the Council of the League of Nations: Iraqi-Persian Boundary Dispute, January-September 1935, *Arabian Boundary Dispute*, Volume 2, Iran-Iraq Ⅱ, 1909-1937, pp. 390-391.

目标,并以最好的方式展现了自己的诚意。卡萨米外长希望伊拉克政府能充分考虑到伊朗政府的处境,或者接受在德黑兰最后几天提出的方案之一,或者致力于提出一个伊朗可以接受的新方案。伊朗和伊拉克长达一个月的直接协商无果,1936年9月,两国重回国联。在日内瓦,伊拉克与伊朗方面的直接谈判已在以下四个方面开展:"(a)延迟伊拉克方面的请求的方案;(b)包括土耳其在内的互不侵犯三方条约;(c)和平解决争端的条约;(d)包含了边界问题解决方案的友好条约。"①这其中最重要的事项是友好条约,事实上这也是两国代表团来日内瓦所为的事情;但是它将在最后才会被讨论,因为相较其他事宜,它所取得的进展较少。

待伊拉克代表团抵达日内瓦后发现伊朗代表团正在四处散播消息,称两伊已就边界问题达成了完整的协议,伊拉克方面的请求正被撤回。卡萨米外长甚至告诉他的法律顾问,称两国已经协商好多项条约和协议,包括一个航行与自然保护公约,只剩双方代表团的法律顾问会面将内容按照法律格式措辞即可。

1935年9月19日,伊拉克法律顾问(Fachiri)与伊朗法律顾问(de Lapradelle)会面,希望向特派员撰写书信请求延期。伊拉克法律顾问已准备好一份草稿,伊朗法律顾问称伊朗代表团会完全拒绝使用"延期"这个词。自日内瓦会谈以来,双方均感觉情况与1935年1月份的会议及交涉状态类似,当时特派员无法向各方呈交解决方案,因为在他的众多草案中唯一各方都同意的一句话是:"向双方表现出的克制与友好的精神表示感谢"。②

9月19日建立了与意大利代表之间的交流,并于9月20日向阿卢

---

① Narrative of Events maintained by Major C J Edmonds during the Session of the Council of the League of Nations: Iraqi-Persian Boundary Dispute, January-September 1935, *Arabian Boundary Dispute*, *Volume 2*, *Iran-Iraq* II, *1909-1937*, p. 392.
② Narrative of Events maintained by Major C J Edmonds during the Session of the Council of the League of Nations: Iraqi-Persian Boundary Dispute, January-September 1935, *Arabian Boundary Dispute*, *Volume 2*, *Iran-Iraq* II, *1909-1937*, p. 392.

瓦西送去了伊拉克法律顾问所起草草稿的副本。9月24日,卡萨米外长撰写了一份反对此草稿的稿件,此稿件令人不快,因为其对谈判的实际情况进行了误导性的描述,如果再次将伊拉克方面的请求放入日程中,它可能会让理事会成员感到惊讶。

最终在9月25日,伊朗方面同意签署伊拉克法律顾问草拟的联合信件,但对其进行了修改,将措辞"请求贵方做出必要的行动以促成延期"替换成了"请求贵方让理事会延长给予我们的时间限制"。最终的文本被特派员的报告所引用双方同意应由特派员来宣布"延期"这个双方未达成一致的词。①

9月27日早晨意大利驻国联代表向各方传达了特派员的报告草案。伊拉克代表团毫无困难地接受了这份草案。卡萨米外长坚持要修改最后一句话:"在此情况下我认为,提议理事会应当延迟该事宜可以满足双方意愿。"②报告由理事会于9月28日接受。

在对话过程中,卡萨米外长称他提议在理事会会议上发表一个演讲,在此之前,他承诺会提前和奴里外长交流草稿,但后来他并没有信守承诺。从他的对话中似乎可以清楚,在没能将一封有误导性的信件交给特派员后,他打算在他的演讲中给人造成一个印象,即一切都已谈妥。因此奴里外长为以防万一准备了一个简短的演讲,并也同样告知了卡萨米。卡萨米外长随后同意不发表演讲。当双方代表都称他们不想发言,甚至不想按惯例向特派员表达感谢时,理事会主席表现得似乎难以置信。

鉴于欧洲局势的发展,土耳其政府敦促伊拉克和伊朗尽快解决纷

---

① Narrative of Events maintained by Major C J Edmonds during the Session of the Council of the League of Nations: Iraqi-Persian Boundary Dispute, January-September 1935, *Arabian Boundary Dispute*, Volume 2, Iran-Iraq II, 1909 - 1937, p. 393.

② Narrative of Events maintained by Major C J Edmonds during the Session of the Council of the League of Nations: Iraqi-Persian Boundary Dispute, January-September 1935, *Arabian Boundary Dispute*, Volume 2, Iran-Iraq II, 1909 - 1937, p. 393.

第四章　英国、国联与两伊边界纠纷(1934—1935)

争,伊朗方面已提出一份三方"友好安全条约"的草案。在日内瓦这个提议又被重提,为解决边界问题而进行的谈判也在以同样的速度推进。

9月19日,伊朗代表团提出了一份互不侵犯条约草案,某种程度上与在德黑兰沟通时的意见不一。同时,伊拉克代表团准备了一份更为详尽的互不侵犯条约与和平解决争端草案,草案是基于1928年仲裁与安全委员会提出的互不侵犯条约模板。这份草案于9月20日传达给了伊朗方面。卡萨米外长在回复中暗示,既然伊朗已经和土耳其之间有一份和平解决争端条约,他更倾向于把这两部分分开,第一个作为与土耳其的三方条约签署,第二个作为伊拉克和伊朗之间的双边机制。这一提议照做了,最后形成的伊拉克方面简短的互不侵犯条约草案。

9月21日,由伊拉克代表团发起,安排双方代表团自9月23日起每天进行会谈,目的是就此份与另外两份同时协商的条约内容达成一致。伊朗卡萨米外长在23日没有出席,但常任官员与法律顾问进行了会谈并取得了一些进展。24日,卡萨米和他的代表团没能履约;因此,伊拉克奴里外长愤慨地致信卡萨米外长。在25日早晨,部长们出席了会议,代表团取得了一些进展,但下午,伊朗方面再次离席,伊朗法律顾问也于25日晚离开日内瓦,伊拉克法律顾问于26日晚离开。然而谈判仍然继续,直到28日深夜,奴里离开前往巴黎才结束。

在最后几天卡萨米近乎疯狂地渴望在日内瓦促成一些协议的草签,这种态度多少与他在开始表现出的消极举动有些不符。但是,这种渴望似乎并没有使他在谈判中变得更随和。土耳其方面较为焦虑,认为应当完成互不侵犯条约草案。奴里外长感到,出于心理因素考虑,如果能达成互不侵犯条约和和平解决争端条约,则会很有效。因此努斯拉特·贝格(Nusrat Beg)和英国外交部艾德蒙斯一直待到30日,随后爱德蒙兹离开前往英国,贝格前往巴黎向奴里汇报进展,奴里外长于10月2日回到日内瓦。

由卡萨米、胡斯尼(Jemal Husni)和贝格在10月2日签署的互不侵犯条约草案在讨论中提出的一些要点也许值得注意。伊拉克代表团的当务之急是保证条约应与《国际联盟盟约》《凯洛格非战公约》和《英-伊联盟条约》保持一致；这一点在伊拉克草案的序文中得到了体现，在第9条款和第4条款中被接受。

伊拉克的草案版本中第3条款，规定在国际复杂难题中进行相互磋商，是希望从更严格的意义上满足伊朗德黑兰草案中的第3条款。伊朗方面明显不明白原因，将其删除了，随后又要求将它重新加入到一份更全面的草案中。最终版本比之前的限制更多。

在9月24日伊朗反对草案中第4条款，最开始是被重写为放弃侵犯的条款（并包括对侵犯的定义），而不是放弃战争。第四条定义，对不构成侵犯的行为的定义，是打算包括伊拉克在英-伊联盟中的行为。

第5条款是一个有趣的例子，印证了伊朗方面想尽可能限制国际联盟发挥的作用。伊拉克原始草案中提到，遭受侵犯的国家不能被动地挨打，伊朗反对这一条。为满足伊朗意愿，又新加了一句话："之前的规定不应被视为损害各缔约国在等待理事会结果期间采取必要手段的权利。"伊朗方面拒绝将斜体字部分加入条款，他们暗示，在理事会宣布决定之后各国的行为应符合这一决定。这些文字最终被删除。当然，这并不能影响联盟盟约规定的任何职责。

第7条款最初出现在9月24日波斯的反对草案中："各缔约国承诺，在他们各自的界限内，避免成立可能扰乱其领土秩序与安全、或损害各自政府政权的帮派、组织或联盟。"这条被认为太过于一概而论，与伊拉克宪法有所不符；最终接受的文本包括了对帮派、组织和联盟的具体定义。

在最后时刻有人建议条约应当得到阿富汗的支持。我不清楚是否咨询了阿富汗代表的意见。9月30日伊朗方面撰写了一份有关此点的协议草案，但并没有被纳入签署的文本中。在伊拉克方面，这份草案并不是签署以后便不得更改了，而附有一份背书，大意是伊拉克代表将把此条约草案推荐给政府。

关于和平解决争端条约,唯一的争论是有关第 20 条款。伊朗方面反对按照伊拉克草案的第三段,无偿地给予第三方权利干涉仲裁程序。因此在第二段,"调解"和"程序"中间插入了"或仲裁"几个词,并删除了整个第 3 和第 4 段即根据常设法庭法规,第三方拥有干涉的权利。

根据指示的条款,伊拉克代表团得到授权,对一份,有待进一步审核的,简单的友好条约文本进行协商,此友好条约应包含一份基于 1935 年 8 月 25 日伊朗国王向奴里外长所做声明的边界问题解决方案。

9 月 17 日,一份条约草案送交给了卡萨米外长。9 月 18 日与他就此草案进行了讨论。9 月 20 日卡萨米提出了一份反对草案,对之前提到的互不侵犯条约的谈判也在以同样的速度进行。

在 10 月 2 日最后一次会议中,当双方就两份条约的文本达成一致时,努斯拉特·贝格(Nusrat Beg)提醒卡萨米外长,代表团来到日内瓦是为了边界问题,有必要重启谈判,最好是在巴格达。卡萨米外长称他个人对去巴格达没有异议,他将在返回德黑兰后立即安排重启谈判的事宜。

国联没有得出任何结论,1936 年 4 月 27 日和 5 月 4 日同意撤回案件,并重新开始双边磋商。5 个月后,在 1936 年 10 月 29 日,巴格达发生军事政变。新政府屈服于伊朗的压力,同意在阿巴丹对岸 4 英里长的地方按照河流中线原则划定两国边界,这被包含在 1937 年的伊拉克—伊朗的边界条约中。

第五章 边界再调整与《德黑兰条约》的签订
(1936—1937)

继国联调解无果之后,1936年初,两伊之间再次展开新一轮密集的磋商,由于国际形势的发展以及伊拉克国内政局的调整,两国纷纷从此前的强硬立场后退。伊拉克率先提出了解决阿拉伯河争端的新模式,即将彼此争议较大的管理和航行协定暂且搁置,直至沿阿拉伯河的最后的边界线划定后再重新启动,这为达成新的边界协定提供了契机。在英国的外交斡旋及协调下,1937年7月4日两伊签订了新的边界协定——《德黑兰条约》,此约将伊朗对阿拉伯河的主权延伸至阿巴丹港区周围的水网地带,但也重申了此前1847年《埃尔泽鲁姆条约》和1913年《君士坦丁堡公约》的有效性。如此,伊朗从伊拉克手中获得了一块长约四英里的锚地,条约条款中同时规定由一个新召集的边界委员会重新划定阿拉伯河边界,并且一项关于阿拉伯河的保护公约将在条约签订后12个月内出台。尽管此后伊拉克政府批准了该项条约,但它更多的是伊拉克在国内政局动荡的情况下所行的权宜之计,伊朗对此约亦诸多不满,一直愤愤不平。因此,有关阿拉伯河主权的归属问题仍未得以彻底有效解决,后续的划界及完成保护公约的工作也鲜有进展。

1937年7月8日,伊朗、伊拉克、土耳其和阿富汗四国又借机签订了一项区域安全协定《萨达拜德公约》(The Saadabad Pact),这为此后两伊之间的合理关系奠定了基础。

第一节 矛盾与交锋

一、两伊间的指责与反指责

尽管伊朗和伊拉克双方都有意愿解决两国间悬而未决的边界问题,但自 1936 年初至 1937 年上半年,在经历了近一年半密集的商酌后,两伊代表团间的谈判仍未能得出实质性结论。伊朗国王自 1935 年 8 月以后也亲自参与谈判事宜,他以伊朗政府完全承认此前规定的从北部到大海的整个边界线,来表达自己全力以赴,解决问题的诚意,伊拉克政府则允诺让与伊朗一个足以满足阿巴丹需要的锚地,以此消除两国间在边界问题上最主要的分歧。但令人深感遗憾的是,尽管双方都抛出了一些橄榄枝,但在此基础上进行的谈判至 1936 年年中也未能取得任何成果。

在伊拉克政府的意向中,拟议中的阿拉伯河管理委员会应兼具两大类管理职能。具体而言,第一类关涉航行,包括航行控制、照明、引航和浮标的规定事宜,以及为方便航行而涵盖在内的所有其他事项;第二类涵盖了河流的疏浚和维护,以使其始终符合通行要求。这一类职能要求从技术角度对所有涵盖的事项授予行政管理权,以确保疏浚和维护工作经济系统地进行。因此,这一委员会的权力行使范围必须包括整个阿拉伯河以及河流两岸的支流水域,以便委员会能够控制支流水域对阿拉伯河可能造成的破坏,其中最关键的支流当属伊朗掌控的卡伦河(Karun)及巴赫曼希尔河(Bahmanshir),这也是双方当下主要的争议点。

伊拉克外长卡萨米认为,除非以书面形式确定产生分歧的根源,并本着坦率的精神审查和解决,否则这些谈判只会浪费时间,并引起不满和抱怨情绪的增长。为此伊拉克政府向伊朗发出外交照会,并提出两点建议:"首先,在开始讨论和划定阿巴丹锚地前,伊拉克政府希望双方坦诚地交流彼此对建立河流管理委员会的见解,因为,这是使双边谈判能够继续进行下去的前提;其次,河流管理委员会只能由三名成员组成,人数超过三名可能会将相关的控制权置于外国人手中,而人数少于三名即两个成员,通常无法组成一个委员会。"①伊拉克希望明确知悉伊朗政府是否准备在上述两类范畴的基础上落实河流管理委员会的构想,以便确定能否邀请英国政府直接参与相关问题的讨论和解决。

在没有得到伊拉克确切的回复前,伊朗认为伊拉克可能的态度不外乎两种情况:一是,伊朗政府拒绝授予委员会对所述第二类事项的管理权,即对阿拉河及其支流疏浚和维修的控制;二是,拟议中的管理委员会有权对属于第二类的事项提供咨询建议,然后由两国政府酌情决定是否予以采纳。如果这些提议均不符合伊朗政府的要求,那就意味着他们同意接受阿巴丹的锚地,与此同时又彻底放弃筹建一个阿拉伯河管理委员会的设想。这在伊拉克政府看来完全是不经之谈,因为伊朗政府要求对伊拉克领土内和属于伊拉克完全主权的地区内所发生之事务分享控制权,而与此同时,伊朗领土内的相应地区则被排除在委员会的权力管辖范围之外,这完全是措置乘方。

伊朗外长于 1936 年 6 月 24 日对伊拉克政府的上述外交照会做出了回应,他强烈谴责伊拉克在照会中所使用的措辞,指责伊拉克政府出尔反尔,把所有已发生的拖延事件的责任全部归咎于伊拉克,并认为伊拉克政府在这件事情上有垄断专横之嫌。卡萨米外长表示在本照会中,没有体现出他所声称的早已达成的有关阿巴丹锚地长度的协议,卡萨米表示:"沃德上校和巴扬多尔上校建议了一个 4 英里长的锚地,伊拉克政府已经表态同意,克拉克爵士也承诺过这个部分已经基

---

① Note addressed to the Iranian Minister in Baghdad by the Iraqi Minister for Foreign Affairs, 23 June 1936, *Arabian Boundary Dispute*, Volume 2, *Iran-Iraq* Ⅱ, 1909–1937, p.401.

本没有异议,因而可以敲定下来。而关于锚地问题,只有宽度还需要商讨确定。"①卡萨米表示,他已经向本国政府提交了报告,表示伊拉克政府已经接受了长度为4英里的锚地,但这一重要共识却没有写进伊拉克政府所发布的外交照会中,实属不当。对于锚地的宽度,伊朗政府表示,它们当然是主张按中间线原则划界,但是卡萨米深知伊拉克坚持将河流宽度的四分之一划为锚地,如果想让伊朗的政府同意接受四分之一的河流,并且让他出面调解的话,那么伊拉克政府需要有充足的理由,而这些在照会中也没有提及。因此,伊朗外长认为是伊拉克的政策谬误百出,从而延误了问题的解决。

唯一对阿拉伯河管理及航行事项感兴趣的国家是英国,伊朗同意英方加入这一性质的委员会,但对其定位是"二类成员",即英方有权参与到管理委员会中,但对委员会的各类决议无权过问。显然,英国无论如何都无法接受以此类身份加入委员会,长期以来,英国孜孜以求的正是在阿拉伯河的管理中,同伊朗、伊拉克两国享有平等的权力。故此,英国政府表示,除非它成为各类有关管理航行问题的协约之签署国,否则它将拒绝承认任何两国单独签署的协议。然而英国的立场被伊朗有意歪曲,6月24日上午,伊朗外长告诉伊拉克奴里外长,根据英国大使告诉他的情况,英国政府不反对伊拉克政府和伊朗政府之间达成的一项双重协议,这个协议甚至将有关阿拉伯河的问题涵盖在内,英国意识到这是一个非常严重的误解,必须马上予以澄清。

由于伊朗外长一直避而不谈自己的问题,却总是对别处诸多指责,为避免两伊再生误解,英国决定居中调解,并借机进一步表明自己在河流问题上的立场。英国政府官员贝特曼(Bateman)先生亲自同伊朗外长会谈,期间他向伊拉克外长解释到:"伊拉克照会的目的是在原则而不

---

① Record of conversation with Iranian Minister, 24 June 1936, *Arabian Boundary Dispute*, Volume 2, *Iran-Iraq* II, *1909-1937*, p. 402.

是细节上澄清事实消除误会。虽然伊拉克政府在这份文件中的任何一处都没有提及,但并不一定意味着他们在实际中就会不履行他们的承诺,更不意味着伊拉克就将违背承诺,如果他们确实许下过这种承诺的话。无论如何,经过近一年的会谈协商,这是在文件中出现的唯一的积极消息,这并不值得大肆宣扬。此外,贝特曼表示,伊拉克政府之所以要将问题引入决定性阶段,是因为口头形式的会谈导致了很多误解的产生,所以他们决定不能再这样下去了。"[1]贝特曼还告知伊朗外长,关于拟议中的阿拉伯河管理委员会,英国的本意是,如果两国政府有可能通过自己的独立努力达成一个只涉及陆地边界的协议的话,那么英国政府将不会阻碍这样的协议。另一方面,如果两国政府正在考虑全面解决问题的话,包括有关阿拉伯河的问题,那么英国政府将坚持:"参加谈判;签署相关协议;和在三方委员会中拥有同等的行政地位。"[2]

二、冲突再起

除在外交谈判中互相攻讦外,两伊边界也不安宁。1936年6月5日,29名伊朗士兵越过两伊北部边境地带村庄附近的边界,在伊拉克领土内扎营。当地的地方长官拜访了此伊朗支队的指挥官,并警示他们的行为已经侵犯了伊拉克领土。伊朗方面的指挥官承诺会将士兵撤到伊拉克的境外,然而他不但没有履行将士兵撤到伊朗领土的诺言,反而将支队的士兵人数增加到50人,这支部队随后在村庄的东北部建立了一个哨所。

伊拉克边境处处长分别在他1936年6月7日第671号照会和1936年6月18日第706号照会中,提请在此地的伊朗边境处处长关注这种对

---

[1] Record of conversation with Iranian Minister, 24 June 1936, *Arabian Boundary Dispute*, Volume 2, *Iran-Iraq* Ⅱ, 1909-1937, pp. 402-403.

[2] Record of conversation with Iranian Minister, 24 June 1936, *Arabian Boundary Dispute*, Volume 2, *Iran-Iraq* Ⅱ, 1909-1937, p. 403.

伊拉克领土的侵犯行为,并要求伊朗政府下令撤回这支小分队。然而,这些外交照会没有取得相应的效果,伊朗支队仍在伊拉克领土内活动,与此同时,另一伊朗支队已经越过伊拉克的马苏德(Masud)村庄附近的边境,并在那里建立了另外两个岗哨,一个位于两个溪流的交汇处,另一个位于村庄前面的小山之上,且这两个哨所都在伊拉克的境内。

鉴于两国政府在日内瓦的国联会议上所做出的承诺,大意是两国将禁止任何可能导致目前争端更难解决的行动,伊拉克当局认为,有可能伊朗高层领导对上述伊朗军队的行为尚不知晓,显然这种行为更多的是受地方边界官员的指使,他们明显无视当前的局势和两国政府之间的微妙关系。伊拉克外交部请求伊朗使馆立即采取行动,确保将这些军队撤出伊拉克边界并严惩对侵犯伊拉克边界承担责任的官员,并认为,这才符合伊拉克政府不断努力争取的与伊朗官员友好合作处理边界事件所追求的精神实质。

然而,在两伊陆上边界摩擦尚未平息之际,伊朗又在两国河流边界挑起事端。1936年7月5日,伊朗外长向伊拉克政府发出了一份外交照会,提及两件事情,其一涉及防疫检验站,伊朗外交部要求伊拉克政府向其官员发出指示,禁止他们采取任何单方面的措施对在阿拉伯河行驶的船只进行卫生检疫检查。伊拉克外交部复函表示:"这种要求是完全不可接受的,这种无法容忍的要求与它所声称依据的基础是极其不相符合的。"① 以此为开端,伊朗、伊拉克两国在这一问题上进行了一系列争锋相对的较量。

伊拉克义正辞严地表示,作为《国际卫生公约》的缔约方,伊拉克不仅有权,而且有义务采取措施对进入伊拉克领土的船舶进行卫生检疫,并且这类措施远不该构成遭人诟病的理由,相反,这应该成为所有缔约

---

① Nuri al-Said to Iranian Minister in Baghdad, 13 July 1936, *Arabian Boundary Dispute*, Volume 2, Iran-Iraq Ⅱ, 1909-1937, p.405.

国政府满意的源泉。伊拉克还特别指出,伊朗不仅是伊拉克的邻国,也是《国际卫生公约》的缔约国之一,按照公约约定,伊拉克不仅有权力,而且有义务对阿拉伯河上的船舶进行卫生检疫,以履行公约条款所赋予伊拉克政府的国际义务。"关于如何将这些公约条款恰当地应用到适当的国家,以及伊朗当局所做出的任何规定,都是获得签署公约的缔约国政府明确承认赋予的,这些缔约国包括伊拉克政府和伊朗政府。"①对于伊拉克的论点,伊朗政府提出了反驳,伊朗认为伊拉克政府对阿拉伯河上的船舶进行卫生检查而采取的或将采取的措施与《国际卫生公约》第52条和第66条不一致。

针对伊朗的反驳,伊拉克援引《国际卫生公约》的相关条款并做出了详尽的解读,在此基础上提出了自己驳斥,认为的伊朗的反对意见完全没有根据:"第52条第1段适用于'领海',而且'领海'一词则是严格地属于司法意义上的表述。因此,正如词语所示,条款的这一段不适用于伊拉克的国家水域。并可以做如下补充,进入阿拉伯河的任何船只已经越过了伊拉克的海岸,已经进入到伊拉克领土,因此更不适用于这一段。第2段规定,要求进入港口或海岸的船舶,例如进入伊拉克港口或沿海地区的船舶,要遵守该港口或海岸所属国家,即是伊拉克政府的卫生法律或法规的规定。伊朗轮船经伊拉克海岸进入阿拉伯河,必须接受伊拉克法律和法规的约束,而伊拉克当局采取的对阿拉伯河上的船只进行卫生检查的措施与第52条的规定完全不矛盾,第52条实际上是重申并加强了伊拉克采取这些措施的权利。关于第66条,如果伊朗认为这一条完全修改了伊拉克在阿拉伯河上享有的主权权利,伊拉克政府将表示强烈反对。"②

---

① Nuri al-Said to Iranian Minister in Baghdad, 13 July 1936, *Arabian Boundary Dispute*, Volume 2, Iran-Iraq Ⅱ, 1909-1937, p.405.
② Nuri al-Said to Iranian Minister in Baghdad, 13 July 1936, *Arabian Boundary Dispute*, Volume 2, Iran-Iraq Ⅱ, 1909-1937, p.405.

最后,伊拉克谴责伊朗政府提出这样的要求,是将双方在国际联盟理事会上做出的承诺置于危险的境地,并再次提请伊朗方遵守如下承诺:"两伊各方将不会采取任何可能导致事件复杂化的措施,直到消除了现有的分歧为止。"①

对于伊朗当局通过在陆地边境的伊拉克领土一侧设立伊朗警察哨所而进行的新一轮违约行动,伊拉克政府虽极度愤怒,但在外交上采取了克制和审慎的态度。伊拉克外交部向驻巴格达的伊朗使馆致意,并真诚地告知他们:"尽管伊朗政府在很多场合做出承诺,内容大意是伊朗官员不允许侵犯伊拉克边界,但是伊朗边境官员继续活跃地渗透进伊拉克领土。外交部有幸向您传达有关新近发生事端的相关信息,外交部认为这件事情与两国政府所秉承的友好相处的精神内涵十分地不协调。"②伊拉克最终考虑采取措施,将伊朗政府违反前款所指的承诺而进行的侵犯行为提交给国际联盟理事会知晓。

第二节 缓和与让步

一、重启双边谈判

1935年底,两伊边界谈判再次陷入僵局,伊朗和伊拉克相互指责,都认为正是由于对方的不负责任及短视,导致边界问题解决进程再次搁浅,国联对此亦束手无策。矛盾的焦点在于关于建立阿拉伯河管理委员会的公约草案在两伊间难以达成一致,草案蓝本最初由英国拟制,有两方面根本目标:"一是为阿拉伯河提供管理,确保维护其为一条可航行水道,以满足所有国家的航运需求;二是为控制阿拉伯河河道的航行,即要

---

① Nuri al-Said to Iranian Minister in Baghdad, 13 July 1936, *Arabian Boundary Dispute*, Volume 2, Iran-Iraq Ⅱ, 1909 – 1937, p. 406.
② Memorandum communicated to Iranian Minister by Iraqi Ministry for Foreign Affairs, *Arabian Boundary Dispute*, Volume 2, Iran-Iraq Ⅱ, 1909 – 1937, p. 407.

为所有航运提供统一的控制、管理和纪律，以保证安全有效的航程。为此两方面的目标，要建立一个阿拉伯河管理委员会，由三方成员组成，包括河岸国家伊朗及伊拉克，以及拥有90%通航船只的英国。"①对此，伊朗和伊拉克政府各怀鬼胎，伊朗外长卡萨米想在1936年上半年解决一些边界问题，包括通过国际间的管理公约来解决阿拉伯河主权争端；而亚辛帕夏反对在边界争端解决之前讨论任何相关事宜，并且他对于管理公约仍持厌恶的态度。在此情况下，阿拉伯河再次成为两伊边界问题的关键所在。伊朗外长卡萨米本能地反对公约草案的许多重要条款，其中最为核心的是，伊朗政府坚决反对将卡鲁恩河及巴赫曼希尔河置于拟议中的阿拉伯河管理委员会控制之下，为此他们宁愿放弃共享阿拉伯河的控制权，而这又导致伊拉克政府对其进行相应的反对，"例如：伊朗参与阿拉伯河的疏浚，仅仅是由伊朗政府接受英国参与谈判和签署公约的承诺，可能就不足以解决局势的困难了。这是为了确保伊朗人接受这一原则而不接受任何不受欢迎的承诺的进一步原因。"②

由此可知，英国最初兴致勃勃构想的作为平等一方参与关于阿拉伯河管理公约的三边协定明显无法实现，因为不论是伊朗还是伊拉克均对公约协定的建议鲜有兴趣。1936年初，伊朗、伊拉克及英国三方就建立一个关于阿拉伯河的三方管理委员会仍旧充满分歧，英国坚持认为："英国政府的提议，关于阿拉伯河的管理公约应由三方组成，他们认为自己完全有权参与其中，因为使用水域的绝大多数是英国船只，因此主要是英国的利益将受到拟议中的安排的影响。"③伊拉克政府则主张，让巴士拉港继续全面掌管阿拉伯河的行政控制。然而，他已经准备好为伊朗人

---

① Brief summary of the draft of the Shatt al-'Arab Convention, *The Iran-Iraq Border*, 1840 - 1958, Vol. 9, p. 23.
② Telegram from Foreign Office to Tehran, 17 January 1936, *The Iran-Iraq Border*, 1840 - 1958, Vol. 9, p. 13.
③ Telegram from Foreign Office to Tehran, 17 January 1936, *The Iran-Iraq Border*, 1840 - 1958, Vol. 9, p. 15.

提供一个三方航行委员会的协定,该委员会将为航行制定规则,并且所有涉及河岸国家的重大管理计划都将提交审批。伊拉克外长卡萨米不愿给予伊朗同等的河流管理的权力,因为他认为,"如果伊朗人在控制阿拉伯河事务方面拥有更大的份额,就会产生持续的摩擦和拖延。"①伊朗则表明,"伊朗愿意接受一个由伊朗、伊拉克和英国三方协商签署的管理委员会,前提是伊拉克政府要求他们这样做,作为回报他请求英国政府协助,在伊朗和伊拉克政府之间所有悬而未决的问题的指定时间内,为最终解决方案进行谈判。"②英国表示愿意为解决两国间的困局而调停,但关于具体的公约草案,三方一直难以达成共识,两国三方在边界问题上进入一种难以言说的胶着状态。

英国政府设想通过调整边界争议解决方案之优先事项应该能赢得亚辛帕夏满意,如果他认可管理公约原则的话,通过疏浚协议或是承诺,卡鲁恩河的困难能得到解决,那么其他问题也就迎刃而解了。伊朗外交部长再次请求英国政府的帮助,英国也表示非常乐意看到伊朗和伊拉克其他的相关利益问题得以解决,且越快越好。英国向伊朗承诺将会给予双方在程序和技术援助方面的最佳建议,以获取两伊的信任。"事实上,两伊双方都知悉,最好的方案是先解决包括阿拉伯河在内的边界争议,他们相信,当这一问题解决后,其他问题就会顺理成章。各方也知晓现在最需要的是伊朗和伊拉克代表本着合作与让步的精神,对具体和实际的提议进行细节方面的工作。"③

情势的转机发生在1936年1月末,伊拉克建议一种解决阿拉伯河争端的新模式,即将彼此争议较大的管理和航行协定暂且搁置,直至沿

---

① Telegram from Baghdad to Foreign Office, 17 January 1936, *The Iran-Iraq Border*, 1840 - 1958, Vol. 9, p. 11.
② Mr H Knatchbull-Hugessen to M. B Kazemi, 20 January 1936, *The Iran-Iraq Border*, 1840 - 1958, Vol. 9, p. 19.
③ Telegram from Tehran to Foreign Office, 7 February 1936, *The Iran-Iraq Border*, 1840 - 1958, Vol. 9, p. 33.

阿拉伯河的最后的边界线划定后再重新启动。关于河流边界,伊拉克也首次表示准备沿阿巴丹锚地将一条带状水域让与伊朗,作为回报,伊拉克希望伊朗能确定1913—14年边界条约的有效性,伊朗外长卡萨米并不欢迎伊拉克外长奴里的最新建议,但他不得不承认,这是伊朗政府在谈判立场上的重大进展,这使得在伊朗和伊拉克之间重新召集的磋商迅速制造了一种积极的发展态势,中辍已久的双边谈判再次开启。英国驻伊拉克大使也在第一时间将这一可喜的转变电告白厅,"今天早上,总理告诉我,在德黑兰的伊拉克部长的报告中,卡萨米提出的建议取得了显著的进展。现在看来,伊朗政府愿意接受现有的边界和相关权力,同意在阿巴丹转让一块锚地(他说他们要求一半的河流),并缔结一项阿拉伯河公约(伊朗的建议是在所有与控制河流和航运有关的问题上与伊拉克平分)。当我问他伊朗政府是否有其他附加条件时,他说没有。"①"卡萨米昨晚再次保证,伊朗政府将根据保护委员会的建议,对卡伦和巴赫曼希尔采取行动,尽他们所能使这些河流的管理与阿拉伯河的控制相协调。这提供了一个令人满意的基础"。②

此种转机由国际国内两方面局势引发,具体而言,国际事件的压力,尤其是意大利在1935年对埃塞俄比亚的施压,在整个地区引发了冲击波,作为促成伊朗和伊拉克和解的催化剂,导致伊朗和伊拉克为了应对新的威胁而将他们的分歧进行了融合。其次,伊拉克费萨尔国王1933年去世后其国内政局一度不稳,连带对外政策产生回旋余地,率先从强硬的边界立场后退,为重启双边谈判迈出了关键一步。特别是伊拉克贝克尔·西德基(Bakr Sidqi)在1936年11月发动政变后,随之而来的政治动荡削弱了伊拉克的谈判立场,并促使伊朗在阿拉伯河问题上获得了一

---

① Telegram from Baghdad to Foreign Office, 20 January 1936, *The Iran-Iraq Border*, 1840-1958, Vol.9, p.25.
② Telegram from Tehran to Foreign Office, 20 January 1936, *The Iran-Iraq Border*, 1840-1958, Vol.9, p.27.

些让步。

二、调整划界方案

两伊关系的缓和以及彼此从长期持定的强硬立场后退,确为双方再次通过外交途径解决边界争端提供了机会,然而具体的谈判过程并不顺遂,以至于在长达一年半的协商谈判过程中随时都充斥着谈判破裂、局势失控的可能。但在国际国内两方面形势的主导下,两伊最终达成了关于南部阿拉伯河地带新的边界调整方案。谈判伊始,具体的划界方案仍是争论的主题,双方不断调整和校正彼此在边界上的诉求,以寻求双方能共同接受的划界方案。

在初始的边界安排中,最突出的症结在于伊拉克坚决反对在阿巴丹对岸按中间线原则划界,而伊朗坚持要求在阿拉伯河上同伊拉克的平等权利。对此,伊朗外长萨米尔争辩说:"尽管想要的锚地会让伊朗拥有超过一半的河流主权,在那里,她实际上会把这一权利交给在河流公约下设立的委员会,这样,控制和船只自由通行就不能与之相互融合。但伊拉克在这条河流上既不给予中间线边界,也不让出河流的管理。"[①]

上述矛盾使得在巴格达的谈判再度陷入僵局,伊朗代表团甚至一度愤而撤离会场,居间斡旋的英国对于两伊谈判的僵持局面深感忧虑,极力安抚双方的不满情绪,"在今天同伊朗外长的谈话中,我表示了对于代表撤离的失望,并希望谈判没有破裂。外长确定,协商将继续通过外交渠道进行。"[②]然而双边谈判还是走到了濒临破裂的边缘,伊朗政府此后援引土耳其的支助,但适得其反,由于来自安格拉的交涉,使得谈判愈发拖延,一时难以达成任何解决方案。根据奴里的剖析,伊朗人并不热衷

[①] Telegram from Tehran to Foreign Office,18 April 1936,*The Iran-Iraq Border*,*1840 - 1958*,Vol.9,p.49.
[②] Telegram from Tehran to Foreign Office,18 April 1936,*The Iran-Iraq Border*,*1840 - 1958*,Vol.9,p.49.

于管理委员会的提案,这些提案在任何情况下几乎都被他们的主张推翻,因为他们坚持把所有的伊朗水域都排除在拟议中的管理委员会的控制之下,尤其是卡伦河和巴赫曼希尔河。他们却又迫切要求在阿巴丹对面以河流中线为边界,这似乎给人的印象是等同于以深泓线(thalweg)为界。更令伊拉克外长奴里质疑的是,如果把卡伦河和巴赫曼希尔河排除在外的话,进一步推进管理委员会的提议便没有任何实践意义。实际上,伊拉克已经为伊朗提供了许多替代方案,包括:(a)在英国所起草的管理委员会公约中增加了一条,即确保伊朗在阿巴丹对面的河流拥有阿拉伯河四分之一宽的水域;(b)一个只处理航行而不涉及管理的公约,在阿巴丹对面增加了一小块锚地;(c)在阿巴丹给予伊朗更大的锚地,条件是所有的导航控制等仍掌握在巴士拉港务局手中。伊拉克为达成公约协议,愿意做出上述让步,因在英国及伊拉克政府看来,当下,阿拉伯河管理委员会对伊拉克的价值大于对伊朗的价值,因为这将是对任何一种威胁阿拉伯河通航的有力保证,特别是伊朗现在正在复兴和发展巴赫曼希尔港口,并力争将其排除在阿拉伯河管理委员会之外,如果伊朗的设想实现,将会造成阿拉伯河主要航道的损失和损害。英国政府也认为:"对于伊拉克来说,为了确保公约的实现而做出一些牺牲是必要的,并且如果能确保管理公约实现的话,那么,考虑在阿巴丹水域让与更大的锚地甚至也是值得的。"①

伊拉克同意以在阿巴丹地区让与锚地以换取伊朗对管理委员会方案的赞成,但对锚地的大小仍有自己的界线,"亚辛帕夏现在已经表示,伊拉克政府已经决定,在阿巴丹地区,有四分之一的河流是他们能给波斯人提供的最大的锚地。"②

---

① Note by Mr G W Rendel regarding a conversation with Nuri Said, 29 April 1936, *The Iran-Iraq Border*, 1840 – 1958, Vol. 9, pp. 67 – 68.
② Mr H Phillips, Admiralty to the Under Secretary of State, Foreign Office, 9 June 1936, *The Iran-Iraq Border*, 1840 – 1958, Vol. 9, p. 81.

第五章 边界再调整与《德黑兰条约》的签订(1936—1937)

伊朗外长卡萨米在同英国驻德黑兰大使交谈边界磋商问题时,也表明了自己的最低诉求:"波斯政府只想要两件小事,阿巴丹地区一半的河流以及一个控制和维持阿拉伯河的委员会。"① 英国大使乘机向伊朗外长提出建议:"我认为当伊拉克人被说服时,出于内在的和实际的原因,四分之一是他们能放弃的最大极限;伊朗政府要求一半的水域,这是犯了一个错误,因为四分之一能够给予伊朗政府它真正所需要的一切。"② 在关于阿拉伯河的三方管理委员会问题上,英国显然理解和支持伊拉克的诉求,英方认为伊朗要求分享阿拉伯河的管理权,却将阿拉伯河的两条重要支流卡鲁恩河和巴赫曼希尔河排除在管理委员会的控制范围内,对伊拉克而言这是不公平的。为弥合双方分歧,英国向伊朗提出了一条补充建议:英国政府可能会在协议中加入一项条款,即如果管理委员会认为有必要对阿拉伯河的航道进行疏浚,以及对其他任何国家水域的维护以保证其与阿拉伯河相邻的水域可通航,此类事项均应通知有关国家政府,相关国家理应接受并同意管理委员会的提议,但他清楚地表明,英国政府不会在条款中提及两个伊朗河流的名字。这实际是默许伊朗对卡鲁恩河和巴赫曼希尔河保留主权,但伊朗对这样含糊的声明依然不感兴趣。

然而,伊朗外长卡萨米经常改变他的论调,且一直没有做出任何承诺,在此情况下,伊拉克外长奴里率先致函伊朗外交部,清楚地表明伊拉克在阿拉伯河问题上的立场,并于6月23日向伊朗政府提出了最新的,解决争端的三个替代方案,以备对方选择,"方案一是两国建立英国拟议模式的三方委员会,具体包括对航行的控制以及对河流的疏浚和维护,控制卡鲁恩河最后三英里、整个巴赫曼希尔河,以及转让阿巴丹旁的水

---

① Telegram from Baghdad to Foreign Office, 19 June 1936, *The Iran-Iraq Border*, 1840–1958, Vol. 9, p. 84.
② Telegram from Baghdad to Foreign Office, 19 June 1936, *The Iran-Iraq Border*, 1840–1958, Vol. 9, pp. 85–86.

域;方案二是仅只控制航行的三方委员会,伊拉克水域相关的疏浚及管理权留在伊拉克手中,伊朗水域的则留在伊朗手中,但三方委员会将为各国管理当局提供建议,外加转让阿巴丹旁的水域;方案三是仅只转让阿巴丹旁的水域,无任何管理委员会。"①

1936年8月18日,伊朗回复了伊拉克6月23日的照会,保留了伊朗在日内瓦及随后的谈判中的陈述的权力之后,伊朗政府同意,由两伊之外的另一国政府提名,确定第三个成员国,三方组成一混合的伊朗—伊拉克委员会,负责控制阿拉伯河管理和导航。照会否定了任何特定第三方参与或签署协议的权利,然后要求对英国参与伊拉克的照会进行澄清,拒绝将卡鲁恩河及巴赫曼希尔河包含在委员会的执行范围内,并且挑战伊拉克在阿拉伯河上独立行动的权力。具体而言伊朗对于阿拉伯河未来的管理意见如下:"(A)阿拉伯河将无歧视的对所有国家商船开放。(B)两国水域的航行和管理由一个混合的委员会执行,以此方式来确保通道安全。(C)由委员会收取的航行费,应与所提供的服务相适应,不应超过管理的总成本。(D)伊朗和伊拉克的战舰在阿拉伯河上有自由航行和停泊的权力。(E)伊拉克和伊朗在阿拉伯河上有平等的捕鱼及灌溉权力。(F)共同组织和控制卫生服务和防止走私的措施。"②

伊朗政府的照会没有对伊拉克的三个方案做出明确选择,显然在于此三种安排都不符合伊朗诉求,伊朗依然要求在阿巴丹锚地以河流中线为界,并坚持一个拥有完全权力的管理委员会,然而卡鲁恩河及巴赫曼希尔河却要被排除在外。此外,对于英国参与阿拉伯河管理委员会,他们正在采取一种真正的态度,即试图摆脱以往的英国参与谈判和签署公约的承诺。总体来看,伊朗政府似乎已经放弃了在阿拉伯河上令各方满

---

① Telegram from Baghdad to Foreign Office, 19 June 1936, *The Iran-Iraq Border*, *1840 – 1958*, Vol. 9, p. 86.

② Telegram from Baghdad to Foreign Office, 21 August 1936, *The Iran-Iraq Border*, *1840 – 1958*, Vol. 9, pp. 108 – 109.

意的所有解决方案,他们显然在考虑发展巴赫曼希尔河流和港口,以规避对于阿拉伯河的需求;但同时他们也重新诉诸暴力手段,表现在对伊拉克的检疫规定提出抗议,理由是这违反了他们对阿拉伯河的主权。这种互相矛盾的行为令整个边界问题没有任何进展,并且似乎有重新回到日内瓦的可能。英外交部担心伊拉克政府在绝不必要的情况下中断直接谈判,关闭外交通道。

英国驻德黑兰大使西摩(H. J. Seymour)在巴格达了解到,将卡鲁恩河和巴赫曼希尔河包含在阿拉伯河管理公约中是切实必要且可行的。与此同时,横贯伊朗的铁路线建设即将完成,很可能会再次引发关于改善沙普尔港口设施的问题,因此如果在阿巴丹没有伊朗的锚地,那么两伊和解几无可能。鉴于阿拉伯河在伊朗和伊拉克两国战略重要性方面的重大差异,英国政府转而反思,作为任何协议的必要条件包含卡鲁恩及巴赫曼希尔是否非常重要,如果将这两条河流纳入管理委员会确是非常必要的,那么期待伊朗国王同意协议似乎没什么指望,即使假设有争议的其他点被成功地克服也是如此,因为"伊朗国王表示永远不可能接受任何一个国际化的委员会来控制卡鲁恩河和巴赫曼希尔河。"[1]英国认为,在任何情况下,如果伊朗政府坚持不将卡鲁恩河及巴赫曼希尔河置于国际控制之下,那么就需要面对这个问题并思考替代性办法。

在英国的建议下,伊拉克外长提出了新的缔约要求,即模糊和淡化对卡鲁恩河和巴赫曼希尔河必须归入拟议中的管理委员会的前提:"(a) 波斯承认现存边界;(b) 伊拉克向伊朗转让阿巴丹作为锚地;(c) 同意就阿拉伯河的航行和管理问题继续磋商。"[2]他希望伊朗接受上述三点作为谈判原则,那么边界问题可能在明年3月前解决,然后可以签订一

---

[1] Mr H J Seymour, British Ambassador, Tehran to Mr Aden, 31 October 1936, *The Iran-Iraq Border*, *1840-1958*, Vol. 9, pp. 113-114.
[2] Telegram from Baghdad to Foreign Office, 7 November 1936, *The Iran-Iraq Border*, *1840-1958*, Vol. 9, p. 115.

项互不侵犯公约,航行问题随即能够从容地解决。此后随国际形势的变化,以及各方希冀在1937年3月21日之前签订互不侵犯条约的紧迫要求,英国、伊朗及伊拉克都热切希望尽快解决悬而未决的两伊边界问题。英国外交部向伊朗外长发出照会,就程序问题提出如下建议:"首先,尽可能快地缔结一项条约,以伊朗国王的提议为基础,即:伊朗承认从土耳其边界一直到公海的原始边界;伊拉克向伊朗提供阿巴丹锚地,在所有和平和战争环境中,锚地要遵守航行自由及疏浚的权力。其次,在上述条约签订后,随即签订两伊及土耳其、阿富汗之间的互不侵犯条约。第三,上述公约签订后,两国政府立即开始公开磋商,以缔结一个关于阿拉伯河航行和管理的公约。最后,两国政府同意尽快就一系列的公约进行谈判,为了把我们两国关系的其他方面都放在一个坚实的传统基础上,这些公约是必要的。"①

英国政府俨然认为,如果要达成一项持久而令人满意的解决方案,那么对于整个航道系统的统一或至少协调的技术控制将是至关重要的。因此,最明智的做法将是继续努力达成全面解决方案,特别是在阿巴丹锚地的割让可能是伊拉克人手中掌握的最有力的手段,来确保伊朗接受管理委员会的安排。"但是,英国政府现在一如既往地迫切希望看到伊拉克和伊朗之间的争端早日得到解决,并且不希望妨碍或推迟任何旨在结束冲突的行动,或旨在缩小冲突的范围,前提是英国的利益不会受到负面影响。至于深泓线边界,海军部仍然最担心的是要避免超过一百码的锚地,因为他们仍然认为船只应该能够在不经过波斯水域的情况下通过巴士拉。这方面的问题仍在讨论之中。"②

关于解决同伊朗的问题,伊拉克也有自己的新主张。1936年11月

---

① Draft letter to the Minister of Iran making proposals for the settlement of outstanding questions on the boundary, *The Iran-Iraq Border*, 1840 – 1958, Vol. 9, pp. 117 – 118.
② Telegram from Foreign Office to Baghdad, 16 December 1936, *The Iran-Iraq Border*, 1840 – 1958, Vol. 9, pp. 120 – 121.

28日伊拉克将一份外交照会呈递伊朗外长。伊朗对1936年11月伊拉克照会很快做出回复,伊朗政府明确了想要尽快解决两国之间现有分歧的态度,并希望可以在友好的基础上建立两国间关系。对伊拉克照会中的各项提议均予以支持,并准备根据以下原则达成关于边界的协议。"首先,认可1913年公约以及1914年的划界流程符合边界条约第二段所规定的变更。第二,在阿巴丹的北部,阿巴丹的港口应该被割让,长度为4英里,即从1号码头(北纬30°20′12″,东经48°16′12″)到舒塔特岛的上端(北纬30°17′21″,东经48°19′6″)。宽度应该以阿拉伯河中线或是深泓线为界。第三,阿拉伯河将对所有国家的商船平等开放,并按照船舶吨位和水利管理费用征收航运费。"[1]如果伊拉克政府接受上述提议的话,伊朗政府将在边界协定缔结后签署伊朗、伊拉克、土耳其、阿富汗之间的互不侵犯条约,以及其他一些协定的公开谈判。

伊朗的提议原则上被接受了,在1936年2月3日,奴里外长同伊拉克政府签署了一个协定草案,体现了对于阿巴丹对面边界的立场变化,初步同意承认伊朗在阿巴丹对面拥有阿拉伯河宽的四分之一,这种变化曾是伊朗外交部长想要的。伊朗和伊拉克之间的双边谈判一直持续至1936年4月中旬,4月1日时伊拉克政府将一份草拟的边界协定传递给了伊朗公使馆,文件中所呈现的划界协定是:承认伊朗在阿巴丹对面拥有阿拉伯河宽的四分之一,这显然背离了伊拉克拥有阿拉伯河完整主权的诉求。幻想破灭的奴里在1936年4月29日会见了英国外交部伦德尔(Rendel),并向他汇报说:"在最新一轮的谈判中关于管理公约没有取得任何实质性的进展,而且调解各方在阿拉伯河的诉讼主张也证明是极其困难的。"[2]更重要的是这使得伦德尔获得了这样的印象:"奴里不是非常

---

[1] Telegram from Baghdad to Foreign Office, 23 January 1937, *The Iran-Iraq Border*, 1840 - 1958, Vol.9, pp. 147 - 148.

[2] Note by Mr GW Rendel rearding a conversation with Nuri Said, 29 April 1936, *The Iran-Iraq Border*, 1840 - 1958, Vol.9, p.67.

强烈的反对阿巴丹对面以深泓线（Thalweg）划界的观点，但他不可能接受由伊朗提出的解决情况的协定。"①

但边界协定直到1937年7月4日才签订。尽管对协议的领土条约已取得了一致性意见，各方仍需对伊朗此后在阿拉伯河的行动权力取得共识。在1937年6月的一份备忘录中，伊朗新外长萨米尔坚持要求对伊朗和伊拉克在河流平等利益的清晰说明并且寻求在对于阿拉伯河流的管理中扩大联合控制的区域。奴里在1937年7月16日的对萨米尔的回复中某种程度上迎合了伊朗的要求。简短的而具有决定性的磋商于6月底7月初在德黑兰举行。在一个权宜性的安排得以确保后，伊拉克将继续执行管理措施一年，或是按照1937年7月4日所签订的《德黑兰条约》所持续的任何时间。

三、英国立场的转变

两伊双边谈判重启后，所有的磋商都是在两国间直接进行，然而英国一直居间对两国进行政策引导及咨询，英国的影响力及政策取向始终是两伊谈判进程的一股重要牵引力，最终两国达成新的协议，除了各自政策的转向外，也同英国政策立场的转变密切相关。

首先，就英国立场而言，它乐见两伊建立平等友好的关系。英国在两伊边界争端中唯一的直接利益是通航阿拉伯河90%是英国船只，英方希望能在阿拉伯河上维持一个稳定的局面，并保持对航道适当的经济和技术管理。因此，英国政府向伊朗及伊拉克建议，建立一个包括英国在内的三方管理委员会，拟定管理公约，将能克服目前的困难形势。伊拉克或多或少的接受这一提议，伊朗也未直接拒绝。但伊朗拒绝允许伊拉克人在控制流入阿拉伯河流的伊朗水域中有任何的发言权，特别是卡鲁

---

① Note by Mr GW Rendel rearding a conversation with Nuri Said, 29 April 1936, *The Iran-Iraq Border*, *1840-1958*, Vol.9, p.67.

恩河与巴赫曼希尔河,这一度造成了两伊外交谈判的困局。"伊拉克人很自然地认为在这种情况下他们没有理由必须给伊朗人控制阿拉伯河的伊拉克水域的发言权。至于阿巴丹锚地,很显然,伊朗人应该得到一些锚地,但是在锚地的范围大小问题上还有复杂的讨价还价,并且很难达成一致。"①英国政府仍然认为,针对所有问题最合适的解决方案是建立一个三方管理委员会来统一负责整个阿拉伯河水域体系物理的和技术的管控。起初,英国并不直接介入两国的交涉,"我们迫切希望看到两国建立友好关系,因此我们很明确,如果双方没有我们的帮助就能够达成一个解决方案的话,我们不希望站在边界问题的解决方式上,我们不会向一个管理委员会提出我们的建议,使其直接解决边界问题更加困难。"②

1936年初,英国对于两伊边界问题的关注点仍聚焦于缔结一个伊朗、伊拉克及英国组成的关于阿拉伯河的三方管理委员会,其中最核心的原则是,无论何种情势,英国都需作为平等一方参加,它竭力避免再次出现1935年底时两伊抛开英国直接进行双边谈判的局面,为此,英国分别同伊朗和伊拉克展开外交接触,重申英国的政策立场。此前,伊朗政府曾表示,伊朗不反对英国政府参与任何同阿拉伯河管理委员会相关的谈判,但反对英国政府成为管理委员会协定的签字国,并且目前正在进行的一项管理委员会谈判中,不是根据由英国政府起草的三方公约草案,而是由伊朗起草的两伊双边公约,英国可以作为第三方代表参与到委员会中。并且这一程序已经在日内瓦同英国外交大臣艾登取得了共识,对此,1936年1月13日,英国驻德黑兰大使致函伊朗外长卡萨米,并提出了严正抗议:"我声明,我印象中与此完全不同,我没有任何的信息

---

① Note by Mr G W Rendel regarding a conversation with M. Numan, Turkish Permanent Under Secretary of State for Foreign Affairs, 22 May 1936, *The Iran-Iraq Border, 1840 - 1958*, Vol.9, p72.

② Note by Mr G W Rendel regarding a conversation with M. Numan, Turkish Permanent Under Secretary of State for Foreign Affairs, 22 May 1936, *The Iran-Iraq Border, 1840 - 1958*, Vol.9, p73.

来表明英国政府已经同意了这样的程序。恰恰相反,我确信,英国政府认为,谈判应该以最新修订的三方公约草案为基础。此外,英国政府从一开始就非常清楚地向伊朗和伊拉克政府表明,成为拟议中的委员会一方对英国而言是至关重要的。"①

1936年1月15日,英国外交部专门出台了一份《关于英国代表在缔结阿拉伯河保护公约的磋商的指导说明的备忘录》,提出了7条重要原则以为在同伊朗和伊拉克磋商中坚守,其中前两条强调了英国必须以平等身份参与协商和委员会:"英国政府认为最根本的原则是,本公约应是伊拉克、伊朗和联合王国之间的三方协议,没有任何其他权力的参与,而且在所有与签名、批准、延长、修订或谴责有关的事项中,英国将与其他两个签署国一样处于相同的地位。英国认为另一原则是,根据公约设立的委员会由伊拉克、伊朗和联合王国政府任命的三名成员组成,没有任何其他国家任命的成员,而英国的成员将拥有与其他两国政府任命的成员相同的权力。"②

然而实际情况并非如英国所愿,当1936年1月伊朗和伊拉克之间的谈判再次召开时,向此前一样,它仍是双边谈判。英国对于谈判的进展以及双方的态度一度非常失望,认为不论是关于阿拉伯河的协议问题还是英国拟议的保护公约草案中所建议的边界问题均难以快速解决,"伊朗人、伊拉克人一直以来都无视英国政府无私的建议,是时候让它们自己去发现实际中的种种困难了。"③

伊朗和伊拉克之间的磋商在伊拉克境内一直持续到1936年4月中

---

① Mr H Knatchbull-Hugessen, British Ambassador, Tehran to M. B Kazemi, Iranian Minister for Foreign Affairs, 3 January 1936, *The Iran-Iraq Border*, 1840–1958, Vol.9, pp.4–5.
② Memorandum of Instructions for the Guidance of the British Representatives in the negotiations for the conclusion of a Shatt al-'Arab Conservancy Board Convention, 14 January 1936, The Iran-Iraq Border, 1840–1958, Vol.9, p.8.
③ Telegram from Foreign Office toBaghdad, 21 January 1936, *The Iran-Iraq Border*, 1840–1958, Vol.9, p.28.

旬，但直至1936年末，英国才最终接受了这样一个事实，承认由英国白厅及其他政府部门在1935—1936年间所执行贯彻的政策当下已经难以为继。1936年12月30日英国外交部出台了一份《关于伊朗-伊拉克边界的外交部备忘录以及新政策建议》，以此为标志，重新定位英国的角色，全面调整英国对两伊边界争端的政策立场，对英国在此后相关事件中采取的政策提出四点具体原则：

1. 为了修改至今为止给予伊拉克政府的关于提议中的在阿巴丹的波斯锚地宽度的建议：为了达到最后的解决边界争端的观点，这个锚地应该扩展至通过小溪的航道分界线。

2. 为了建议伊拉克政府，它们应该承认这种让步，以使得这成为波斯政府接受的条件：上述的同意将会加强伊朗对于除阿巴丹之外，1913—14年的边界线的所有地点的接受，并且排除对于以伊拉克冠名整个罗冈海峡这件事的任何疑惑。所有船只有权通过阿拉伯河的一个安排：即无论是伊朗还是伊拉克都应永远确保不论是在战时还是在和平时期，所有国家战时的战舰和和平时期的商船通过阿拉伯河，至少应确保属于波斯和伊拉克以及其盟国的战时的战舰和商船可以通过。

3. 劝告伊拉克政府暂时搁置要建立一个预期的模棱两可的三边保护委员会的建议，转而寻求与波斯政府的一项安排，如果可能的话，同时确保承认阿巴丹锚地，以确保航行控制权以及建立一个咨询委员会，如果可能的话，委员会在违背任何影响河流的协定中应有强制性权力。

4. 劝告伊朗政府好好考虑这些提议，并尽可能与伊拉克政府达成协议。行事的时机及方式将在下一阶段考察。[①]

[①] Foreign Office memorandum on the PERSO-Iraqi frontier and proposals for a new policy, 30 December 1936, *The Iran-Iraq Border, 1840-1958*, Vol.9, p.123.

在形成这个新政策时,白厅正确的判断了伊朗政府的态度。因为在 1937 年 1 月 20 日,萨米尔先生(Monsieur Samiy)转交了一个提议,这一提议形成了最终在 1937 年 7 月 4 日签订的最后协定的基础。如果要调整边界沿阿巴丹河对面航道分界线 4 英里校正边界线的话,伊朗需要承认 1913—1914 年划界的有效性。白厅还提议,阿拉伯河应该对所有国家的商船以同样的条款开放,并且航行税的税额应该基于船只的吨位以及对河流的保护和管理的花费来征收。阿拉伯河应该向伊朗和伊拉克的战舰开放,并且双方都应该承担缔结一个关于建立保护河流主航道的航行机构的责任。

伊朗的提议在巴格达被热情地接受了并且在 1937 年 2 月 2 日被帝国防务委员会的一个附属委员会仔细的检查了。给驻巴格达大使的电报草案应由外交部准备,因海军部的赞成,包括如下几条:

> 英国政府认为值得做:即伊拉克政府应该在波斯政府所提建议的基础上解决边界问题,遵守波斯政府所接受的条款,保证:伊拉克及英国战船完全合法的通过任何在阿巴丹地域让与波斯的水域的通航权力(包括军队运输船,军舰及航空力量补给船)。

> 伊拉克和英国军舰通过这些水域的持续的检查能力。在合适的时间英国努力尝试建立一个三边管理委员会,即使卡鲁恩河以及巴赫曼希尔河不得不从管辖权中被排除出去,但是如果这个目的不能达到的话,那么在外交部的备忘录中,一个具有中心建议权的国家的委员会体系将是可以接受的。

> 应该建议伊拉克政府尽快将边界协定步入正轨,假定阿巴丹锚地有充足的保证,不需要等待接下来的河流保护的结论。①

自此,英国对两伊问题的影响程度和介入力度都大不如前,直至

---

① Minutes of a meeting held by the Committee of Imperial Defence, 2 February 1937, *The Iran-Iraq Border*, *1840 - 1958*, Vol. 9, pp. 168 - 169.

1958年伊拉克革命最终结束了英国与两伊边界问题间的紧密联系和对两伊边界演变及管控的持续介入。

第三节 《德黑兰条约》签订始末

一、1937年《德黑兰条约》的签订

英国在两伊边界问题上政策立场的调整以及伊朗、伊拉克在谈判桌上的让步与缓和,为两伊订立新的边界条约提供了契机。自1937年6月起,伊朗、伊拉克及英国聚力于新的条约草案,在短暂的交锋后,两伊就新的边界条约达成共识并于1937年7月4日签订《德黑兰条约》。

在两伊对阿巴丹锚地范围及阿拉伯河主权分配等此前的难解之结达成谅解后,对具体划界草案的拟制便是一段时间内解决边界问题的核心要义,伊朗和伊拉克对草案的要点各有构想,且都希望己方草案成为最终的法律文本。

1937年3月27日伊拉克首先提出自己的草案要点:"(1)伊拉克盟友的通行权。(2)阿巴丹锚地的疏浚(3)管理和航行公约。条约4B:本条约第二条所规定的界线的变更,不得对两大缔约国用于非商业用途的战舰和其他政府船只有任何偏见,以及任何与伊朗和平相处的国家,只要得到伊拉克政府的许可,就可以自由通行,不允许或阻碍任何可通航河道的任何部分。条约4A:在由深泓线形成阿拉伯河边界地区,在任何时候,当一项与之相反的协议没有生效时,伊拉克政府将行使责任和权力,负责防御深泓线两侧的疏浚以及其他必要的工作,并且在适合航行的条件下维护航道。"[①]

当伊拉克的条约草案被呈递给伊朗外长时,伊朗方表示,这一稿草

---

① Telegram from Baghdad to Foreign Office,27 March 1937,*The Iran-Iraq Border*,1840-1958,Vol. 9,pp. 183-184.

案同伊朗的草案差异太大,以至于伊朗几乎没有接受的可能性。他随即建立了委员会,起草了进一步的草案,应该尽可能密切地关注伊朗文本,并忽略了对伊拉克盟友的通行权。1937 年 4 月 11 日伊朗对伊拉克草案做出了细致回复:"第 1、3、6 条接受,第四条开放条款可以接受,但伊朗人认为这是片面的,并建议采用另一种方式。'事实上,在阿拉伯河上一些地方是以低水位线为边界,一些是以深泓线或中间线为边界,在整条河流中,不存在对两大缔约国使用河流的偏见。'外交部长告诉我,伊拉克打算接受上述修正案,在他的信中,向伊朗部长提交了条约的最终草案外交部长应提出上述两项保证,并对其正确理解伊朗部长的语言的影响做出答复。外交部长希望在 6 月 14 日土耳其外交部长访问之前就已经解决了问题。请我尽快获得你们的观察结果,总理告诉我,他认为立即缔结条约很重要,为了使与伊朗的关系得到改善,这一事件在上周被严重的边境事件所困扰。他表示,希望英国政府能与伊拉克政府达成协议,遵守上述保证中所有的要件都能确保,现在的条约是可以实现的最好的条约。"①

此外,伊拉克外长还秘密地向土耳其政府呈递了一份伊拉克和伊朗的边界条约草案,在他离开安卡拉的时候,交给了伊朗驻巴格达大使。并说:"土耳其政府对这份文件印象最深刻,他们认为这是伊拉克政府在解决与伊朗的边境问题上的一种有益声音和政治家的努力。此外,土耳其外交部长还对土耳其对伊朗驻安卡拉大使的影响留下了深刻印象,要求后者向国王发出紧迫的个人呼吁,请求国王陛下尽早与伊拉克达成和解,并建议现有问题的草案为我们提供了一个很好的基础。"②

"1937 年 5 月 4 日,伊拉克政府请求国联委员会在本会议上不考虑

---

① Telegram from Baghdad to Foreign Office, 3 June 1937, *The Iran-Iraq Border, 1840 – 1958*, Vol. 9, pp. 196 – 197.
② Telegram from Istanbul to Foreign Office, 1 May 1937, *The Iran-Iraq Border, 1840 – 1958*, Vol. 9, p. 193.

其在第 11 款第 2 款下的请求。"①参照 5 月 4 日有关伊拉克的政府的请求,应用程序根据第十一条,第二款应该撤回的议程委员会第 97 届国际联盟,伊拉克政府已经授权外长同意这一请求。

1937 年 6 月 22 日,伊朗及伊拉克外长几乎同时向英国大使表明各自政府对条约草案已有共识,英国大使认为"考虑到最近谈判的令人满意的进程,河流边界问题可以被认为是解决的。"②

"伊朗外长告诉我,伊朗政府已经指令他开始起草条约草案,与此同时,伊朗外长将两份注释的草稿交给了纳吉博士,以便在签字的时候进行交换。他告诉我,他将把这一草案提交给伊朗部长,如果它被接受,它将被初始化;如果没有,那将会在德黑兰进一步讨论其具体的形式。纳吉博士希望 6 月 27 日能在德黑兰签署边境条约和四国互不侵犯条约。"③"外交部长今早告诉我,他已经被邀请前方德黑兰签署边界条约,对方希望他周三能抵达。他解释说,双方还没有就交换文件的文本达成协议,这一点在德黑兰将进一步讨论。"④"伊拉克的草案符合形势的要求,外交部长不应接受任何一份草案,如第 1 号草案,在新的公约缔结之前,不提供保护期的持续时间。重要的是,伊拉克人应该让波斯人明白,在未来的公约中,如果联合行动的安排不再有效,他们将必须坚持自己的权利,在任何时候保持河流处于可通航的状态。"⑤

伊拉克外长于 1937 年 7 月 1 日晚抵达德黑兰,当时还未将条约草案

---

① Telegram from the Iraqi Government to the Secretary-General, *The Iran-Iraq Border*, *1840-1958*, Vol. 9, p. 194.
② Telegram from Tehran to Foreign Office, 23 June 1937, *The Iran-Iraq Border*, *1840-1958*, Vol. 9, p. 206.
③ Mr O Scott, British Embassy, Baghdad to Mr Eden, 24 June 1937, *The Iran-Iraq Border*, *1840-1958*, Vol. 9, p. 207.
④ Telegram from Baghdad to Foreign Office, 26 June 1937, *The Iran-Iraq Border*, *1840-1958*, Vol. 9, p. 211.
⑤ Telegram from Tehran to Foreign Office, 29 June 1937, *The Iran-Iraq Border*, *1840-1958*, Vol. 9, p. 212.

呈送伊朗政府，但伊朗产生了一些新的草稿，外交部长给我看了，但没有提供副本。要点如下："(1) 管理。伊朗新草案删除了'最大限度'一词，但仍然提供该公约应在一年内结束，伊拉克政府将继续进行一年的保护工作。我指出，这份新草案仍然持反对意见，它没有提供维持现状的理由，直到加入公约，并强调了在你的电报中所表达的观点。(2) 军舰。新伊朗草案规定，由一方对第三国的战争或非商业性的船只进行访问的许可，也应由另一方予以考虑。来访的船舶有权利用双方的水域进行通行。一方给予许可后，将立即通知另一方给予许可。这一条款是一般性的，在和平与战争之间没有区别。(3) 阿巴丹锚地。伊朗的草案提供了一个委员会来确定地理坐标，锚地长度不少于4英里。明日，伊拉克外长将会见伊朗国王和外长，他将努力争取伊拉克的草案被接受。他认为，在伊朗的第二号提案中，有一些优势，他认为这代表了土耳其外交部长的建议，但是，如果他发现有必要在这一点上放弃自己的草案，他将努力确保添加引用条约联盟。在7月6日阿富汗外交部长抵达阿富汗之前，事情进展得非常迅速。"[①]

由于伊拉克外交部长与伊朗政府的讨论，草案已经得到了一致同意。伊拉克外长非常满意的是，通知仅供参考，即使在战争时期，一方是中立的，也不存在否决的权利。增加了对联盟条约的修改。管理问题引起了相当大的困难。伊拉克外交部长努力让伊朗政府接受伊拉克原始草案的措辞，但是现在已经接受了以下的草案。双方同意用他们所有的努力在一年内结束会议；如果完不成，这段时间可能会延长共同协议，伊拉克政府将继续进行为期一年的管理工作，并在任何可能延长的期限内继续进行。这种安排显然不是完全令人满意的，但伊拉克外交部长表示，只有在困难的情况下才会得到它，并且确信这是他所能得到的最

---

① Telegram from Tehran to Foreign Office, 2 July 1937, *The Iran-Iraq Border*, *1840 – 1958*, Vol. 9, pp. 213 – 214.

好的。

"伊拉克外长满意于,在当前仍很突出的阿拉伯河问题上,他可以得到一个充分的协议,他决心达成一些和解。在已有的讨论过程中,伊朗代表对他们最初的提议提出了一些修改。"①

1937年的条约表达了伊朗和伊拉克的愿望,即解决他们两个国家之间的边界问题,它证实了1913年的君士坦丁堡协议的有效性以及1914年的划界委员会的记录作为对伊朗和伊拉克边界的限制的基础。作为伊朗承认了该协议和该委员会的结果的回报,伊拉克在阿拉伯河地区向伊朗割让了一处四英里长的锚地。

条约第二条规定,伊拉克和伊朗之间的边界将沿着其左岸的阿拉伯河,除了在阿巴丹前的一个四英里的锚地地区,在那里,边界将是河流深泓线,换句话说,是阿拉伯河的中间通道。两个缔约方还同意设立一个委员会,在委员会确定的地点设立边境标记。此外,该协议强调,该协定将继续对"所有国家的贸易船只开放"。第5条规定,两国应就通航河道的维护和改善,以及疏浚、引航、收取费用等达成协议。以及所有其他关于阿拉伯河的航行问题。有趣的是,第5条是伊朗从伊拉克那里得到的一个重大让步,此前,伊拉克曾对阿拉伯河进行过排他的控制。此外,在条约所附的协议中规定,伊朗从伊拉克获得另一个让步,即,如果双方的任何一方都向位于阿拉伯河的第三方的一艘军舰发出了许可,那么该许可将被另一方视为理所当然,前提是对方立即得到通知。这一条约的优势是由于贝克尔·西德基在1936年11月发动的军事政变导致的伊拉克国内局势动荡,这致使伊拉克的谈判立场的削弱。因此,伊拉克政府后来指责伊朗利用了伊拉克局势不稳定的局势,导致伊朗在以伊拉克为代价的阿拉伯河中获得了让步。伊拉克坚持认为,作为回报,她除了承诺遵守1913年的议定书和1914年的划界委员会作为解决争议边界的

---

① *The Iran-Iraq Border*,*1840-1958*,Vol.9,p.217.

基础之外，一无所获。

1937年《德黑兰条约》具体条款明确承认1913年《君士坦丁堡议定书》以及1914年划界条约的有效性，从而认可了伊拉克对于几乎整个阿拉伯河主权的诉求，条约重新确定，两国边界沿阿拉伯河左岸划分，但阿巴丹除外，在阿巴丹一段长约四英里的河道，按照约定将以河流中线划分两国边界，这使得伊朗第一次通过边界条约正式获取阿拉伯河的主权，也是首次在阿拉伯河上援引主航道中心线的划界原则。对于伊朗而言，他在阿巴丹港获取了一块锚地，并为进一步扩大在河流问题上的主导权奠定了基础。这样的领土安排对伊拉克而言则损失甚大，影响深远，因为它开创了一个危险的先例，这暗示着伊拉克在外交上开始退让，也是此后整个阿拉伯河按主航道中心线划分的先例。此外，条约规定两国将平分外国船只使用阿拉伯河所缴税款，并且伊朗和伊拉克两国战舰都可不受限制的在阿拉伯河航行，但不允许第三方战舰在河流水域通行。

1937年《德黑兰条约》标志着伊朗—伊拉克新边界的产生，条约特别寻求对"两国边界存在问题"的解决，但像此前的划界条约一样，1937年条约也没能长久的维持两国边界稳定。

二、《萨达拜德公约》的签署与划界工作的有限进展

经过伊朗和伊拉克的谈判，国联大会撤回了案件。1937年7月4日，伊拉外交部长纳吉、伊朗外交部长萨米尔签署了解决阿拉伯河问题的《德黑兰条约》，随后这一条约得到了伊朗和伊拉克当局的批准，并获得英国和苏联的外部保证。《德黑兰条约》的签署暂时解决边界争端，为后续四国公约，即《萨达拜德公约》的签订扫除了障碍。这一公约使得伊朗和伊拉克在此后中东合作中的联合成为可能，公约签署四方共同接受互不侵犯、互相合作和互不干涉的约束。

1937年7月8日，在伊朗首都德黑兰的达巴德宫签署了这一四国协

议的最后一项协议,为这一条约的签署铺平了道路。该协议是在建立一个连接伊拉克与非阿拉伯合作伙伴的亚洲地区安全体系的第一步。这基本上是一项互不侵犯条约,提供了四个国家之间的磋商,互不干涉内政,尊重他们的领土完整和"共同边界的不可侵犯性",以及不诉诸武力解决任何可能在缔约国之间出现的争端。和平沿着共同的边界和维持现状对公约的成员来说是至关重要的。第七条规定每一方当事人:"考虑到伊拉克和伊朗的边界问题,根据 1935 年伊朗国王提出的建议以及次年 3 月在德黑兰签署互不侵犯条约的愿望,在此之前,有必要就河流航行的争议问题达成一个解决方案。如果困难无法逾越,我们建议制定一份协议,以解决航行问题。请努力说服伊朗政府接受这一建议,我们也会对伊拉克政府做同样的事。"①《萨达拜德公约》意在建立一个防守性联盟,以应对墨索里尼的威胁,这符合土耳其及其穆斯林邻居的利益,如伊朗、伊拉克和阿富汗在面对威胁生存的共同威胁时将站在同一战线。因此伊朗和伊拉克迫于形势压力,整理他们的分歧并加入到集体安全框架中。

尽管有 1937 年的边界条约,伊朗和伊拉克的边界仍未得到妥善划分。1938 年 12 月,双方根据条约第 3 条设立了一个"边界支柱修订委员会",尽管委员会能够在联合边界上修复 68 个支柱,伊朗和伊拉克代表之间的分歧很快就使上述工作中断。伊拉克声称,伊朗的几条边境哨所在伊拉克境内是非法的。随着第二次世界大战的爆发,英国和苏联对伊朗的临时性控制,所有这些因素都阻碍了委员会的任务。战后,再次独立的两伊重拾争议,伊拉克在 1953 年对伊朗打算在伊拉克一侧的哈根琴对面其领土上修建一条运河的计划提出抗议,因为这可能会导致从汉纳琴的艾哈根水量被转移,伊拉克认为这是对其利益的损害。

---

① Telegram from Baghdad to Foreign Office, 24 September 1936, *The Iran-Iraq Border*, 1840-1958, Vol. 9, p. 110.

《德黑兰条约》稳定但并未最终解决边界冲突。在 1936 年 10 月 29 日,巴格达发生军事政变。新政府屈服于伊朗的压力,同意在阿巴丹对岸 4 英里长的地方按照河流中线原则划定两国边界。这被包含在 1937 年的伊拉克—伊朗的边界条约中。在确定了 1913 年《君士坦丁堡议定书》、1847 年《埃尔泽鲁姆条约》、1911 年《德黑兰公约》后,新的 1937 年条约所反映的是伊朗在阿拉伯河有领土收获。他所获得的领土在阿巴丹港对面——英波石油冶炼厂的位置,这一改变再次通过巩固油船锚地和冶炼厂而服务于英国的利益。

1937 年《德黑兰条约》签订后两年,二战爆发,这迅速改变了两国对边界划分的态度。在 1941 到 1946 年之间,两国都被外国力量所占领,当这些力量撤出后,他们留下的是两个政权结构不稳定的国家,两国的革命带来了重划国界线的新诉求。

1958 年伊拉克革命导致两伊关系再度恶化,双方在边界问题上的冲突再次加剧。1959 年伊拉克要求伊朗放弃其在阿巴丹的锚地,实质上是想要收回 1937 年条约中伊朗在阿拉伯河上取得的主权,这自然遭致伊朗的严辞拒绝,最终双方较量的结果是 1975 年 3 月《阿尔及尔协议》的签订,这一协议确定了将主航道中心线划界原则扩展至整个阿拉伯河,伊朗实现夙愿,获得了阿拉伯河一半的主权。此后,虽然在萨达姆执政时期,伊拉克曾宣布《阿尔及尔协议》无效,要求伊朗归还阿拉伯河主权,但完全控制河流主权的战略目标并未实现,经过两伊战争的洗礼,双方在 2000 年再次举行谈判,商定恢复 1975 年《阿尔及尔协议》,最终使得按主航道中心线划分阿拉伯河边界的原则确定下来,并延用至今。

结　语

　　两伊边界划分问题延宕数百年,"没有哪个单一的边界比分隔伊朗和伊拉克的历史更悠久。这一边界长期以来展示了一个政治区域或边境进展的典型特征。"① 从 16 世纪到 19 世纪初,波斯和奥斯曼几乎一直处于战火状态,他们之间第一项有记录的条约是在 1639 年签署的。此后,战争、冲突不断更新着条约,在 1746 年条约和 1827 年条约中确定的边界在后续的条约中得到重申。1833 年至 1842 年间的一系列边界冲突性事件再次将两个帝国推到战争的边缘,英国和俄国进行了有效的调解。1843 年,由两国代表和英国及俄国调解专员组成的联合委员会在埃尔泽鲁姆会晤,在 1845—1847 年波斯和奥斯曼磋商期间,英国和俄国的代表作为两个敌对方参与谈判,各方都在追求自身的利益,并且作为利益相关一方都试图影响结果,这就是说,英国支持奥斯曼的论据而俄国站在波斯一边。稍后,通过提交一份有利于奥斯曼的条款不公平的条约文本,使得条约本身成为双方争论的一个根源。他们共同的外交成果是 1847 年的《埃尔泽鲁姆条约》,此约也标志着边界问题现代史的开端。

---

① Keith McLachlan, *The Boundaries of Modern Iran*, New York: St. Martin's Press, 1994, pp. 74 – 75.

就领土的分配而言,所有这些条约所能约定的就是确定出一片广阔的带状区域,因而两伊边界早期以区域划分为主,至19世纪英、俄西方列强参与而逐渐划出边界线,但争议一直存续。在随后的70年间,这份条约不断地被执行和被援引,直到1914年边界线得以再次确定。到20世纪初,英国在波斯以及整个地区的商业、战略和石油利益变得更加迫在眉睫。英—伊(朗)石油公司在波斯南部的存在,以及同从奥斯曼帝国分裂后独立出来的受到英国保护的伊拉克北部的水域交通变得非常重要,以至于英国倾向于维持伊拉克的诉求,即:整个河流包含在伊拉克的领土中。在一战期间以及英国对伊拉克的委任统治期间,从军事角度来看,英国的自由航行仍然不受阻挡以及维持现状是非常重要的。

历史上,两伊间签订的一系列划界条约,似乎都只是暂时缓解争议,而未能彻底厘清界线。直至1937年7月4日,在英国的外交斡旋及协调下,两伊签订了新的边界协定——《德黑兰条约》,正是由于英国对伊朗和伊拉克之间的争端无法达成任何公正、公平的解决方案,致使两国之间的紧张和争端是常态。尽管这一问题上多年的纷争最终通过1975年《阿尔及尔协议》得以解决,但过去引起麻烦以及造成偏见的英国政策对两伊关系时不时地爆发紧张和冲突造成了持久的牵连。

基于对上述历史史实的梳理,总结英国在两伊边界争端中的外交政策,特别是在1927—1937年两伊划界进程中的外交干涉及影响,可以解读出英国在两伊边界争端中的权势变迁。

著名的法国地缘政治学家雅克·安塞尔在20世纪30年代中期评论说,"没有边界问题,只有国家。"① 伊朗和伊拉克之间持久的边界争端似乎为这一论断提供了一个恰当的例证。从外交视角来看,英国深深地介入了两伊边界的沿革,这条边界今天仍将伊朗和伊拉克这两个现代国

---

① Richard S chofield, *Arabian Boundary Dispute*, Volume 1, Iran-Iraq Ⅰ, 1639 – 1909, Introduction, p. xix.

家分割开来。这其中包含了两伊和俄国三方领土接壤的问题，还有英国对于波斯湾、阿拉伯河地区划界的交涉问题，英国在其中长期发挥着巨大作用，与此同时，英国在不同时段的介入程度、影响力度也是其帝国权势变迁的生动写照。

两伊边界沿革大致经历前后相继的五个阶段，每个阶段都签署了确定或修改边界的条约，分别是1639年《祖哈布条约》、1847年《埃尔泽鲁姆条约》、1913年《君士坦丁堡议定书》、1937年《德黑兰条约》、1975年《阿尔及尔协议》，这些条约的形成过程也勾勒出两伊边界沿革的完整脉络。《祖哈布条约》签订时，英国尚未染指中东事务，因而这一阶段两伊边界划分大致是两国实力对比的真实体现，《阿尔及尔协议》签署时，英国势力已退出中东，而自1847年《埃尔泽鲁姆条约》到1937年《德黑兰条约》则处处体现着英国的印记。

19世纪40年代早期，英、俄两国在中东地区展开利益争夺，且两国都有清晰的政治和经济利益诉求，俄国南进，想要高加索地区的稳定，英国北上，需要一个稳定的美索不达米亚来巩固其势力范围。19世纪第一次技术革命使得沿底格里斯河的航行变得非常有吸引力，英国政府还考虑建立一条经叙利亚、底格里斯河、阿拉伯河从欧洲到印度的快速航线，取代比较慢的经好望角的航线，而俄国想建立一条经波斯和巴格达，横贯高加索的铁路，在上述两方面经济、政治利益的驱使下，英、俄两国开始介入和调停边界问题，并同时向波斯和奥斯曼土耳其政府施加压力，以期划定一个确定的边界。在英、俄的联合压力下，波斯和土耳其政府同意在1843年成立一个包括英国和俄国官员的划界委员会。然而，1853年克里米亚战争爆发后，俄国在边界问题上的角色和影响力式微，在此后的一系列划界工作中，英国始终主导划界进程，左右领土边界的塑造，大英帝国的超强权势在这一时段得到了淋漓尽致的体现。"在第一次世界大战之前的年月里，帝国的战略目标是将波斯湾维持成为英国的一个内湖，这是在将奥斯曼帝国从海湾水域中挤压出去，并定义一个将很快被伊拉克继承的,狭窄的主权区域的管理考虑……伊拉克西南部地区在这一阶段首次确立了位置,这一命令是基于以下考虑:英国决定控制连接地中海到波斯湾头部的连续地区,预先阻止瓦哈教派从阿拉伯河向北扩张其所控制的领土"①这些帝国事件不仅左右着领土界线的安排,并且经常导致边界的划分基于异常特殊的原因。19 世纪中叶,英国经济繁荣,海权无敌于天下,殖民利益扩及全球,因而对其势力范围内的边界有能力且有意愿按照自己的战略目标加以塑造。

第一次世界大战的结束带来中东地区地缘政治的重大变更,奥斯曼帝国解体导致新国家面临老争端。波斯企图借巴黎和会召开之机重订其与伊拉克的西部边界,然而未果;他希冀获得英国的外交支持,亦未如愿,这导致1927年后两国边界争端再起,除北部陆上边界纠纷持续发酵外,双方在南部阿拉伯河地区的主权争端也十分激烈。为维护英—波石油公司的利益、避免两伊关系失控,英国开始着手调停两伊边界争端,寻求各方满意的解决方案,由此开启了英国、波斯、伊拉克三方间频繁的外交互动。19、20 世纪之交,德、美、法、俄权势力量相继增长,英国地位相对衰落,在处理有关英国利益的国际问题时,有损英国形象的事情时有发生。英国转而寻求同自身权势相匹配的利益关切,体现在对两伊边界的塑造中,便是不再随心所欲施加影响。这一阶段英国尤其注重维护自身的石油利益,及海上、陆上通道安全,在此基础上努力寻求平衡波斯和伊拉克之间的边界诉求,把三边关系引导到可以掌控的范围内。

20 世纪 30 年代前后,英国仍然十分关注两伊边界走势,1929—1934年间,英国不断调整在两伊边界问题上的立场和政策,白厅最初提出针对矛盾突出的阿拉伯河采取"河流国际化"原则,后因内部意见不统一以及两当事国对"河流国际化"方案的抵触,致使这一政策构想被永久性弃

---

① R. Schofield, *Borders, regions and time: defining the Iraqi territorial state*, in: R. Visser and G. Stansfield (Eds) An Iraq of its Regions: the Cornerstones of a Federal Democracy, London/New York, 2007, pp. 167 - 204.

置。自1930年起,英国政府致力于在英国、伊拉克及波斯三国间设立一个关于边界地区的"三方管理委员会",以改善和维持阿拉伯河的管理,为此英国白厅不遗余力地草拟和修改协议草案,以获取波斯和伊拉克的认同及接受,波斯政府一度有望接受英国的提议,但坚持以波斯议题为偏好的河流边界调整,而伊拉克坚持拥有阿拉伯河的完整主权,阿拉伯河主权之争导致波斯与伊拉克的再次走入外交僵局,此后伊拉克决议将边界问题交由国联处理,英国长久的仲裁努力终以失败告结。

1934年底,伊拉克将两伊边界争端提交国联仲裁,从而开启了解决双方边界争端的新模式。在长达一年的国联辩论中,国联、英国、伊朗及伊拉克三国四方均为达成一个满意的边界解决方案而竭尽智谋,第三方仲裁、双边接触、多变磋商交替进行,然而两伊互不妥协的本质以及英国要求作为平等一方插手阿拉伯河管理的诉求,使得这些磋商进程异常艰难、复杂,国联最终未能达成任何解决方案并于1936年底撤回案件,两伊边界争端的解决进程再次中断而重回原点。继国联调解无果之后,1936年初,两伊再次开启密集的双边磋商,由于国际形势的发展以及伊拉克国内政局的调整,两国纷纷从此前的强硬立场后退,伊拉克率先提出了解决阿拉伯河争端的新模式,即将彼此争议较大的管理和航行协定暂且搁置,直至沿阿拉伯河的最后的边界线划定后再重新启动,这为达成新的边界协定提供了契机。

这一阶段英国已无法影响和左右伊朗及伊拉克在边界问题上的政策取向,英国费尽心力,想要以平等一方参与到边界解决方案中,然后遭致两伊双方的质疑和反对,关于阿拉伯河的管理机制是由英国人一手构建的,但是此时其对两伊边界却再无影响力。英国对于边界问题的左右程度及影响力度印证了英帝国权势的兴衰,1958年7月14日,伊拉克革命最终终结了英国与两伊边界争端之间密切的联系以及对边界演变和管控的持续介入。

任何边界问题都有自身的复杂性,两国为了解决边界争端,需要厘清边界的历史、地理、政治、经济乃至人文情况,更需要综合考量上述各项因素,进而依据历史和法律证据提出本国主张。两伊边界更是中东地区独一无二的问题,英国在处理如此错综复杂的边界问题时运用圆滑的外交技巧,展现了其在划界问题上的外交艺术。

首先,淡化边界细节和清晰度。划定边界的惯常思维是清楚的界定边界线,然而在处理19世纪两伊边界问题时,英国却一度有意模糊边界,淡化细节。在最初介入两伊纠纷时,英国在划界问题上纯粹是一个新手,面对两国在边境地带复杂的迁徙模式以及宗教和部落的分离,由英国主导的1843年英、俄、土、波四方划界委员会,在经历了漫长而细致的工作后,在划界问题上始终难以取得有效进展。尽管奥斯曼土耳其及波斯之间存在一个很长的条约史,但一直没有确切的领土划分,要将具体边界缩小到一个可在地图上标注的边界线面临巨大的挑战,认清这一现实后,1848—1852年四方划界委员会降低最初的目标:即由制定出一个基本的边界线降低为仅仅是在任何可能是边界的地区绘制出边界线,使得历经70年的延宕后,两伊边界终于得以划定。完成了阶段性的划界目标。

其次,强化主导权和掌控力。正如从此前划界过程中得出教训是:领导划界工作需要一项具体的授权。而英、俄都没有足够的授权,作为调停者,他们只能试着将争端方聚到一起,最终的控制权仍掌握在奥斯曼和波斯手中。正如英国首相帕麦斯顿在1851年所说"除非由英俄方面采取仲裁决定,否则,土波边界线永远也不能妥善划定。"①最终,在一战前,即1913年的《君士坦丁堡议定书》中强行约定英国长久以来所追求的领土解决方案强制实行力,"在这一议定书中,英、俄委员被委以仲裁权,在奥斯曼和波斯委员无法达成一致时行使。更为重要的是,奥斯

---

① Lord Palmerston to G. H. Seymour, Oct. 11, 1851. In the National Archives (Kew, London) file:FO 78/2716.

曼和波斯委员必须在48小时内向仲裁人提交一份他们的案件陈述,在其案件陈述后的48小时内提交仲裁,英俄两国旋即根据双方陈述做出最终决定。"① 由此,英帝国有权力强制实行他们的解决方案,在1913年12月至1914年10月,在不到一年的时间里,便大致完成了划界工作。

再次,适时调整外交介入模式。从调停、仲裁到斡旋,英国在两伊边界演变的不同阶段运用了不同的外交介入模式,这其中既有英帝国权势衰落的考量,如如前述,也是其外交手段切换自如、灵活多样的体现。

两伊边界的漫长演变史也是两国边界条约的频繁更替史,在奥斯曼和波斯共存的前200年,这一地区从未有一个确定的边界。从1639年起,两国形成了一段长期的缔结、违约、废除条约的历史过程,体现了国际法在解决边界争端中的困境及作用。这似乎表明"这些年代久远的边界问题几乎无法通过国际法途径来解决。"② 而实际上,之前的条约没能稳定两伊之间的关系,恰是因为这些条约没有能够完全解决问题。

在两伊所签订的一系列划界条约中,《君士坦丁堡议定书》有很大的影响。该条约再次确认了奥斯曼对整个阿拉伯河的主权,直到波斯一边,此外,条约首次提出了'河流中线'的概念并引入两国的边界磋商中。尽管公约将这一概念的使用局限于划给波斯的陆地周围的特定水域,但这在随后的条约、协议的形成中起到了很大的作用,该条约也标志着一战前奥斯曼和波斯之间最后的重大妥协,为此后按国际法原则解决两伊边界争端提供了先例。

伊朗以及后来的伊拉克都试图将事实和原则理解为符合他们的最终目标,即取得阿拉伯河的控制权、在库尔德地区要求尽可能多的领土。最终,他们对条约的单边终止是违反国际法约定的,尽管可以说两伊战

---

① C. H. D. Ryder, The Demarcation of the Turco-Persian Boundary in 1913–1914, *The Geographical Journal*, Vol. 66, No. 3, Sep., 1925, P. 228.

② Richard N. Schofield, *Old Boundaries for a New State: The Creation of Iraq's Eastern Question*, SAIS Review of International Affairs, Volume 26, Number 1, Winter-Spring, p. 31.

争时期伊拉克公然使用武力来支持自己的诉求是对国家法的严重践踏，结果是没有国家不受伤害。基于中间线原则，两国似乎对阿拉伯河拥有平等的主权诉求，1975年《阿尔及尔协议》最终将"主航道中心线原则"援引至整条河流边界的划分，最终确定了阿拉伯河边界，展现了对一个持续了三百年之久的政治争端的法律解决的示范，对未来边界问题，特别是河流边界问题提供了一个样板。

解决国际边界争端有多种途径和多重手段，用武力改变现存边界而不冒战争风险几乎是不可能的。从大历史角度，边界问题的调整和解决最终总是会回到国际法的原则和框架上来。

参考文献

英文档案：

1. Richard Schofield edition, *Arabian Boundary Disputes*, Slough: Archive Editions, 1992.

2. Richard Schofield, *The Iran-Iraq Border*, 1840–1958, Farnham Common: Archive Editions, 1989.

3. (DBFP):Documents on British Foreign Policy, 1919–1939, three series.

4. (BDFA): British Documents on Foreign Affairs: Reports and Papers from the Foreign Office Confidential Print.

Series B: The Near and Middle East

Part II: Turkey, Iran, and the Middle East, 1918–1939

英文专著：

1. Arnold Wilson, *South-West Persia: A Political Officer's Diary* 1907–1914, London: Oxford University Press, 1941.

2. C. J. Bartlett(ed.), *Britain Pre-eminent Studies of British World Influence in the Nineteenth Century*, London: 1969.

3. C. J. Lowe, *The Reluctant Imperialists, British Foreign Policy* 1878 – 1902, vol. 1, London: Routledge & K. Paul, 1967.

4. Cengiz Gunes and Welat Zeydanlıoglu, *The Kurdish Question in Turkey: New perspectives on violence, representation, and reconciliation*, London and New York: Routledge, 2014.

5. Charles A. Fisher, *Essays in political geography*, London and New York: Routledge, 1968.

6. Christin Marschall, *Iran's Persian Gulf Policy: From Khomeini to Khatami*, London and New York: Routledge, 2003.

7. Clive H. Schofield and Richard N. Schofield, *The Middle East and North Africa: World Boundaries, Volume 2*, London and New York: Routledge, 1994.

8. Cyrus Ghani, *Iran and the West: A Critical Bibliography*, London and New York: Routledge, 2009.

9. David French, *British Economic and Strategic Planning* 1905 – 1915, London and New York: Routledge, 2006.

10. Firoozeh Kashani-Sabet, *Frontier Fictions: Shaping the Iranian Nation*, 1804 – 1946, Princeton: Princeton University Press, 1999.

11. G. E. Hubbard, *From the Gulf to Ararat: An Expedition Through Mesopotamia and Kurdistan*, Edinburgh: William Blackwood and Sons, 1916.

12. Harald Fischer-Tine, *Empires and Boundaries: Race, Class, and Gender in Colonial Settings*, London and New York: Routledge, 2008.

13. Houshang Sabahi, *British policy in Persia*, 1918 – 1925, London and New York: Routledge, 1990.

14. J. B. Kelly, *Britain and the Persian Gulf*, 1795 – 1880, Oxford: Clarendon Press, 1968.

15. J. L. Brierley, *Law of Nations*, Oxfrod: Clarendon Press, n1963.

16. J. V. R. Prescott, *Boundaries and Frontiers*, Croom Helm, London, 1978.

17. Jasim M. Abdulghani, *Iraq and Iran: the Years of Crisis*, London and New York: Routledge, 2011.

18. John Fish, *Curzon and British Imperialism in the Middle East*, 1916-1919, London and New York: Routledge, 1999.

19. Joseph Heller, *British Policy Towards The Ottoman Empire*, 1908-1914, Great Britain: Frank Cass and Company Limited, 1983.

20. Kaiyan Homi Kaikobad, The Shatt-Arab Boundary Question: A Legal Reappraisal, Oxford: Clarendon Press, 1988.

21. Kaiyan Homi Kaikobad, *Interpretation and Revision of International Boundary Decisions*, London: Cambridge Studies in International and Comparative Law, 2012.

22. Keith McLachlan, *The Boundaries of Modern Iran*, New York: St. Martin's Press, 1994.

23. Kemal Kirisci and Gareth M. Winrow, *The Kurdish Question and Turkey: An Example of a Trans-state Ethnic Conflict*, London and New York: Routledge, 1997.

24. Khalid Al-Izzi, *The Shatt al-Arab Dispute - A Legal Study*, London: Third World Centre, 1981.

25. Khalid Al-Izzi, *The Shatt al-Arab River Dispute in Terms of Law*, Iraq: Ministry of Information, al-Huriyal Printing House, 1971.

26. Kourosh Ahmadi, *Islands and International Politics in the Persian Gulf*, London and New York: Routledge, 2008.

27. Laurence Lockhart, *Persian Cities*, London: Luzac & Company Ltd, 1960.

28. Lawrence G. Potter and Gary G. Sick, *Iran, Iraq, and the legacies of war*, London: Palgrave Macmillan, 2004.

29. M. Anderson, *Frontiers: Territory and State Formation in the Modern World*, Polity Press, Cambridge, UK, 1996.

30. Majid Khadduri, *Independent Iraq*, London: Oxford University Press, 1951.

31. Majid Khadduri, *The Gulf War: The Origins and Implications of the Iran-Iraq Conflict*, New York: Oxford University Press, 1988.

32. Malcolm Anderson, *Frontiers: Territory and State Formation in the*

Modern World, Polity Press, 1996.

33. Malcolm E. Yapp, *The Making of the Modern Near East*, 1792 - 1923, 1987.

34. Marian Kent, *The Great Powers and the End of the Ottoman Empire*, London and New York: Routledge, 2005.

35. Michael J. Cohen and Martin Kolinsky, *Britain and the Middle East in the 1930s: Security Problems*, 1935 - 1939, New York: St. Martin's Press, 1992.

36. Mohamed Alwan, *The Iraq-Iran Frontier-A Case Study*, Washington D. C., 1960.

37. M. S. El Azhary, *The Iran-Iraq War: An Historical, Economic and Political Analysis*, New York: St. Martin's Press, 1984.

38. Peter Calvert, *Border and Territorial Disputes of the World*, 4th Edition, London: John Harper Publishing, 2004.

39. Randall Lesaffer, *The Iran-Iraq Border: A story of Too Many Treaties*, London: Oxford University Treaties, 2015.

40. Reider Visser and Gareth Stansfield Eds, *An Iraq of its Regions: the Cornerstones of a Federal Democracy*, London/New York: Columbia University Press, 2007.

41. Richard N. Schofield, *Evolution of the Shatt Al-'Arab Boundary Dispute*, England: Middle East & North African Studies Press, 1986.

42. Richard Schofield, *New Iraq, Old Neighbours: Borders, Territoriality and Region*, Hurst & Co. Columbia University Press, 2007.

43. Richard Schofield, *Territorial Foundations of the Gulf States*, London: UCL Press, 1994.

44. Robert Curzon, *Armenia: a Year at Erzeroom and on the Frontiers of Russia, Turkey and Persia*, New York : Harper & Brothers, 1854.

45. Rouhollah K. Ramazani, *The Persian Gulf: Iran's Role*, Charlottesville: University Press of Virginia, 1972.

46. Roxane Farmanfarmaian, *War and Peace in Qajar Persia: Implications*

Past and Present, London and New York: Routledge, 2008.

47. Roy E. H. Mellor,*Nation, State, And Territory: A Political Geography*, London and New York: Routledge, 2016.

48. Sabri Ates, *The Ottoman-Iranian Borderlands: Making a Boundary*, 1843 – 1914, New York: Cambridge University Press, 2013.

49. Shahbaz Shahnavaz, *Britain and South-West Persia*, 1880 – 1914: *A Study in imperialism and economic dependence*, London and New York: Routledge, 2005.

50. Stephen H. Longrigg,*Iraq, 1900 to 1950: A Political Social and Economic History*,London: Oxford University Press, 1953.

51. Surya P. Sharma, *International Boundary Disputes and Inter national Law: A Policy-Oriented Study*, Bombay: N. M. Tripathi Private Limited, 1976.

52. Surya P. Sharma, *Territorial Acquisition, Disputes and International Law*, The Hague: Martinus Nijhoff Publishers, 1997.

53. Tareq Y. Ismael,*Iraq and Iran : Roots of Conflict*, Syracuse University Press, 1982.

54. Vanessa Martin, *Anglo-Iranian Relations Since* 1800, London and New York: Routledge, 2005.

55. Victor Prescott and Gillian D. Triggs, *International Frontiers and Boundaries: Law, Politics and Geography*, Leiden: Martinus Nijhoff, 2008.

56. Zhivkova Ludmila, *Anglo-Turkish Relations*, 1933 – 1939, London: Secker &. Warburg, 1976.

英文论文:

1. Alexander Melamid, Geographical Review: The Shatt Al-Arab Boundary Dispute,*Middle East Journal*, Summer 1982.

2. Alexander Melamid, The Geographical Pattern of Iranian Oil Development, *Economic Geography*, Vol. 35, No. 3, 1959.

3. Alexander Melamid, The Shatt al-Arab Boundary Dispute, *Middle East Journal*, Vol. 22, No. 3,Summer, 1968.

4. Aliasghar Zargar, A Historical Review of British Role in Iran-Iraq Dispute on the Shatt-al-Arab Waterway, *International Journal of Political Science*, Vol. 1, No. 2, Summer & Fall, 2011.

5. Alvin Z Rubinstein, The Soviet Union In TheMiddle East, *Current History*, Oct 1, 1972.

6. Alvin Z. Rubinstein, The Soviet Union in theMiddle East, *Current History*, October, 1972.

7. Anthony B. Toth, Tribes and Tribulations: Bedouin Losses in the Saudi and Iraqi Struggles over Kuwait's Frontiers, 1921 - 1943, *British Journal of Middle Eastern Studies*, Vol. 32, No. 2, Nov., 2005.

8. Arnold Wilson, A. C. Wratislaw and Percy Sykes, The Demarcation of the Turco-Persian Boundary in 1913 - 1914: Discussion, *The Geographical Journal*, Vol. 66, No. 3, Sep., 1925.

9. Bruce Hopper, The Persian Regenesis: Key to Politics in the Middle East, *Foreign Affairs*, Vol. 13, No. 2, Jan., 1935.

10. Bruce Masters, The Treaties of Erzurum (1823 and 1848) and the Changing Status of Iranians in the Ottoman Empire, *Iranian Studies*, Vol. 24, No. 1/4, 1991.

11. Burcu Kurt, Contesting Foreign Policy: Disagreement between the Ottoman Ministry of Foreign Affairs and the Ministry of War on the Shatt al-Arab Dispute with Iran,1912 - 1913,*Iranian Studies*, 2014, Vol. 47, No. 6.

12. C. H. D. Ryder, The Demarcation of the Turco-Persian Boundary in 1913 - 14,*The Geographical Journal*, Vol. 66, No. 3, Sep., 1925.

13. C. J. Edmonds, The Kurds and the Revolution inIraq, *Middle East Journal*, Vol. 13, No. 1, Winter, 1959.

14. C. J. Edmonds, The Kurds and the Revolution inIraq, *Middle East Journal*, Vol. 13, No. 1, Winter, 1959.

15. C. J. Edmonds, The Kurds of Iraq,*Middle East Journal*, Vol. 11, No. 1, Winter, 1957.

16. Curzon of Kedleston, *Frontiers*, The Romances Lecture, Oxford University Press, 1907.

17. E. Lauterpacht, River Boundaries: Legal Aspects of the Shatt-al-Arab Frontier, *The International and Comparative Law Quarterly*, Vol. 9, No. 2, Apr., 1960.

18. Faisal H. Husain, Changes in theEuphrates River: Ecology and Politics in a Rural Ottoman Periphery, 1687 – 1702, *Journal of Interdisciplinary History*, Volume 47, Number 1, Summer 2016.

19. G. H. Blake, International Boundaries and Territorial Stability in theMiddle East: An Assessment, *GeoJournal*, Vol. 28, No. 3, November, 1992.

20. G. M. Lees and N. L. Falcon, The Geographical History of the Mesopotamian Plains, *The Geographical Journal*, Vol. 118, No. 1, Mar., 1952.

21. G. R. C., The Turkish-Iranian Boundary, *The Geographical Journal*, Vol. 91, No. 1, Jan., 1938.

22. Gideon Biger, Physical Geography and Law: The Case of International River Boundaries, *Geojournal*, 17(3), 1988.

23. Gideon Biger, The Shatt-Al-Arab River Boundary: A Note, *Middle Eastern Studies*, Vol. 25, No. 2, Apr., 1989.

24. Harrassowitz Verlag, British Tribal Policy in Southern Persia 1906 – 1911, *Journal of Asian History*, Vol. 4, No. 1, 1970.

25. Howard M. Hensel, Asian Collective Security and the Irano-Iraqi Border Dispute: The Soviet View, *Journal of South Asian and Middle Eastern Studies*, Vol. 1, No. 1, Sep., 1977.

26. Hussein Sirriyeh, Development of the Iraqi-Iranian Dispute, 1847 – 1975, *Journal of Contemporary History*, Vol. 20, No. 3, Jul., 1985.

27. J. V. Harrison, A Survey of Pish-i-Kuh in Luristan, *The Geographical Journal*, Vol. 108, No. 1/3, Jul-Sep., 1946.

28. Jordi Tejel Gorgas, Urban Mobilization in Iraqi Kurdistan during the British Mandate: Sulaimaniya 1918 – 30, *Middle Eastern Studies*, Vol. 44, No. 4,

Jul., 2008.

29. Joseph J. Cusimano, An Analysis of Iran-Iraq Bilateral Border Treaties, *Case Western Reserve Journal of International Law*, Vol. 24:89, 1992.

30. Joseph J. Cusimano, An Analysis of Iran-Iraq Bilateral Border Treaties, *Case Western Reserve Journal of International Law*; Vol. 24 Issue 1, Winter 1992.

31. Keith McLachlan, "The Iran - Iraq Boundary Question," *The Iranian Journal of International Affairs*, 3-4, 1993-1994.

32. Manley O. Hudson, The Admission of Iraq to Membership in the League of Nations, *The American Journal of International Law*, Vol. 27, No. 1, Jan., 1933.

33. Michael Eppel, The Demise of the Kurdish Emirates: The Impact of Ottoman Reforms and International Relations on Kurdistan during the First Half of the Nineteenth Century, *Middle Eastern Studies*, Vol. 44, No. 2, Mar., 2008.

34. Michael M. Gunter, The Kurdish Problem in Turkey, *Middle East Journal*, Vol. 42, No. 3, Summer, 1988.

35. Mikhail Volodarsky, Persia's Foreign Policy between the Two Heart Crisis, 1831-56, *Middle Eastern Studies*, Vol. 21, No. 2, Apr., 1985.

36. Muhammad Hassan Nami and Alireza Abbasi Semnani, *Regional Landuse in Iran Based on SWOT Index (a Case Study: Iran-Iraq Frontier)*, International Journal of Bio-resource and Stress Management 3(2), 2012.

37. P. K. Menon, International Boundaries: A Case Study of the Guyana-Surinam Boundary, *The International and Comparative Law Quarterly*, Vol. 27, No. 4, Oct., 1978.

38. Peter J. Back, The Lessons of Abadan and Suez for British Foreign Policymakers in the 1960s, *The Historical Journal*, Vol. 49, No. 2, Jun., 2006.

39. Peter Sluglett, The Resilience of a Frontier: Ottoman and Iraqi Claims to Kuwait, 1871-1990, *The International History Review*, Vol. 24, No. 4, Dec., 2002.

40. Pierre Oberling, British Tribal Policy in Southern Persia, 1906-1911,

Journal of Asian History, Vol. 4, No. 1, 1970.

41. R. S. Thapar, Iran-Iraq Border Confrontation, *Strategic Analysis*, Volume 3, 1979.

42. Randall Lesaffer, The Iran-Iraq border: A story of too many treaties, *Oxford Historical Treaties*, 2015.

43. Richard DeNatale, Origins of the Iranian-Iraqi War, *Harvard International Review*, Vol. 3, No. 2, October 1980.

44. Richard N. Schofield, Laying it down in stone: delimiting and demarcating Iraq's boundaries by mixed international commission, *Journal of Historical Geography*, 34, 2008.

45. Richard N. Schofield, Old Boundaries for a New State: The Creation of Iraq's Eastern Question, *SAIS Review of International Affairs*, Volume 26, Number 1, Winter-Spring.

46. Robert D. Tomasek, The Resolution of Major Controversies between Iran and Iraq, *World Affairs*, Vol. 139, No. 3, Winter 1976/77.

47. Robert Olson, The Second Time around: British Policy toward the Kurds (1921–22), *Die Welt des Islams*, New Series, Bd. 27, Nr. 1/3, 1987.

48. Rose Louise Greaves, British Policy in Persia, 1892–1903–I, *Bulletin of the School of Oriental and African Studies*, University of London, Vol. 28, No. 1, 1965.

49. Rudi Matthee, Between Arabs, Turks and Iranians: The Town of Basra, 1600–1700, *Bulletin of the School of Oriental and African Studies*, University of London, Vol. 69, No. 1, 2006.

50. Rudi Matthee, The Safavid-Ottoman frontier: Iraq-i Arab as seen by the Safavids, *International Journal of Turkish Studies*, Volume 9, Number1–2, 2003.

51. S. H. Amin, The Iran-Iraq Conflict: Legal Implications, *The International and Comparative Law Quarterly*, Vol. 31, No. 1, Jan., 1982.

52. Saad Eskander, Britain's Policy in Southern Kurdistan: The Formation and the Termination of the First Kurdish Government, 1918–1919, *British Journal of*

Middle Eastern Studies, Vol. 27, No. 2 Nov., 2000.

53. Saad Eskander, Southern Kurdistan under Britain's Mesopotamian Mandate: From Separation to Shammeem Akhtar, The Iraq-Iranian Dispute over the Shatt-Al-Arab, *Pakistan Horizon*, Vol. 22, No. 3, Third Quarter, 1969.

54. Stephen A. Kocs, Territorial Disputes and Interstate War, *The Journal of Politics*, Vol. 57, No. 1, Feb. 1995.

55. Will D. Swearingen, Geopolitical Origins of the Iran-Iraq War, *Geographical Review*, Vol. 78, No. 4, Oct., 1988.

英文学位论文：

Sabri Ates, *Empires at the Margin : Towards a History of the Ottoman-Iranian Borderland and the Borderland Peoples*, 1843-1881, New York University, 2006.

中文译著及著作：

1. [美]埃尔顿·丹尼尔著:《伊朗史》,李铁匠译,中国出版集团东方出版中心,2016年版。

2. [美]塔比特·A. J. 阿卜杜拉著:《伊拉克史》,张旭鹏译,商务印书馆,2013年版。

3. [美]西提著:《阿拉伯通史》(上册),马坚译,商务印书馆,1979年版。

4. [伊朗]阿布杜尔礼萨·胡尚格·马赫德维著:《伊朗外交四百十五年》,元文琪译,商务印书馆,1982年版。

5. [伊朗]穆罕默德·礼萨·巴列维著:《对历史的回答》,刘津津、黄晓健译,中国对外翻译出版公司,1986年版。

6. [英]S. H 朗格里著:《伊拉克(1900—1950年)》,北京人民出版社,1977年版。

7. [英]W. N. 梅德利科特著:《现代英国史(1914—1964)》,商务印书馆,1990年版。

8. [英]阿诺德·汤因比著:《第二次世界大战史大权·战时中东》,王少如、沈晓红译,上海译文出版社,1995年版。

9. [英]布莱恩·拉平著:《帝国斜阳》,钱乘旦、计秋枫、陈仲丹译,上海人民出版社,1996年版。

10. [英]肯尼斯·O.摩根著:《20世纪英国:帝国与遗产》,宋云峰译,外语教学与研究出版社,2008年版。

11. [英]莫瓦特主编:《新编剑桥世界近代史世界力量对比的变化1898—1945》(第12卷),中国社会科学出版社,1987年版。

12. [英]詹宁斯、瓦茨修订:《奥本海国际法(第一卷第二分册)》,王铁崖等译,中国大百科全书出版社,1988年版。

13. 陈德成主编:《中东政治现代化——理论与历史经验的探索》,社会科学出版社,2000年版。

14. 哈全安著:《中东国家史610—2000:伊朗史》,天津人民出版社,2016年版。

15. 黄民兴著:《中东国家通史·伊拉克卷》,商务印书馆,2002年版。

16. 黄维民著:《中东国家通史·土耳其卷》,商务印书馆,2002年版。

17. 计秋枫、冯梁等著:《英国文化与外交》,世界知识出版社2002年版。

18. 冀开运著:《伊朗现代化历程》,人民出版社,2015年版。

19. 冀开运著:《伊朗与伊斯兰世界关系研究》,时事出版社,2012年版。

20. 蒋孟引著:《英国史》,中国社会科学出版社,1988年版。

21. 梁西主编:《国际法》(第三版),武汉大学出版社,2011年版。

22. 彭树智著:《二十世纪中东史》,高等教育出版社,2001年版。

23. 彭树智著:《中东国家通史·伊朗卷》,商务印书馆,2002年版。

24. 钱乘旦、许洁明著:《英国通史》,上海社会科学出版社,2002年版。

25. 钱程旦、陈晓律、陈祖洲、潘兴明著:《日落斜阳——20世纪英国》,华东师范大学出版社,1999年版。

26. 王觉非著:《近代英国史》,南京大学出版社,1997年版。

27. 王绳祖著:《国际关系史(十卷本)》,世界知识出版社,1995年版。

28. 王铁崖主编:《国际法》,法律出版社,1995年版。

29. 王振华著:《英联邦兴衰》,中国社会科学出版社,1991年版。

30. 谢立忱著:《当代中东国家边界与领土争端》,中国社会科学出版社,2015年版。

31. 许向群、宫少朋主编:《中东和谈史:1913～1995年》,中国社会科学出版社,

1998年版。

32. 杨灏城、朱克糅主编:《民族冲突和宗教争端:当代中东热点问题的历史探索》,人民出版社,1996年版。

中文论文:

1. 郭白晋:《伊拉克对阿拉伯河河界争端的态度及其政策演变》,《江西师范大学学报(哲学社会科学版)》,2005年第3期。

2. 郭白晋:《伊拉克签订〈阿尔及尔协议〉的原因》,《怀化学院学报》,2007年第11期。

3. 孔令杰:《评〈国际边疆与边界〉——兼论边界问题的研究方法》,《中国边疆史地研究》,2014年第3期。

4. 胡德坤:《加强边海研究,服务国家外交》,《武汉大学学报》,2012年第5期。

5. 关培凤:《20世纪后半叶国外非洲边界和领土争端问题研究述评》,《世界历史》2017年第4期。

6. 陈立樵:《石油开采与英伊关系(1901—1914)》,《东吴历史学报》,2014年第32期。

7. 陈立樵:《伊朗对英俄两国的外交困局(1909—1914)》,《中正历史学刊》,2014年第17期。

8. 陈立樵:《伊朗西部边界划分与英国之交涉(1905—1914)》,《成大历史学报》第四十六号,2014年6月。

9. 仲冬:《两伊关系的改善及其前景》,《西亚非洲》,2005年第6期。

10. 王宝龙、孙熠:《中东石油之城阿巴丹的兴起与变迁》,《山西师大学报(社会科学版)》,2010年第6期。

11. 王京烈:《论中东国家的边界问题》,《西亚非洲》,1994年第2期。

12. 王铁铮:《试论现代中东弥足独立国家体系的形成》,《西亚非洲》,1991年第6期。

13. 王志坚、邢鸿飞:《国际河流法刍议》,《河海大学学报(哲学社会科学版)》,2008年第3期。

14. 卫忠:《两伊冲突中的阿拉伯河主权问题》,《国际展望》,1988年第22期。

15. 张运城:《国家间边界的划分与边界争端》,《四川教育学院学报》,1994年第1期。

16. 赵克仁:《伊朗胡齐斯坦问题透析》,《世界民族》,2009年第4期。

17. 赵伟明:《两伊冲突的历史根源》,《世界历史》,1995年第5期。

中文学位论文:

1. 何洋:《两伊关系的多视角分析》,硕士学位论文,西南大学,2009年。

2. 姜潇:《两伊边界争端与战争研究》,硕士学位论文,武汉大学,2011年。

3. 刘维维:《英国对伊朗的石油政策(1925—1933年)》,中国社会科学院,2009年。

4. 吴传华:《中东领土与边界问题研究》,博士学位论文,中共中央党校,2009年。

5. 赵良辉:《十九世纪英俄在伊朗的争斗研究》,兰州大学,2012。

附录一

1911年12月21日德黑兰议定书

波斯政府和奥斯曼政府,出于共同的愿望,期望避免在双方共同边界引起任何争议。两国政府指定驻德黑兰的波斯外交部长和奥斯曼大使分别设立谈判基地和启动上述边界划定程序,经签署人讨论后,商定以下几点:

第一,各方派出相同数量代表组成联合委员会,委员会成员们应尽早在君士坦丁堡举行会议。

第二,两国政府代表本着诚实公正原则,各自提供一切能够支持声明的文件和证据,目的是界定出一条两国的边界线;之后,技术委员会只需要直接采用上述委员会所划定的明确的分界线即可。

第三,在君士坦丁堡工作的联合委员会应以1847年缔结的《埃尔泽鲁姆条约》的条款为基础。

第四,如果双方的代表不同意该条约的某些条款的解释和适用范围,双方约定在六个月的谈判期结束时,为了完全解决边界线的划定问题,所有存在分歧的要点应一并提交给海牙仲裁法院,以便整个问题得到明确解决。

第五,公认的是,双方均不得将争端领土的军事占领作为法律论据。

协定一式两份,签署人代表其各自政府交换原件。

奥斯曼帝国大使馆,德黑兰,1911年12月21日。

附录二

1913年11月4日(17日)在君士但丁堡签署的议定书

签署人:英国特命全权大使路易斯·马利特(Louis Mallet)爵士,波斯特命全权大使米尔扎·马哈茂德汗(Mirza Mahmud Khan)、卡哈尔·谢默思·萨内尔(Kajar 'Ahd-i-Shamus Saltneh),俄国特命全权大使米歇尔·德·吉尔斯(M. Michel de Gier,奥斯曼帝国外交大臣萨义德·哈利姆帕夏(Said Halim Pasha)。

依据1911年12月21日德黑兰议定书第1条之规定,四方组成联合委员会,为确保有关奥斯曼—波斯边界划界谈判有据可依,联合委员会于1912年5月12日至8月9日举行18次会议。

1912年8月9日,俄帝国驻君士坦丁堡大使向英国、奥斯曼帝国代表提交第264号说明,指出:俄国政府认为,不能过分强调毫不迟延地使《埃尔泽鲁姆条约》的明确规定生效的必要性,这相当于恢复到1848年的现状。同时向奥斯曼帝国政府提交一份备忘录,详细列出符合现行条约规定的边界线。

奥斯曼帝国政府于1913年3月18日、31日,通过第3046、3047号说明函回复俄帝国第264号来文。回复表示：奥斯曼政府渴望遵守俄帝国政府表达的意愿，消除任何造成不利于与后者建立亲密关系的因素，并希望进一步向波斯政府证明其关于解决两国之间存在的对这一问题争端的全部诚意，并已经决定接受上述说明中和俄国大使的备忘录中提及的边界线，用于划定从塞达尔布拉克（Serdar Bulak）到贝恩（Bane）的奥斯曼—波斯北部边界线，也就是说，直到第36度纬度圈。并对后面的有关分界线的说明提出修改建议，即关于祖哈布边界局势的解释说明，以及为了与波斯政府在该边界达成最后和公平的谅解而能够接受的安排。

俄帝国大使馆于1913年3月28日通过第278号说明函给予了答复。答复为：如1912年8月9日第264号说明所述，奥斯曼帝国政府承认该说明作为划定阿勒山—贝恩部分边界的原则，承认1848年《埃尔泽鲁姆条约》第3条的确切意义。针对修改案，说明函指出它不能充分说明在1912年8月9日、22日的说明中确定的边界线没有改变的必要性。俄帝国大使馆声明保留提交关于祖哈布边界的详细意见的权利，同时指出，整个奥斯曼草案并不足以确保未来维护边界的秩序与和平。

1913年4月20日、5月3日，俄国和英国的大使馆分别向奥斯曼帝国政府提交一份同文说明，并附上了一份备忘录，总结其双方对祖哈布和该地区南部的划界问题的看法。

经上述交换意见之后，米歇尔·德·吉尔斯和杰勒德·劳瑟（Gerard Lowther）为一方与以穆哈茂德帕夏（Muhmud Shelket Pasha）为另一方的代表举行会谈。该会谈记录分别于1913年6月6日、6月26日（7月9日）7月12日以不同形式提交给各自政府首脑。

1913年7月29日，爱德华·格雷爵士（Edward Grey）和易卜拉欣帕夏（Ibrahim Hakky）在伦敦签署一项关于波斯与土耳其高原南部边界划界的"声明"。

俄国大使馆随后重新概述关于确定奥斯曼—波斯边界的划界原则，

并于1913年8月5日向奥斯曼土耳其政府提交了一份编号为166的说明，同一天，英国大使馆也向波斯政府提交了一份同文说明。波斯政府于1913年9月23日做出回复。

历经上述磋商及随后谈判，英国、波斯、俄国和奥斯曼土耳其四个国家全权代表于1913年11月4日对以下条款达成一致意见：

第一条 全体代表同意对波斯与奥斯曼土耳其之间的边界定义如下：

北边的边界应从奥斯曼土耳其—俄国边界的第三十七号起点开始，靠近塞达尔布拉克(Serdar Bulak)，位于小阿勒山(Little Ararat)山峰和大阿勒山(Great Ararat)山峰之间。然后沿着山脊向南延伸，丹巴特(Dambat)山谷，萨恩维奇(Sarnvitch)和亚利姆卡亚(Yarym-Kaya)水系划入波斯，边界上升到阿尤贝格(Ayubeg)山脉的南部。然后，边界离开波斯的布拉克巴希(Bulakbashi)，继续沿着最高的山脊(最南端位于经度约44度22分，纬度约30度28分)向上。边界线沿着延伸到亚利姆卡亚(Yarym-Kaya)西边的沼泽西侧，穿过萨里苏(Sary-Su)河，经过吉尔德巴兰(Girde-baran)(奥斯曼土耳其)和巴齐尔甘(Bazyrgan)(波斯)村庄，上升到巴齐尔甘西部的山脊，沿着由萨兰利(Saranli)、赞德里(Zenduli)、吉尔克利姆(Gir-Kelime)、卡利巴巴(Kanly-baba)、吉杜基卡西尼(Geduki-Khasineh)和德维吉(Deveji)山脊构成的分水岭方向延伸。

到达德维吉山脊之后，分界线将按照现状，从划界委员会指定的地方穿过埃格里柴(Egri-chai)山谷，纳多(Nado)和尼夫托(Nifto)村将留在波斯。

克孜勒卡亚(Kyzyl-Kaya)村庄的所有权将根据审查该地区地理情况的结果来确定，该地区分水岭的西边划入奥斯曼土耳其，而东边划入波斯。

最终的边界线会导致其中一段道路超出了奥斯曼帝国的领土之外，该道路穿过克孜勒卡亚(Kyzyl-Kaya)村庄，将拜齐德(Bayazid)区与凡

(Van)省连接,波斯政府应该给予奥斯曼帝国在这段道路上除军队和护卫队之外的邮政、旅客和货物自由的通行权。

然后,边界线将上升到形成分水岭的山脊:克孜勒齐亚雷特(Kyzyl-Ziaret)、沙草溪(Sarychimene)、杜曼鲁(Dumanlu)、卡拉布加(Kara-burga)、艾瑞沙伊(Ayry-chai)(波斯)、杰利格尔(Jelli-gol)(土耳其)水库之间的山丘,阿达尔达什(Avdal-dashi)、雷斯坎(Reshkan)、阿库雷克(Akhurek)和塔文(Tavin)、贝夫拉贝格扎丹(Bevra-begzadan)、杰夫里马恩(Gevri-Mahine)、海德巴巴(Khydyrbaba)、阿维斯丹(Avristan)之间的山丘。

关于科图尔(Kotur),应采用 1880 年 7 月 15 日(28 日)的议定书——也被称为萨里卡米契(Sary-Kamiche)议定书——中的条款,凯夫利克(Kevlik)村应留在奥斯曼土耳其,比莱吉克(Bilejik)、拉济(Razi)和加拉蒂尔(Gharatil)村以及吉尔克斯(Jelliks)和帕纳梅里克(Panamerik)将留在波斯。

沿着米尔奥马尔(Mir-Omar)山脊的边界线将上升到苏拉瓦(Surava)山脉,哈尼亚(Khanyga)留在奥斯曼土耳其,穿过由博鲁什库兰(Borush-Khuran)山口、哈拉维尔(Haravil)、贝列科(Beleko)、肖内特(Shinetal)、萨德尔(Sardul)、古拉姆利(Gulamli)、凯珀(Kepper)、贝加彭德(Bergabend)、佩里汗(Peri-Khan)、伊斯坎德尔(Iskander)、阿维尼(Avene)、以及科图尔(Kotul)形成的分水岭。巴吉尔加(Bajirga)山谷留在土耳其,萨提克(Sartyk)和塞罗(Sero)村庄留在波斯境内,然后边界线将从科图尔南端上升到波斯的贝西克(Behik)村西部的山脊,并沿着塞里贝多斯特(Seri-Baydost)的峰顶连接上佐恩特(Zont)山脉。

从佐恩特山脉开始,边界线继续沿着波斯的特雷弗(Tergever)、德希特(Desht)和梅格维尔(Mergever)地区和奥斯曼土耳其的哈基里(Hakkiari)地区之间的分水岭,也就是什叶石沙利(Shiveh-Shishali)、智利乔夫里(Chil-Chovri)、贝尔迪(Chel-Berdir)、库纳科特(Kuna-Koter)、卡齐拜格（Kazi-beg）、阿维克（Avukh）、麦海拉内（Mai-Helaneh）山脉的顶峰，比纳尔（Binar）和德拉珀（Delamper）以西的山脉；将经由乌苏奴（Ushnu）到达乌鲁米亚（Urumiya）湖的盆地划入波斯，包括被称为阿比塞里加迪尔（Abiserigadyr）的加迪尔（Gadyr）河的源头——其山谷位于德拉珀（Delamper）南部和吉尔迪（Girdeh）山脉以东，边界线然后到达凯莱什因（Keleh-Shin）的山口。

从凯莱什因南部开始，将拉文（Lavene）水库留在波斯境内，包括楚姆格里（Chumi-Geli）山谷——位于泽德格尔（Zerdegel）以东，斯皮雷斯（Spi-rez）西南部，将雷夫纳杜斯（Revnaduz）水域留在土耳其境内，边界线然后穿过以下的山峰和山谷：西亚库（Siah-Kuh）、泽尔德格尔、博兹（Boz）、巴尔津（Barzin）、谢尔西瓦（Ser-shiva）、凯文加尼易卜拉欣（Kevi-Khoja-Ibrahim）。接着，边界线将继续沿着坎迪尔（Kandil）的主干向南，基亚卢（Kialu）河右边的支流盆地留在波斯境内，支流包括普尔丹南（Purdanan）、希德拉瓦（Khydyrava）和塔尔卡坦（Talkhatan）的河流。

代表们一致认为，那些习惯于在加迪尔（Gadyr）和拉文（Lavene）的山谷度过夏天的土耳其部落，仍然应该有权像过去一样使用牧场。

到达塞勒克勒克林（Seri-Kele-Kelin）顶峰之后，边界线然后将经过齐维杰生桑（Zinvi-Jasusan）和巴明（Bamin）山口，接着穿过普尔德伯尔登（Purde-Berdan）桥附近的维兹（Vezne）河段。划界委员会将根据现状的一般原则，对谢尼（Shenieh）村的未来作出决定。

在穿过普尔德伯尔登之后，边界线将上升到连绵的福卡巴巴高地（Foka-baba-kyr）、博德斯皮安（Berde-spian）、伯德阿布尔法斯（Berde-Abul-Fath）山脉和卡尼什（Kaniresh）山口。然后，它将沿着由拉加夫吉尔德（Lagav-Ghird）、唐勒里（Donleri）、汗艾哈迈德（Khan-Ahmed）山口和特普萨洛斯（Tepe-Salos）的南端形成的分水岭延伸。因此，边界线将从看多（Kando）村（土耳其）和凯什克什瓦（Kesh-keshiva）以及马齐纳瓦（Mazynava）村（波斯）之间穿过，到达凯鲁（Kailu）河的河道。

在汇入凯鲁河之后，边界线将沿着河流上游的方向延伸，河的右岸阿拉尼阿杰（Alani-ajem）划入波斯，河的左岸划入奥斯曼土耳其境内。到达克里希雷什（Khileh-resh）河的河口（凯鲁河的左边支流）之后，边界将沿着河流的流向，阿洛德（Alot）和克洛沃（Kovero）等很多村庄划入波斯，而将阿兰尼马文特（Alani-Mavont）地区划入奥斯曼土耳其。在巴卢（Balu）山脉的西南顶端，边界线将离开希勒雷什（Hileh-resh）河的河道，上升到苏莱乌（Surlew）山脉的西北顶端，延伸至希勒雷什河的南部，穿过苏莱乌山脊，将希维尔（Siwel）和什叶柯尔（Shive-Kel）地区留在奥斯曼土耳其。

在达到纬度为35度49分的苏莱乌天文点时，边界线将沿着尚帕劳（Champar-aw）村的方向向前延伸，尚帕劳村的未来由划界委员会根据公认的原则进行裁定。然后，边界线将跨越连绵的山脉向上行走，这一系列的山脉在波斯的巴内（Baneh）区和奥斯曼土耳其的基济耶（Kyzyieja）、加拉什（Galash）、贝尔迪凯切尔（Berdi-Kechel）、普什特杭嘉（Pusht-Hangajal）、杜贝拉（Du-bera）、帕拉哈尔（Parajal）和斯皮卡纳（Spi-Kana）区域之间形成边界线，之后边界线将到达瑙库万（Now-Khuvan）的山口。接着，仍然沿着河流的走向，边界线向南拐弯，再向西，经过乌尔古扎（Vul-Guza）、普什图希丹（Pushti-Shehidan）、阿扎马勒（azar-Mal）、巴厘凯德（Bali-Keder）、凯勒梅莱克（Keleh-Melaik）和库希科斯雷沙（Kuhi-Koce-resha）的峰顶，将奥斯曼土耳其的特雷特尔（Teretul）地区与波斯的梅里万（Merivan）地区分开。

从那里开始，边界线将沿着哈利勒阿巴德（Khalil-Abad）支流向河道的下游延伸，直到与查米基济耶（Chami-Kyzylja）的交汇处，然后沿着最后命名的一条河流的上游，直到从巴瓦纳苏塔（Bnava-Suta）村流出的左边支流的河口；接着边界线沿着这个巴瓦纳苏塔溪流向其上游延伸，穿过克里纳维山（Keli-Naveh-Sar）和克里皮兰（Keli-Piran）的山口，到达苏莱恩（Surene）的山口。

阿伏曼(Avroman)的主要山体,沿着从西北到东南的方向延伸,在波斯与奥斯曼帝国共同管理的谢里索(Shehrisor)地区之间形成一条边界线。边界线到达凯马达尔(Kemadjar)峰顶——卡拉塞姆(Kala-Selm)东南部,谢里阿伏曼(Sheri-Avroman)的西北部——之后,边界线将继续沿着主要的山脊到达西边的分支,然后上升至德尔沃里(Dere-Vuli)山谷的北部,Khan-Germela 和 Nowsud 的村庄划入波斯。为了标示远到 Sirvan 的边界线,边界委员考虑到1848年至1905年之间可能发生的变化,会应以例外情况为由限定基础。

在 Sirvan 南部,边界线开始靠近查米茨坎(Chami-Zimkan)的山口,然后穿过贝泽尔(Beyzel)山,下降到谢米泽利什克(Chemi-Zerishk)的河道。接下来,沿着这个最后命名的水道和河流之间的水域,上升到本德贝莫(Bend-Bemo),按照同一地图的标示,名称为普什图格尔夫(Pushti-Gherav),接着上升到本德贝莫的顶峰。

接着沿着贝莫(Bemo)的山脊,边界线到达德本迪胡尔(Derbendi-Hur)峡谷,沿着曾格涅(Zengeneh)河的走向,直到最接近谢瓦迪尔(Shevaldir)山顶的点(天文点),位于(玛米斯汗)Mamyshan 村下面。边界线上升到山顶,然后经过在蒂勒库(Tileku)和塞尔卡勒(Serkaleh)之间形成分水岭的山丘顶端,经过库利巴格汗(Khuli-Baghan)、杰贝尔阿里拜格(Jebel-Ali-Beg)、本德尔乔克克米克(Bender-Chok-Chemik)、森格勒(Sengler)和阿森古兰(Asenguran)的一连串山脉,到达滕吉哈曼(Tengi-Hamman)峡谷,位于卡拉维兹(Karawiz)山脉最北端的对面。

然后,边界线应该沿着库鲁图(Kuretu)河的走向,直到库鲁图村。库鲁图村的未来由划界委员会根据其居民的国籍决定。然后,边界线将经过库鲁图村庄和库什库雷克(Kush-Kurrek)村庄之间的道路,然后沿着基什卡(Kishka)山脉和阿克达格(Ak-Dag)山脉的山峰,卡拉塞布齐(Kala-Sebzi)划入波斯,边界线将向南转,到达奥斯曼的岗亭卡尼贝兹(kanibez)。接着,边界线沿着埃尔文德(Elvend)河上游的河道,到达距离与吉兰（Gilan）水域交汇处相隔15分钟路程的下游地点；从该点开始，边界线继续延伸，到达纳夫苏（Naft-Su），然后绕过阿布巴山（Ab-Bakhshan），这是根据与已故的马哈茂德·谢菲克帕夏（Mahmud Shefket Pasha）达成一致的分界线，并且大致标注在俄国大使馆1913年8月5日（18日）提交的说明后面所附注的地图上，纳夫特穆卡塔希（Naft-Mukataasy）归属于奥斯曼土耳其。然后，分界线沿着纳夫特德雷西（Naft-Deressi），到达卡西里希林（Kassri Shirin）截断水流的地方，继续沿着瓦尔布兰德（Varbulend）、科赫里凯勒舒凡（Koherigh-Keleshuvan）和杰比尔格雷比（Jebel-Gerebi）山脉向前。

划界委员会应就有关各方之间如何分配苏马尔（Sumar）水域拟订一项特别协议。

关于哈维泽（Hawizeh）地区至海域的划界，边界线应从乌姆希尔（Umm-Shir）开始，此处将科勒尔杜维尔（Khorel-Duvel）与阿泽姆河（Khor-el-Azem）分开。乌姆希尔位于穆海辛河（Khor-el-Muhaisin）与阿泽姆河（Khor-el-Azem）交界处的东部，比斯汀（Bisaitin）的西北方9公里处，位于纬度为31度43分29秒的地方。从乌姆希尔开始，这条线应该向西南方向直到经度为45度的一个名叫阿泽姆的小湖的南端，距离舒艾卜（Shuaib）西北部有一定的距离。从这一点起，该分界线将沿着沼泽地继续向南延伸至纬度31度，直接向东，到达库什克巴斯拉（Kushk-i-Basra）的东北端，因此该地方划入奥斯曼帝国的领土。从这一点起，分界线向南，到达凯伊恩（Khayeen）运河，该处位于迪吉河（Nahr-Diaiji）和阿拉拜德河（Nahr-Abu'l-Arabid）之间；然后沿着凯伊恩运河的水域中心线到达凯伊恩运河与阿拉伯河交汇的地方，也就是纳扎莱赫河（Nahr-Nazaileh）的河口。从这一点开始，边界应沿着阿拉伯河的方向延伸到海口，河流及其所有岛屿的主权归属于奥斯曼帝国，但须遵守以下条件和例外：

（1）以下属于波斯：①马哈拉（Muhalla）岛和位于后者与阿拉伯河

左岸(阿巴丹的波斯这边的岸边)之间的两个岛屿;② 位于谢特(Shetait)和马维耶(Maawiyeh)之间的四个岛屿和曼库希(Mankuhi)对面的两个岛屿,这两个岛屿隶属于阿巴丹岛;③ 目前存在或可能形成的任何小岛屿,在浅水位与阿巴丹岛相连或与娜扎莱赫河(Nahr-Nazaileh)下面的波斯土地相连的任何小岛。

(2) 穆罕马拉港口和停泊处,卡鲁恩河与阿拉伯河交汇的上方和下方,将按照埃尔泽鲁姆条约的规定保留在波斯的管辖范围内;然而,奥斯曼帝国对于这部分河流的使用权不得受到影响,波斯的管辖权也不得延伸到停泊处河流以外的部分。

(3) 在属于波斯范围的阿拉伯河的岸边,有关捕鱼现有的权利,使用权和惯例不得改变,"岸边"一词也包括与浅水区的海岸相连的陆地。

(4) 奥斯曼的管辖权不得超过波斯的部分海岸,这些海岸在涨潮的时候或由于其他偶然发生的原因可能暂时被水覆盖。波斯政府行使的管辖权也不得延伸至部分陆地,这些陆地只在水位低于正常低水位时才暂时或偶然暴露出来。

(5) 穆罕马拉酋长将继续根据奥斯曼帝国的法律享有领土的所有权。

声明中所设立的边界线在所附的地图中用红色标示出来。

上述边界线中未详细说明的边界部分,应按照现状原则,按照埃尔泽鲁姆条约第三条的规定设立。

第二条 边界线应由划界委员会现场勘测划定,划界委员会由四国政府的专员们组成。

每个政府都应派一名专员和一名副专员出席本委员会的会议。副专员将在需要时接替专员的位置。

第三条 划界委员会在执行任务时应遵守:
(1) 根据现有议定书的规定;
(2) 根据现有议定书附件(附件 A)中相关划界委员会议事程序的

规则。

第四条　如果划界委员会对边界上任何部分的边界线存在意见分歧,那么奥斯曼政府和波斯政府的专员们应在四十八小时内分别向俄国和英国提交各自观点的书面声明,俄国和英国专员将举行私人会议,对有争议的问题作出裁决,并将决定交给奥斯曼政府和波斯政府的专员。该决定应该增加到全体会议记录之中,并被承认对所有四国政府皆具有约束力。

第五条　边界线一旦划定,该部分将被视为最终的确定的结果,对随后的审查或修改不承担责任。

第六条　随着定界工作的进行,奥斯曼帝国和波斯政府有权在边界设立职务。

第七条　公认的是,通过1901年5月28日公约形成的,经由波斯政府批准给威廉·诺克斯·达西(William Knox D'Arcy)的目前有效的优惠政策,根据上述公约第9条的规定,由英国—波斯石油公司在伦敦温彻斯特之家的注册办事处享有(上述公约在现有议定书的附件B中被称为"公约"),应按照本议定书及其附件B的规定,在波斯转交给土耳其的领土内应继续发挥充分和无限制的效力。

第八条　奥斯曼帝国和波斯政府将在边界的官员之间分发足够数量的划界委员会制定的边界地图副本以及委员会议事规则中的有关第十五条规定的声明的翻译副本。然而,公认的是,只有法文文本才被视为真实可靠的。

附录三

1937年7月4日伊拉克王国与伊朗帝国之间的边界条约

一方:伊拉克国王陛下

另一方:伊朗帝国国王陛下

为了解决两国边界问题,真诚希望巩固两国兄弟友谊和良好谅解的关系,决定达成本条约,为此目的已经任命下列全权代表:

代表伊拉克国王陛下:外交部长纳吉

代表伊朗皇帝陛下:外交部长萨米尔

双方交换各自国家元首的授权书,经核实无误,并拟定以下条款:

第1条 缔约国双方同意,除本条约第2条规定的修改外,以下文件被视为有效,双方必须遵守:

(a) 1913年11月4日在君士坦丁堡签署的关于土耳其—波斯划界的议定书;

(b) 1914年边界划定委员会的议事规则。

综合本条的条款,除了下一条的条款,两国之间的边界线由上述委员会界定和追溯。

第 2 条 到达舒泰特（Shoteit）岛最远点（大约北纬 30 度 17 分 25 秒,东经 48 度 19 分 28 秒)的边界线,与低水位标记线垂直,该分界线重新与阿拉伯河的河道分界线相连,然后沿着阿拉伯河直到位于阿巴丹(约东经 30 度 20 分 84 秒,东经 48 度 16 分 13 秒)现有 1 号码头的对面的地方。从这一点起,边界线重新与低水位线相交,然后按照 1914 年会议纪要中所述的边界一直延伸。

第 3 条 在本条约签署之后,缔约国双方应立即指定一个专门竖立边界柱的委员会,边界柱的位置由本条约第 1 条(b)项所述的委员会确定,在认为有用的地方也可竖立一些其他的柱子。

委员会的组成及其工作方案应经过两个缔约国之间的特别安排予以确定。

第 4 条 以下的条款适用于阿拉伯河从两国的陆地边界一直延伸到上述河流汇入公海的地方：

(a)阿拉伯河应平等地对所有国家的商船开放。所有征收的税费应为付款服务的性质,仅用于公平地支付维持航海能力的费用,改善阿拉伯河靠海那头的通航渠道和途径,或为了导航利益而支付的费用。上述会费按照船舶官方吨位或吃水深度或两者合计来计算。

(b)阿拉伯河应对战舰和其他属于缔约国双方的非商业用途的船只开放。

(c)在阿拉伯河上,边界线有时会依照低水位标记,有时会遵循河流分界线或水域中心线,以上事实不能以任何方式对缔约国双方使用阿拉伯河航道的用户的权利造成偏见。

第 5 条 在本条约第 4 条所界定的阿拉伯河航运上拥有共同利益的两个缔约国承诺达成一项公约,公约关于航道的维护和改善,疏浚,领航,征收的税费,卫生措施,为防止走私而采取的措施,以及本条约第 4 条所界定的与阿拉伯河的航行相关的所有其他事项。

第 6 条 本条约应予批准,并尽快在巴格达交换批准书。自交换发生之日起生效。

作为两个缔约国的全权代表已签署了现在的条约的依据。本条约用阿拉伯语、波斯语和法语在德黑兰签署,如果各语言文本存在差异,以法文文本为准,1937年7月4日。

1937年7月4日伊拉克王国与伊朗帝国之间的边界条约附件议定书

在签署关于划定伊拉克与伊朗边界的条约之时,两个缔约方已达成一致:

第一条 上述条约第2条所示的地理坐标,由各缔约方提名的同等数量的成员组成的专家委员会确定。

在上述条款划定的范围内所明确的地理坐标应被记录在案,经上述委员会成员签字后,应成为边界条约的组成部分。

第二条 缔约国双方承诺在条约生效后1年内缔结条约第5条所述的公约。

如在1年内仍没有缔结完成,可以通过缔约方共同协议延长。

伊朗帝国政府同意,在本条款第一段落提及的1年期间内和延期的期间内(如果协议延长的话),伊拉克政府将依据现在生效的条约基础,开始所有依据本公约处理的事项。伊拉克政府应通过两年一次的通知,向伊朗政府通报所进行的工作,征收的税费,所产生的费用和采取的一切其他措施。

第三条 缔约国一方授权第三方国家的战舰或其他非商业用途公共船只进入上述缔约国位于阿拉伯河的港口,应被视为业已得到缔约国另一方的同意,以至于这些船只可以在通过阿拉伯河之际使用其水域。

同时,已经做出这种授权的缔约国一方必须立即通知另一方。

第四条　公认的是，鉴于伊朗在阿拉伯河上享有的权利，这个条约没有对伊拉克的权利和伊拉克对英国政府涉及阿拉伯河所付的义务造成损害，根据 1930 年 6 月 30 日的条约第 4 条和同一天签署了其附件的第 7 段所知。

第五条　本议定书应当与作为附件组成部分的边界划界条约同时批准。它将在本条约生效的同时一并生效。

本议定书是以阿拉伯文，波斯文和法文撰写。如有差异，以法文文本为准。

1937 年 7 月 4 日在德黑兰签订。

后 记

《英国与1937年〈德黑兰条约〉签订始末》一书是在我博士论文的基础上修改而成的,这是一部基于外交档案,涉及多边外交、国际法及地缘政治等维度的历史档案研究,意在厘清复杂的边界问题,得出令人信服的结论。

博士论文的写作对我来说是一个充满艰辛和磨砺的过程。做档案研究犹如苦行僧,过程艰难、进展缓慢,论文从确定选题方向到整理、研读、翻译档案,再到确定写作框架,撰写完成,前后耗费了三年多的时间,这期间有挫败与艰辛,有低迷与砥砺,也有成长与欣慰。回溯三年过往,不胜唏嘘,在论文完稿之际,我也更真切地体悟到"板凳需做十年冷,文章不写一句空"的治学精神。所幸,在写作过程中,始终得到导师计秋枫教授的精心指导,论文从选题、文献搜集、写作直至修改定稿,都离不开计老师的悉心帮助。在此,万分感谢计老师的指导,使我在迷茫和困顿中感受到智慧的力量。导师平日里也一直督促我们惜时、致学,教导我们严谨、踏实,日后定当时时谨记导师的谆谆教诲。

南京大学历史学院严谨的学术氛围以及老师们深厚的学术造诣使我在学业方面深受教益和启迪,朱瀛泉教授、蔡佳禾教授、洪邮生教授讲授的博士生课程都使我拓宽了在国际关系领域的研究视野,老师们渊博的学识以及严谨治学的精神也是我毕生的榜样和目标。此外,朱锋教授、谭树林教授、郑先武教授以及海军指挥学院冯梁教授,对我的论文提出了中肯的修改意见及宝贵的完善建议,使我得以纠正文中的一些疏漏,提升了论文的学理意义,对他们的智识贡献表示钦佩和谢忱。

读博以来,有幸加入计老师门下也使我收获了满满的友谊和无限的精神财富,师门中不论是已经毕业的师兄、师姐,还是在读的同窗、师弟、师妹都谦逊、友善。王帅师兄向我们传授写作经验,丁新师兄帮我策划选题,高建芝师弟帮我查找档案,感谢大家在我求学道路上给予的无私关怀和帮助。

同样感谢国防科技大学国际关系学院国际关系与战略系的诸位前辈和同事们,自2008年入职以来,系主任宋德星教授、国际关系教研室周桂银教授、葛腾飞教授、张文茹副教授、国际事务与国际法教研室杨光海教授、崔建树教授、孔刚副教授、李高峰副教授在教学和科研工作上给予我许多关心与指导,胡二杰博士、王伟伟博士、张静博士给予我很多支持和鼓励。十年积累、十年成长,让我更加懂得脚踏实地,仰望星空,持定前行。

本书得以顺利出版,还要特别感谢凤凰出版集团译林出版社叶宗敏先生及江苏人民出版社第二编辑室卞清波主任的支持和帮助,两位老师为书稿提出了很多专业意见,令其增色不少,他们的敬业精神也让我领略到了出版人的责任心和使命感。当然,本书的主要观点及可能存在的错误一概由我本人负责。

在论文写作过程中,最艰难和困苦的除了写作本身,更多是因为常年加班,对父母和家人深深的亏欠,因此不能不感恩他们的宽容和理解,感谢他们的默默支持和付出。特别是我的母亲,她为了让我专心写论文,五年来,不仅帮我照顾孩子,还操持所有的家务,付出了难以想象的辛劳。先生黄凯作为第一读者对我的论文发表了直言不讳、鞭辟入里的意见,并在工作异常繁忙的情况下,帮我细致地校对了全文,点点滴滴铭记心间,感谢彼此共同经历生命中的喜悦与感动,面对生活中的困难与挫折,相依相扶,温暖前行。

最后,还有些特别的文字写给女儿思齐。从她出生到 5 岁,我这个拖沓的妈妈一直在忙于读学位,因而少了很多本该给她的陪伴,她两三岁时常常在临睡前打电话问我什么时候回家,也常会央求我周末陪她。四五岁时,小小的她少了很多对我的依恋,反而时常会学着大人的口气,鼓励我说:"妈妈,你一定会成功的。"每每此时,心中总是五味杂陈……希望今后我们能一直这样互相鼓励,一起成长。

在这段求学的岁月中,孩子大了,亲人老了,但愿我们都不负光阴,感恩相遇的每一个人,也感谢自己的坚持和努力。

季 慧

2018 年 5 月于南京板桥

凤凰文库·历史研究系列书目

《中国近代通史》(10卷) 张海鹏 主编
《极端的年代》 [英]艾瑞克·霍布斯鲍姆 著 马凡 等译
《漫长的20世纪》 [意]杰奥瓦尼·阿瑞基 著 姚乃强 译
《在传统与变革之间:英国文化模式溯源》 钱乘旦 陈晓律 著
《世界现代化历程》(10卷) 钱乘旦 主编
《近代以来日本的中国观》(6卷) 杨栋梁 主编
《中华民族凝聚力的形成与发展》 卢勋 杨保隆 等著
《明治维新》 [英]威廉·G.比斯利 著 张光 汤金旭 译
《在垂死皇帝的王国:世纪末的日本》 [美]诺玛·菲尔德 著 曾霞 译
《美国的艺伎盟友》 [美]涩泽尚子 著 油小丽 牟学苑 译
《戊戌政变的台前幕后》 马勇 著
《战后东北亚主要国家间领土纠纷与国际关系研究》 李凡 著
《战后西亚国家领土纠纷与国际关系》 黄民兴 谢立忱 著
《民国首都南京的营造政治与现代想象(1927-1937)》 董佳 著
《战后日本史》 王新生 著
《衣被天下:明清江南丝绸史研究》 范金民 著
《英国通史》(6卷) 钱乘旦 主编
《20世纪全球史》 [美]理查德·W.布利特 等著 陈祖洲 等译
《日本十五年侵略战争史(1931—1945)》 [日]江口圭一 著 杨栋梁 译
《吐蕃丝绸之路》 张云 著
《挫败中立:1954—1964年的老挝与冷战》 代兵 著
《艰难的转变:冷战的初次缓和》 葛腾飞 著
《美国帝国思想的对外政策含义:对国家秩序、意识形态和国际秩序观的历史解读》 胡欣 著
《美国外交文件中的日军南京暴行研究》 杨夏鸣 著
《当代日本政治的思想基础》 [美]特索·纳吉塔 著 贺雪 译
《寡头政治:帝国日本的制度选择》 J.马克·拉姆塞耶 弗朗西丝·M.罗森布鲁斯 著 邱静 译
《宗教与东亚近代化》 王新生 主编
《吾国与吾名:中国历代国号与古今名称研究》 胡阿祥 著
《英国与1937年〈德黑兰条约〉签订始末》 季慧 著